부의 속성

◆ 일러두기

한국 독자들의 이해를 돕기 위해 필요한 부분은 1파운드를 1,500원으로, 1달러를 1,000원으로 환산하여
표기하였습니다.

MONEY

ROB MOORE

자본주의를 지배하는 새로운 부의 법칙

부의 속성

롭 무어 지음 | 이진원 옮김

다산북스

To my Korean friends,

돈을 버는 게임의 규칙을 지배하라

한국처럼 경제와 금융 분야의 발전이 눈부시고 자본주의가 원활하게 작동하는 국가에서 『부의 속성』이 번역 출간된 데 대해 진심으로 기쁘게 생각한다.

『부의 속성』은 전 세계 다양한 분야에서 돈이 미치는 영향을 알고, 우리의 미래를 위해서 더 현명하게 투자하고, 똑똑하게 저축하면서 더 많은 돈을 벌 수 있는 간단하면서도 실용적인 방법들을 제시하기 위해 쓰였다.

영국에서 『부의 속성』이 출간됐을 때 독자들로부터 돈에 대한 부정적인 사고관을 바로잡아주는 한편, 돈을 투자하고, 불리고, 모으는 데 더할 나위 없이 유용한 진짜 정보가 가득한 책이라는 긍정적인 피드백을 받았다. 한국 독자들로부터도 좋은 평가를 받을 수 있으면 좋겠다.

자본주의 국가라면 어디서나 마찬가지겠지만, 한국에서도 경제경영 분야, 재테크 분야의 책들이 상당한 인기를 끌고 있다고 알고 있다. 한국에

4

경제와 금융에 대한 지식이 풍부한 독자들이 많고, 한국이 경제 선진국으로 발돋움하고 있다는 점에서 당연한 결과가 아닐 수 없겠다.

『부의 속성』을 읽은 독자들이 한국에서 쓰인 서적들을 통해서 접했던 것과는 또 다른 시각에서 기술된 새롭고 참신한 재테크 지식을 얻게 될 것이라고 확신한다.

누구나 노력한 만큼 버는 게 당연하다. 어떤 국가라도 부의 발전을 막으면 결국 큰 손해를 입는다. 개인이나 기업이 노력한 만큼 보상을 받고, 더 나은 미래를 위해 돈을 벌고 투자하고, 저축하고 싶은 동기를 부여받아야 할 것이다.

부에 대해 배우고, 돈을 벌고, 부를 사랑하고, 중요한 일을 하고, 다른 사람들과 부를 나누고 싶은 사람들, 부와 돈에 대한 편견을 깨고 싶은 사람들, 나쁜 짓을 하거나 죄책감을 느끼거나 탐욕스러워지지 않고도 돈을 벌고 싶은 모든 사람에게 이 책이 도움이 될 것이다.

당신이 이 부의 여정에 꼭 함께하길 바란다.

롭 무어

Rob Moore

CONTENTS

Know More,

Make More,

Give More.

1장

머니

누구나
이룰 수 있는
부의 미래

가난하게 태어난 건 당신 잘못이 아니지만,
가난하게 죽는 건 당신 잘못이다.

- 빌 게이츠

당신의 생각이 부를 막고 있다면?

어린 시절 가장 기억에 남는 것은 아버지 바지 뒷주머니의 낡은 갈색 지폐들이 정말 거금처럼 느껴졌다는 사실이다. 아버지는 언제나 지폐 다발을 가지고 다니셨는데, 지폐들은 항상 같은 방향으로 반으로 접혀 있었다. 아버지는 모든 걸 현금으로 결제했다. 흥정하거나 깎는 걸 좋아했고, 운영하던 술집의 비품을 살 때 나를 데리고 다니시곤 했다.

나에게 일하고 돈을 버는 법을 가르쳐준 사람도 아버지다. 내가 돈을 벌기 위해 최초로 한 일은 아버지의 술집에서 '술병을 나르는' 일이었다. 나는 동굴처럼 싸늘하고 축축한 지하 창고로 내려가서 술병이 담긴 상자들을 최대한 높이 쌓아서 위층으로 운반했다. 아버지가 상자 안에 최대한 많은 병을 빠르게 넣는 방법을 가르쳐주셨다. 나는 손님들로 가득 찼던 금요일 밤 이후인 토요일 오전에도 30분 만에 부족한 술병을 다 채울 수 있었다. 학교를 가지 않는 토요일과 일요일에만 이 일을 할 수 있었다. 주말 동안 번 돈은 주로 자동차 사진을 사는 데 쓰곤 했다. 동네 잡화점에는 내가 좋아하는 람보르기니 카운타크, 페라리 테스타 로사, 포르셰 911, 메르세데스 벤츠 걸윙의 사진을 모두 팔고 있었다. 나는 차 사진들을 한 장씩 전부 사서 내 침실 벽에 붙여두었다.

아버지가 운영하는 술집의 카펫은 갈색이고 문양이 화려했는데, 최대 장점은 누군가 동전을 떨어뜨리더라도 동전 위치를 쉽게 알아낼 수 없었다는 점이다. 카펫은 손님들이 떨어뜨린 동전을 꼭 잡고 위치를 알려주지 않았다. 동생과 나는 주말 아침 일찍 일어나서 '돈을 사냥하세, 돈을 사냥하세'라고 노래하며, 동전들을 찾아내 작은 동전 주머니에 담곤 했다.

자라면서 돈을 향한 내 욕심도 점점 더 커졌다. 술집과 호텔을 운영하는 환경에서 자라면 좋은 점은 아주 어린 나이에 독립심과 기업가 정신을 모두 기를 수 있다는 것이다. 우리는 알아서 생활해야 했기 때문에 중학생이 됐을 때쯤 나는 요리, 청소, 세탁, 다림질에 모두 능숙해져 있었다. 나는 어머니에게 옷 종류별로 가격을 다르게 매겨 다림질 비용을 받았다. 일종의 사업 제안이었다. 돈을 벌기 위해 10대 시절 내내 TV를 보며 다림질을 한 기억이 난다. 그 뒤 내가 운전면허를 따자, 아버지는 비품 쇼핑을 내게 맡기고 거스름돈을 가지라고 하셨다. 나는 거스름돈을 모두 모았고, 그것을 자주 세어봤다.

이제 대학생 시절로 돌아가보자. 24세의 나는 온갖 꿈과 근사한 아이디어들이 있었지만 아버지의 건강이 나빠지는 바람에 휴학하고 부모님 술집으로 돌아가서 일을 도와야 했다. 그러나 4년 뒤에도 나는 여전히 술집에서 일했고, 술을 너무 많이 마셨고, 여기저기에 빚을 졌다. 상당한 액수의 악성 채무였다.

어느 날 아침에 기분 나쁜 숙취를 느끼며 친구와 함께 밖으로 나갔을 때 내가 스스로 자초한 혼란은 정점에 도달했다. 그때 페라리 F430 스파이더 한 대가 우리 옆을 지나갔다. 운전자는 지붕을 연 채 음악을 크게 틀고 있었다. 그때까지 내가 가장 가지고 싶었던 차가 페라리 F430 스파이더였다. 내 어린 시절의 모든 기억과 감정과 바람이 이 아름다운 차로 디자인된 것 같았다. 우아한 곡선미와 거친 엔진소리를 가진 '새빨간' 바로 그 차 말이다. 차가 지나가자 나는 슬로 모션으로 이 모든 이미지와 감정과 바람을 보고 느낄 수 있었다. 나는 친구에게 말했다. "저 등신 봐봐, 마약 딜러야." 그리고 우리는 술집으로 발걸음을 돌렸다.

내가 그날 내뱉은 그 한 문장은, 돈과 관련된 내 태도가 최악의 상태에 처해있다는 걸 보여줬다. 개방적 사고와 무한한 잠재력을 가진 사람이자 아이디어로 돈을 벌겠다는 큰 꿈을 가지고, 돈을 소중히 여기고, 벌고, 존경하라고 배운 10대였던 나는 질투심이 많은 패배주의에 빠진 비관론자로 돌변했다.

설상가상으로 나는 페라리를 몰던 사람이 누군지도 알지 못했다.

그 한마디는 돈에 대한 내 잘못된 모든 문제를 압축적으로 요약한 말이었다. 당시에는 몰랐지만, 그 한마디가 돈에 대한 언론의 모든 잘못도 요약해줬다. 또한 부자와 가난한 사람 사이의 거대한 차이가 기술보다는 사고방식에 더 있다는 사실도 증명해줬다.

30세에서 31세 사이에 내가 백만장자가 됐을 때 내가 처음으로 산 페라리는 바로 빨간색 F430 스파이더였다. 이제 내가 20대 때 페라리를 탄 그 사람을 판단했듯이 당신도 내 페라리를 보고 나를 긍정적이나 부정적으로 판단할 수 있다.

내 이야기는 당신의 이야기와 상당히 많이 얽혀있다. 나는 가난했다가 부자가 됐으며, 당신도 적어도 한 번은 가난했거나 아니면 부자였을 것이다. 나는 당신처럼 돈을 벌고 잃었다. 나는 선진국의 가난한 사람이 생각할 만한 돈에 대한 모든 부정적인 생각을 한 적이 있다. 그리고 우리는 선진국의 모든 사람과 똑같은 기회를 가지고 있다.

내 드림카를 타고 있던 사람을 부정적으로 판단한 것은 그에게 내 사적이고 개인적인 인식과 믿음과 태도를 전가했기 때문이다. 나는 그 사람이 누군지 몰랐지만 그 사람을 안다고 생각했다. 그는 드림카인 페라리를 위해 성실하게 일해서 돈을 번 사람일 수 있다. 그는 마약 딜러일 수도 있다. 아니면 페라리를 그냥 시운전하는 중일 수도 있다. 하루 동안만 페라리를 빌려서 탔을 수도 있다. 그는 치과의사나 투자자일 수도 있다. 그냥 돈 많은 부모를 둔 사람일 수도 있다. 그는 새 차를 길들이던 자동차 영업사원일 수도 있었다. 온갖 다양한 페라리 운전자가 있기 때문에 이런 추측은 모두 무의미하다. 우리는 페라리를 운전하는 사람을 정형화할 수 없다.

내가 '부유한 선진국의 가난한 사람'이었을 때 내 주변에 페라리를 타는 사람이 아무도 없었기 때문에 나는 페라리를 타는 사람들이 정말로 어떤 사람들인지 증명할 수가 없었다. 이제 나는 페라리를 타는 많은 사람을 알고 있고, 나 역시 그중 한 사람이다.

부자들의 세 가지 공통점

꼭 짚고 넘어갈 점이 있다. '부유한 선진국의 가난한 사람'과 '제3세계의 가난한 사람'이 생각하는 부와 가난의 개념이 서로 다르다는 점이다. 나는 정말로 운이 좋게도 수도 요금을 낼 수 있고, 수돗물을 구하러 몇 시간을 걸어갈 필요가 없는 환경에서 태어났다. 나는 정말 운이 좋게도 백신 접종, 위생적인 환경, 좋은 건강보험, (대체로 공정한) 자본주의 체제에서 성장했다. 나는 운이 좋게도 안전한 사회에서 내 소유물의 권리를 인정받고, 인터넷에 자유롭게 접근하고 정보를 활용할 수 있다.

우리가 이렇게 굉장한 기회를 누릴 수 있는 좋은 집안과 사회와 정부라는 환경에서 태어났는데도 불평불만만 한다면 얼마나 부끄러운 짓일까? 나는 가난한 시절에 기회 부족에 대해서 욕하거나 비난한 적이 많았다. 이런 행동은 모두 부를 쫓아낸다.

우리가 모두 동등하게 태어난 건 아니다. 사람들은 아무런 잘못이나 선택할 권리가 없이 극도의 빈곤한 환경에서 태어나 자란다. 그들은 기본적인 생활 편의 시설과 기초 교육, 모두가 즐기는 인터넷 무료 정보에 접근하지 못하고 살아간다. 하지만 당신이나 나, 우리가 알고 있는 대부분의 사람은 평등하고 풍요로운 기회를 갖고 태어났다. 그래서 이 책에서 등장하는 가난한 사람이라는 말이 '부유한 선진국의 가난한 사람'을 뜻한다는 것을 미리 말해두고 싶었다.

무한한 기회를 가진 우리는 모든 사람이 공정한 기회를 가지는 걸 도울 수 있으며, 도와야 한다. 우리는 큰 부를 얻고, 그것을 타인을 돕는 데 이용할 수 있다.

역사상 최고의 부자들은 세 가지 공통점을 갖고 있다. 첫째, 진정한 부란 무엇인지 알고 있다. 둘째, 문화나 종교나 자라온 환경에서 생긴 부나 돈에 대한 죄책감, 창피함, 믿음을 초월했다. 끝으로, 돈의 성격과 의미를 진정으로 이해한다. 당신도 이런 확실한 목적의식을 가져야 한다.

이 책은 당신에게 돈의 목적과 역사, 돈의 배경이 되는 시스템, 돈을 지배하는 자연적 및 경제적 법칙, 부의 정의, 부의 흐름과 작동 방법, 그리고 이런 지식을 최대한 활용해서 큰 부를 만들고, 더 많이 키우고, 더 많이 잘 쓸 수 있는 방법에 대한 사실적이고 정확하고 깊이 있는 이해를 선사할 것이다. 당신은 정신적인 것과 물질적인 것 사이의 균형, 끌림과 행동 사이의 균형을 발견할 것이다.

이 책은 당신에게 부에 대한 사고방식, 기술 역량, 감정 점검, 새로운 관점을 제공한다. 우리 모두는 부에 대해 어떤 믿음을 갖고 있다. 대부분은 성장 과정에서 주변 환경에 의해 우리에게 새겨진 믿음이다. 이 믿음이 돈과 부에 대한 우리의 세계관을 만들었다. 이 책은 모든 신화, 거짓, 과장, 왜곡, 숨겨진 비밀, 일방적 거짓말을 깨고, 당신이 더 많은 부와 돈을 얻지 못하게 막았을 수도 있는 모든 믿음에 대한 반론이다. 『부의 속성』은 부가 주는 모든 혜택에 대한 긍정적 성향의 책이며, 돈과 부가 나쁘고 불공정하다는 언론 주도의 일방적 견해를 여러 가지 증거로 반박하고 있다.

당신이 '가장 빨리, 가장 현실적으로 부자가 되는' 방법을 찾고 있다면 이 책이 도와줄 수 있다. 지속적이고, 확대가 가능하고, 현실적인 엄청나게 크고 오래 가는 부를 찾고 있다면 제대로 골랐다. 대중적인 믿음과 달리 당신은 행복하게 돈을 벌 수 있다. 또 돈을 벌면서 영향력 있는 사람, 좋은 부모, 그리고 다정한 연인이 될 수 있다.

변화는 곧 기회다

비즈니스, 기술, 화폐의 분야에서 우리는 다윈이 말한 '적자생존'의 시기를 겪고 있다. 산업화 시대는 이미 오래 전에 끝났다. 자유, 부, 조기 은퇴를 목표로 한다면 새로운 흐름을 수용하고, 적응해야 한다.

인텔의 공동 창업자인 고든 무어가 찾아낸 무어의 법칙 Moore's Law에 따르면 컴퓨터의 처리 능력은 2년마다 두 배로 증가한다. 무어는 반도체 집적회로 1평방인치당 트랜지스터 수가 통합회로 개발 이후 매년 두 배로 늘어났다는 사실을 알아냈다. 이것은 오래 지속될수록 엄청난 배수 효과를 낸다. 사실상 무어의 법칙은 50년 동안 그대로 유지되면서 컴퓨터의 처리 능력을 전체적으로 약 231배, 즉 20억 배나 향상시켰다. 이런 향상은 돈에도 상당한 영향을 미친다. 자금의 흐름 속도를 높이고, 형태와 플랫폼 숫자도 늘리고, 상당한 레버리지 효과를 만들어내기 때문이다.

전 세계적 상호 연결성과 혁신적 통화 시스템은 조기 수용자, 혁신가, 기업가가 어느 때보다 단기간 내에 엄청난 부를 얻을 수 있게 해주었다. 더 허슬 사이트가 집계한 가장 빠르게 억만장자가 된 사람들의 명단을 살펴보면, 상위 10명 중에 9명이 1987년 이후 억만장자가 됐다. 이들 중 억만장자가 되는 데 가장 많은 시간이 걸린 사람은 가장 나이가 많은 빌 게이츠였다. 상위 10명 중에서 7명은 인터넷을 부의 지렛대로 활용했다. 아마존의 제프 베조스, 페이스북의 마크 저커버그와 숀 파커, 이베이, 그루폰, 구글의 창업자들도 물론 마찬가지다.

◆ 미래의 거래와 교환 ◆

손에 들고 있는 작은 기기를 통해 세계 어디서나 빛의 속도로 돈을 교환할 수 있게 됐다. 미래의 거래와 교환은 가상 현실VR, 인공 지능AI, 사물 인터넷, 웨어러블(착용 가능한) 기기, 피하칩, 그리고 우리가 아직까지 꿈꿔보지 못했던 기이하고 멋진 수단들을 통해 이루어질 것이다. 필요한 건 오직 와이파이뿐이다.

또한 직원이나 재고, 간접비 부담 없이 다른 누군가의 서버나 클라우드를 이용해서 매장이나 회사를 차리는 것도 가능하다. 전 세계 어디서나 공짜로 10억 명의 고객이나 팔로워에 접근이 가능하다. 소셜 미디어 및 마케팅 플랫폼을 공짜로 활용할 수도 있다. 다른 사람들의 소유권, 주식, 책임을 모두 모아서 수십억 달러짜리 기업을 키울 수 있다. 세계 최대 전자상거래 플랫폼인 알리바바에는 재고가 없다. 숙박 공유업체인 에어비앤비는 호텔을 소유하고 있지 않다. 차량 공유업체인 우버는 자동차가 없다. 페이스북은 콘텐츠를 생산하지 않는다. 동영상 스트리밍 서비스 회사인 넷플릭스는 영화관을 소유하고 있지 않다. 똑똑하지 않은가?

◆ 혁신을 부의 지렛대로 활용한 사람들 ◆

실제 매출이 제로인 소셜 플랫폼들이 수십억 달러에 상장되고 있다. 트위터는 기업공개 IPO로 약 2조 원 상당의 주식을 팔았다. 수익 모델은 전혀 없었다. 페이스북은 자사 플랫폼에 광고를 추가하기 전인 2012년 기업공개 때 10조 원을 조달했다. 두 회사는 기업공개 때 '무형의 약속' 과 '미래의 매출'을 내세웠다. 비좁은 창고에서, 더운 월세방에서 먹고 자며 회사를 세운 10대 코더와 해커들은 이제 새로운 자수성가한 백만장자가 되었다. 누구라도 동영상을 올릴 수 있고, 그 동영상이 수백만 회 조회될 수 있다. 이처럼 동영상, 소셜 미디어, 팟캐스트 광고 수입이나 후원으로 순식간에 억만장자가 될 수도 있다.

우리의 소셜 미디어는 이제 공적 영역이 됐다. 우리는 단 한 번의 버튼 조작으로 원하는 무엇이나 얻을 수 있다. 신구 세대 간 격차가 점점 더 확대되고 있다. 새로운 기술을 포용하지 않으면 기술의 발전 속도만큼 점점 빠르게 더 많은 수의 사람이 낙오될 것이다.

가속도에 관한 무어의 법칙에는 장단점이 있다. 기술 혁신을 포용하고 부의 지렛대로 활용하면 최고의 이익, 성장, 확대가 가능하다. 하지만 계속해서 바라보고만 있다면 도태될 수밖에 없다.

◆ 화폐의 진화 ◆

영국의 지불 정책을 심의하는 지불 평의회 Payments Council에서 소비자 교육 운동을 추진하는 페이유어웨이가 실시한 조사에 따르면 영국인의 26퍼센트가 보안 걱정 때문에 최신 결제 수단 사용을 기피한다. 이 사람들은 심지어 '결제 공포증'도 갖고 있다.

오프라인 결제 시스템 업체인 인제니코의 조사 결과, 비접촉식 스마트카드가 처음 등장했을 때 불과 13퍼센트의 소비자만이 비접촉 결제가 가능한 직불카드나 신용카드를 가지고 있었고, 5퍼센트만이 이 두

카드 중 하나로 결제했다. 인제니코는 또한 영국 소비자의 61퍼센트가 비접촉식 카드 사용을 경계하고 있다는 걸 알아냈다. 이유는 이 기술에 대해 충분한 정보가 없다고 느끼기 때문이었다.

지금은 인제니코의 조사 때와는 완전히 달라졌다. 거의 모든 소비자가 이런 결제 방법을 당연히 사용하고 있기 때문이다. 현금, 수표 결제로부터 초기 온라인 결제로의 이동이 지금보다 훨씬 더 큰 변화였다는 주장도 나올 수 있겠다. 하지만 인터넷이 가장 큰 게임 체인저였으며, 그런 변화는 지금 마치 천 년 전처럼 느껴지는 1990년도에 일어났다.

현금 없는 사회에 대한 두려움도 커지고 있다. 사람들은 정부가 현금 흐름을 통제해서 세금을 더 부과하려고 현금을 몰수하고 통화를 무가치하게 만들까 봐 두려워한다. 이런 두려움에 충분한 근거가 있는 것인지 지금 단정짓기는 어렵다.

지불 평의회에 따르면 미국 중앙은행인 연방준비제도 Federal Reserve Bank 는 2016년 현금 없이 이루어지는 거래 규모를 616조 9천억 원 정도로 추정하고 있다. 2010년 추정치는 60조 원 정도였다. 이미 모든 소비자 간 거래의 59퍼센트가 현금 없이 이루어지는 스웨덴에서 현금 거래가 전체 경제에서 차지하는 비중은 2퍼센트에 불과하다. 2014년 영국에서는 소비자, 기업, 금융기관들을 모두 합친 현금 결제 비중이 48퍼센트로 떨어졌다. 덴마크, 스웨덴, 핀란드는 현금 없는 사회에 가장 근접해 있다. 영국과 미국은 정책적 변화를 겪어야 하지만, 변화 속도가 빨라지는 걸 목격할 수 있다. 독일, 이탈리아, 그리스는 기반시설이 갖춰져 있지 않거나, 문화적으로 이런 발전을 보다 더디게 수용하고 있다. 독일에서는 '빚'과 '죄'가 거의 동의어로 인식된다. 나는 물물거래에서 동전으로, 동전에서 종이로 화폐가 변하고 금본위제가 철폐될 때도 이와 비슷한 도전과 저항이 있지 않았을까 상상해본다. 그렇다면 지금의 변화는 어떻게 다른가?

우리는 이런 놀라운 발전을 행운이라 여기며 만끽해야 한다. 화폐의 변화는 보다 발전된 방향으로 진화하고 더 빠른 형태로 반복되는 역사다. 파괴는 새로운 질서다. 변화만이 유일하게 지속된다.

인구 통계에 따르면 현금 없는 사회에서 가장 취약한 사람들은 노인, 디지털 문외한, 그리고 빈곤층이다. 이는 기술의 문제라기보다는 숙달과 훈련의 문제다. 특히 노숙자들에게는 신분 증명과 관련된 근본적인 문제가 있다. 거주지가 없으면 신용 입증이 불가능하고, 은행 계좌 관리도 어려워지기 때문이다. 그러나 당신에게는 돈의 변화를 포용하고, 돈을 더 많이 벌고, 불리고, 줄 수 있는 놀라운 기회가 존재한다. 자본주의 아래에서 이루어지는 변화가 기업인들에게 거대한 성장 영역과 더 의미 있는 문제를 해결할 수 있는 기회를 동시에 제공하는 것과 마찬가지다.

◆ 은행 시스템의 파괴 ◆

조파, 펀딩 서클, 레이트세터처럼 대출하려는 사람과 은행에 저축하는 사람을 서로 연결해주는 동료 간_{Peer-to-Peer} 대출 플랫폼은 대출과 자본 접근 환경에 변화를 일으켰다. 이 플랫폼을 이용한 성장 기회는 경이적이다. 더 많은 사람들이 더 빠르고, 쉽고, 간단하게 대출할 수 있게 만들어주기 때문이다. 그들은 사람들을 끌어모으고 접근성과 편의성을 높여준다. 그들은 은행 시스템의 독점성을 파괴한다. 지금쯤 당신은 자신의 사업, 아이디어, 소득 분야에서 지렛대로 활용할 수 있는 이런 혁신들 사이의 일부 공통점들을 감지했을 것이다.

동료 간 대출을 추적하는 리베룸 알트파이 볼륨지수_{Liberum AltFi Volume Index}는 영국 내 이 플랫폼들의 누적 대출액을 약 6조 5,000억 원으로 추산한다. 클라우드 플랫폼에 의해 개별화된 리스크 프로필을 보고, 개인 대출자에게 돈을 빌리거나 반대로 돈을 대출해줄 수 있다. 또 당신은 사업 아이디어를 내고, 몇 분 동안 킥스타터(미국의 대표적인 크라우드펀딩 서비스 기업-옮긴이) 펀딩을 준비해서 목표 조달액에 도달해야 돈을 받는 펀딩_{all-or-nothing funding}을 통해 스타트업 투자금을 확보할 수도 있다. 10년 전에는 이런 형식의 펀딩이 존재하지 않았다. 10여 년 전의 당신은 정장을 입고 서류 더미와 얼굴 땀을 닦을 손수건을 가지고 은행으로 가서 지점장에게 대출을 간청해야 했다.

◆ 디지털 기반의 금융 세계 ◆

돈의 흐름을 더 빠르게 바꿔놓고 있는 최근 기술은 전자화폐다. 널리 알려진 전자화폐인 비트코인은 암호화 방식에 기반을 둔 디지털 혹은 가상의 암호화폐다. 암호화폐는 복제가 힘들고 데이터를 눈에 잘 안 띄는 곳에 숨길 수 있기 때문에 성장해왔다. 어떤 국가에 의해 발행되지도 않는다. 그래서 (이론적으로는) 정부나 기업의 간섭이나 조작에서 벗어나 있다.

화폐가 제도를 벗어나면서 관련된 환경은 엄청난 변화와 혁신의 잠재력을 가지게 되었다. 거래의 편의성과 속도가 빨라졌고, 물론 이런 속도와 레버리지는 간접비를 줄여줌으로써 은행에 타격을 가할 수 있다. 거래비용 절감은 거래량을 늘리고 속도도 빨라지게 만든다. 거래가 늘어나면 경제성장 속도가 빨라지고, 이체가 손쉬워지면 경제성장 잠재력이 엄청나게 커지는 것이다. 은행들은 돈의 흐름을 더디게 만든다. 돈을 통제하고, 돈의 이동 속도를 늦추고, 거래비용을 추가하기 때문인데, 암호화폐를 통해 이런 문제점들을 없앨 수 있다.

현금 없는 사회가 특정 정부나 국가에 통제권과 힘을 줄 거라고 걱정하는 사람들이 있고, 정부와 국가는 암호화폐를 통한 돈세탁이나 탈세를 우려한다. 우리에게 온라인 거래와 데이터 보안 서비스를 제공해주는 바로 그 플랫폼들이 사람들의 개인정보를 해킹하고, 우리의 신원을 훔칠 수 있는 힘을 갖게 될지도 모른다. 그런데 암호화폐가 '어떤' 형태로나 화폐로서의 기능을 하려면 신뢰가 기반이 되어야 한다. 신뢰는 증거와 시간을 통해 나온다. 다만 우리는 완전히 디지털만 기반으로 한 금융 세계에 생각하는 것보다 더 가까워졌을지 모른다.

◆ 인공 지능과 가상 현실 ◆

혁신은 이제 막 시작됐을 뿐이다. 스웨덴에 있는 바이오해킹bio-hacking(해커들이 시스템을 해킹하듯이 우리 몸 구석구석을 파악하고, 면밀하게 분석하는 행위-옮긴이) 회사에서 쌀 한 톨 크기의 무선주파수인식Radio-Frequency Identification 칩이 사람들의 손에 심어진다. 이 칩은 출입문을 작동시키다가 곧 카페에서 결제를 해줄 것이다. 해당 기술의 전문가들은 더 섬세한 칩들이 조만간 피트니스 밴드나 결제 기기 같은 웨어러블 기기를 대체하고, 우리가 조만간 '증강 현실'에 익숙해질 거라고 믿는다.

《와이어드》잡지의 편집장 케빈 켈리를 인터뷰하다가, 그가 많은 미래 예측서의 저자라는 사실을 알게 됐다. 케빈이 다가오고 있다고 느끼는 미래의 두 가지 주요 트렌드는 인공 지능과 가상 현실이다. 나는 케빈과 자본주의의 미래가 비즈니스, 기업, 돈에 어떻게 영향을 주고 그들을 이끌어갈지에 한참 대화를 나누고도 더 배우고 싶은 욕구를 느꼈다. 단언컨대 미래(그리고 지금 와 있는 미래)에 대해 더 많은 걸 배울수록 당신의 미래에 더 긍정적인 영향을 미칠 수 있다. 인류에게 도움이 되는 어떤 것도 엄청난 부와 돈으로 전환이 가능하다. 돈은 인간에게 도움을 주기 때문이다. 최근에는 아파트 단지 모델과 사람의 흉곽이 모두 3D로 프린터로 제작되고 있다. 마약조직은 마약 1천 킬로그램을 드론으로 운반한다. 당신은 인공 지능 냉장고를 살 수 있다.

인공 지능은 컴퓨터 시스템을 통해 개발된 기계들이 보여주는 지능이다. 전자적인 모든 게 이론적으로는 지능을 가질 수 있다. 심지어 자동차에도 인공 지능 기술의 접목이 가능하다! 모든 전자 기기가 인공 지능을 가지고, 데이터와 행동을 추적해서 결정할 수 있는 미래가 전혀 머지않았다. 웨어러블 기기나 피하칩은 물론 냉장고도 인공 지능을 가질 것이다. 전화기는 이미 '스마트'하고, 당신이 믿고 싶은 것 이상으로 당신에 대해서 많이 알고 있다.

혁신적인 기업가로서 충분히 서둘러서 빨리 움직인다면 이런 모든 기기들을 통해서 아주 빠르게 돈이 흘러가게 만드는 방법을 찾아낼 수 있다. 돈은 속도를 사랑한다. 사물 인터넷은 모든 전자기기들이 인터넷에 연결돼서 인터넷에서 퍼져 있는 모든 공유 데이터에 접근할 수 있게 되는 걸 뜻한다. 영화 「터미네이터」의 악역인 가상의 인공 지능 '신경 네트워크'인 스카이넷과 무시무시하리만큼 유사하다.

◆ 진화와 혁신의 포용 ◆

변화는 엄청난 기회를 선사한다. 다윈의 말대로, 가장 강하거나 가장 똑똑한 종이 아니라 환경 변화에 가장 잘 적응하는 종이 생존한다. 금융과 돈 분야에서 일어나는 변화와 혁신에 적극적으로 참여하는 것이 기회를 얻는 길이다. 사람들이 변화를 두려워한다면 경쟁이 줄어들게 되므로 당신이 얻을 수 있는 기회는 더 커진다.

돈의 진화와 관련된 한 가지 사실은, 돈의 흐름 속도가 계속해서 높아져왔다는 점이다. 과거에 돈은 동물의 속도로 흘렀지만, 기계와 전기 통신의 속도를 거쳐 이제 빛의 속도로 흐르고 있다. 돈의 흐름 속도가 올라갈수록 돈을 중요하게 생각하지 않는 사람들로부터 최고의 가치로 여기는 사람들에게로 흘러가는 속도, 빈곤층으로부터 부유층으로 흐르는 속도도 빨라진다.

인간이 진화하듯이 돈의 성격도 진화한다. 돈이 인류와 진화를 상징하고 진화에 도움을 줬기 때문이다. 우리는 하나의 '종'으로서 진화하면서 보다 복잡하고 '아주 꼭 맞는hyper-niched' 존재가 되면서 점점 더 많은 특정 기능과 목적에 이바지하고 있다. 아담과 이브 두 사람밖에 없었을 때 그들의 존재 목적은 아이를 낳고 생존하는 것이었을지 모른다. 인스타그램에서 유명인사가 되거나 아이폰 화면 수리 전문가가 되는 일에는 관심이 없었다. 아담과 이브의 다음 세대 인류는 근친상간과 몇 가지 도구와 불의 사용을 통해 생존했다. 그들은 이전 부모 세대보다 약간 더 발전하기는 했어도 마찬가지로 기초적이고 원초적인 목적만을 가지고 살아갔다. 시간을 현재로 빠르게 돌려보면, 우리는 과거 어느 때보다 진화했고 복잡해졌다.

10년이나 20년 전에 갖고 싶던 자동차가 있었는가? 당신이 가지고 싶었던 자동차는 아마도 스포츠카나 세단일 수 있다. 혹은 당신이 특정 브랜드의 차를 선호했을 수도 있다. 아버지는 재규어를 사랑하셨다. 재규어 모델로는 XJ6, XJ8, 혹은 XJS가 있었다. 아버지는 XJ6이나 XJ8을 사고 싶어 하셨는데, 당시에 고를 수 있는 색은 여섯 가지 정도였다. 지금 당신이 메르세데스 벤츠를 사고 싶다면 선택할 수 있는 많은 종류의 모델과 엔진과 색을 보고 놀랄 것이다.

이처럼 고도의 틈새시장 개발은 사람들 각자의 욕구에 맞춘 보다 특화된 서비스 기회를 더 풍부하게 열어준다. 사람들은 그에 대해 더 많은 돈을 지불하고, 커지는 자신들의 특별한 욕구에 따라 더 자주 당신의 제품이나 서비스를 이용하게 될 것이다.

진화나 혁신을 두려워하는 대신 포용하고 투자해야 한다. 현대인의 욕구가 특별해지고 복잡해지면서 혁신은 조기 수용자에게 기회를 만들어 낸다. 당신이 이런 고도로 전문화된 금융 부문의 지속적 혁신에 적응하고 참여한다면 더 많은 돈을 벌 수 있다.

은행과 기업들은 오랜 시간 동안 상당 양의 돈을 보유하고 통제했지만, 이제 변화가 진행되고 있다. 우리는 은행으로부터 개인 투자자와 기업인들로 돈의 흐름이 대거 바뀌는 초기 단계에 서 있다. 은행과 정부에 대한 신뢰는 상당히 줄어들었고, 부와 돈은 불신에서 신뢰로 흐른다.

서로 연결된 사적인 부는 새로운 펀드다. 대기업과 초대기업 및 민간 투자자와 기업인 간 경쟁의 장이 평평해지고 있다. 이 책은 이처럼 다원적 금융 환경 속에서 부를 챙길 수 있게 더 많은 돈이 당신 방향으로 흐르게 방향을 조정하면서 타인들에게 부가가치를 선사하는 모든 방법을 가르쳐줄 것이다.

Know More,

Make More,

Give More.

2장

부의
철학

부를
밀어내는 믿음,
부를
끌어당기는 믿음

자본주의는 모든 사람들이 가진 합리성을 최대한 발휘할 것을 요구하며,
그에 상응하는 보상을 해준다.
자본주의는 누구나 자유롭게 자신이 좋아하는 일을 선택해서 전문적으로 하고,
다른 사람들이 만든 제품과 자신이 만든 제품을 교환하고,
능력과 야망에 따라 성취의 길로 나아가게 해준다.

- 아인 랜드

돈으로 행복을 살 수 없다는 거짓

돈이 있어도 행복하지 않다는 말을 들어보았을 것이다. 정말 그럴까? 지난 10년 동안 내가 만난 부자 중에 돈 때문에 행복하지 않다고 말한 사람은 단 한 사람도 없다. 나는 정확하고 충분한 데이터를 얻을 만큼 많은 부자들을 만났다고 확신한다. 그러나 "롭, 제발 부탁인데, 내 돈을 모두 가져가줘요. 돈 때문에 너무나 불행합니다."라고 말하는 부자를 본 적이 없다.

나는 선진국의 가난한 사람들이 저렇게 말한다고 주장하고 싶다. 실제로 문화적인 영향으로 저렇게 말하는 사람이 수백만 명은 된다. 가난한 사람들이 정말로 돈이나 부에 큰 가치를 두지 않는다고 치자. 그들이 부가 사람을 행복하게 만들어주지 않는다는 증거를 어떻게 대겠는가? 그건 먹어보지도 않은 음식이 싫다고 말하는 아이들의 말과 비슷하다.

미시간 대학에서 실시한 조사 결과 돈과 관련된 다음 세 가지 사실을 알아낼 수 있었다.

- 사람들은 무엇 때문에 가장 많이 걱정하는가? 돈 때문이다.
- 사람들을 가장 행복하게 만드는 건 무엇인가? 돈이다.
- 사람들을 가장 불행하게 만드는 건 무엇인가? 돈이다.

물론 돈이 주는 혜택들이 없이 돈만 따로 떼어놓고 봤을 때, 돈만 있다고 당신이 행복해지는 건 아니다. 하지만 다른 모든 조건이 동일하다면 더 행복해지기 위해 돈을 쓸 수 있는 능력과 돈으로 더 많은 일을 할 수 있는 능력이 생긴다. 나는 돈이 없었던 적도 있고, 충분한 돈을 가져보기도 했다. 내 인생의 다른 조건들이 같은데 내게 페라리가 있다면 나는 녹슨 고물 차를 갖고 있을 때보다 더 행복해할 것이다.

'돈이 있다고 행복해지지 않는다'는 주장은 전 세계적으로 오인되고 있다. 그 주장에는 사람들이 순전히 행복을 추구하기 위해서만 돈을 쓴다는 전제가 깔려 있기 때문이다.

◆ 돈이 행복을 만든다 ◆

단언컨대, 사랑, 아이들과 보내는 시간, 아이들이 성장하는 모습을 지켜보는 것 등 인생에서 최고의 것들은 공짜다. 자연, 아름다움, 예술, 산책, 음악… 당신이 사랑하는 공짜로 얻는 것들을 생각해보라. 이런 경험을 더 많이 하려면 시간을 자유롭게 쓰게 해줄 '소극적 소득 passive income'이 필요하다. 소극적 소득은 근로 소득이 아니라, 본인 소유 자산에서 나오는 소득을 의미한다. 아니면 당신이 이 경험을 모두 자유롭게 할 수 있게 모든 비용을 내줄 사람이 필요하다. 과연 빚을 해결하기 위해 직장에서 스트레스를 견디며 2주일 동안 80시간을 일하면서 이 '인생 최고의 공짜' 순간을 즐길 수 있을까?

---

⑤　**돈과 행복은 서로 별개인가?**

돈과 행복의 실체는 다르다. 그들은 별개의 개념처럼 보인다. 사람들은 부자이고 불행하거나, 가난하고 불행하거나, 부자이고 행복하거나, 가난하고 행복할 수 있다.

왜 돈과 행복을 같이 가지면 안 될까? 돈은 행복을 만든다. 더 자주,

그리고 더 쉽게 당신을 행복하게 만드는 데 돈을 쓸 수 있기 때문이다. 돈은 종종 시간을 더 버는 수단이다. 더 많은 돈을 갖기를 원한다면 돈에 대해 연구하라. 더 많은 돈을 벌고, 불리고, 나눌수록 더욱더 행복해지게 되는 것 외에 다른 데 신경 쓰지 마라. 주변을 돈이 가져다줄 수 있는 온갖 풍요로움으로 채워라. 나중에 배우게 되겠지만 역사상 최고의 부자들이 바로 그렇게 했다. 돈을 무작정 쓰는 게 중요한 게 아니다. 어쨌든 경제 효과와 돈이 도는 속도를 높이는 게 중요하다.

부자가 더 부자가 된다는 편견

'부자는 더 부유해지고, 가난한 사람은 더 가난해지는 이유'에 대한 말을 당신도 들어보았을 것이다. 많은 사람이 이런 사실에 불만을 품고 세금 인상, 노조 결성, 자선 확대를 통해 이런 불균형을 시정해야 한다고 주장한다.

부자가 더 부유해지는 경향을 보이는 이유를 설명할 수 있는 간단한 경제 법칙이 존재한다. 이런 경제 펀더멘털은 분명 부유층과 빈곤층 사이의 격차와 관련된 다수의 신화들을 무너뜨렸다. 그 법칙이 대체 뭘까? 부자들은 이 법칙들을 알고 잘 이용하지만, 가난한 사람들은 모르고 오히려 이용당한다.

◆ 돈이 흐르는 방향으로 움직여라 ◆

상식적으로 뭔가가 가던 방향을 바꿨을 때보다 이미 가던 방향으로 계속 갈 때 훨씬 더 쉽게 이동한다. 뉴턴의 제1법칙인 '관성의 법칙'에 따르면 외부에서 힘이 가해지지 않는 한 모든 물체는 자기의 상태를 그대로 유지하려고 한다. 즉, 정지한 물체는 영원히 정지한 채로 있으려고 하며 운동하던 물체는 등속 직선운동을 계속하려고 한다.

물론 당신은 부자들이 '이미 부자이기 때문에' 더 부자가 되고, 가난한 사람이 '이미 가난하기 때문에' 더 가난해진다는 주장보다 더 심오한 주장을 찾고 있을지 모른다. 하지만 이 단순한 이치의 중요성을 놓치지 말자. 당신이 부와 돈이 있는 방향으로 움직인다면, 설사 원하는 수준에 이르지 못했더라도 멈추지 말고 계속 가라. 그러면 원하는 수준에 도달할 것이다.

어떤 한 시점에서 통용되는 돈은 가장 많이 지출하는 사람에게서 가장 많이 수입을 올리는 사람에게로 흐른다. 제품과 서비스의 가치, 개개인이 돈에 부여하는 가치가 다를 때 돈은 지출에 집중하는 사람들로부터 수입에 집중하는 사람들로 보다 자유롭고 더 대규모로 움직인다. 다시 말해서, 돈은 소비자에게서 생산자로 이동한다.

당신이 부의 공평한 분배를 위해 권력, 규칙, 노조, 규제, 정보를 이용하려고 얼마나 많이 노력하는지와 상관없이 부는 항상 '균형'을 재설정할 것이다. 따라서 부를 당신 쪽으로 재분배하길 원한다면 부의 재분배를 기대하면서 더 높은 권력이나 시스템에 대한 피해 의식에 사로잡혀서는 안 된다. 자본주의 시스템이 바뀔 가능성이 없는데 그에 맞서 싸우는 건 시간과 에너지의 엄청난 낭비고, 기회 비용이다. 그 대신 부, 서비스, 기부, 기업, 모멘텀, 불리기, 규칙에 대해 배우고 집중하라. 또한 돈과 부를 이해하라. 그러면 더 많은 돈이 굴러 들어올 것이다. 더 많이 배울수록 더 많이 번다.

◆ 부는 이미 재분배되고 있다 ◆

부유층에서 빈곤층으로 부가 재분배되어야 한다는 주장이 있다. 우리는 이미 '과세제도'라는 부의 재분배 형식이 존재한다는 사실을 기억해야 한다. 대부분의 국가에서 과세제도는 돈을 많이 버는 사람이 더 높은 소득세율을 적용받도록 되어 있다. 어떤 경우 고소득자는 소득의 절반 이상을 세금으로 내야 한다. 소득이 적을수록 절대적 금액은 물론 퍼센티지 기준에서 내는 세금도 적다. 소득이 높을수록 내야 할 세금이 올라갈 뿐만 아니라 적용 세율도 덩달아 올라간다. 이 방법으로 부유층은 이미 소득 재분배를 하고 있고, 빈곤층은 이미 지원을 받고 있다.

나는 부를 더 필요로 하는 사람들과 부를 나누어야 한다는 주장에 찬성한다. 부를 쌓는 데 기부 역시 큰 역할을 한다. 하지만 이미 이룬 부의 관리법을 배울 때까지 대부분의 사람들은 그것을 제대로 관리할 수 없다. 또한 부의 재분배만큼이나 교육의 부족도 역시 큰 문제다.

부자가 도박장을 소유하고 있다고 상상해보자. 도박꾼이 와서 전 재산을 써서 부자가 더 많은 돈을 벌 수 있게 해준다. 부자는 세금을 올려 내고, 세수는 도박꾼에게 재분배된다. 그러자 도박꾼은 다시 도박장으로 가서 더 많은 도박을 한다. 부자는 늘어난 '세금 부담'을 상쇄하기 위해 마진을 높여야 할지 모른다. 그러면 도박꾼은 더 많은 도박 자금이 필요하다. 이런 식으로 반복되면 부자는 세금이 덜 부과되는 다른 나라에서 도박장을 차리고, 도박꾼은 더 많은 돈을 탕진하면서 더 도박에 중독될 가능성 외에 사회에는 변화가 없다.

자본주의에서는 도박장 주인, 즉 자영업자가 적절한 이익을 창출하는 게 허용되고, 도움, 보호, 세금 혜택, 인센티브를 받고, 가격이 자율 규제되는 공정 경쟁이 펼쳐지는 시스템이 원활히 작동한다. 그리고 도박꾼에겐 도박할 돈을 주는 것보다 중독에 대한 교육과 도움이 훨씬 더 효과적이다. 극단적인 사례처럼 보일지 모르지만 대부분의 사람들은 도박꾼처럼 돈을 관리한다. 그들은 돈을 낭비하고, 간신히 먹고살 뿐이다. 일하고 기여하려는 욕구를 약화시키는 재분배와 무상 지원이 아니라 돈을 관리하고 통제할 수 있는 방법에 대한 교육이 필요하다.

전미금융교육재단 National Endowment for Financial Education 의 통계에 따르면서 갑자기 거금이 생긴 사람들 중 70퍼센트가 5년 내에 그 돈을 전부 잃는다. 복권 당첨자들 중에 44퍼센트는 5년 내에 당첨금을 모두 썼다. 그러나 복권 당첨자 10명 중 9명이 새로 생긴 재산이 세 번째 세대까지 갈 거라고 믿는다. 다시 말하지만, 이미 가진 돈을 관리하는 법을 배운 사람만이 더 많은 부를 관리할 수 있다. 이 경우에 부는 다루는 법을 모른 채 갑자기 거액을 갖게 된 가난했던 사람으로부터 부자에게로 흘러간다.

한편, 응답자들 중에 불과 2퍼센트가 복권 당첨 후 인생이 덜 행복해졌다고 말했다. 돈이 있어도 더 행복해지지 않는다고 말하는 사람이 누굴까?

◆ 부의 생산자와 소비자 ◆

부자들은 일자리, 가치 창조, 희망과 믿음과 영감, 봉사를 통해 기업과 경제를 만들어간다. 빈곤층은 생존하기 위해서 이런 것들에 의존한다. 토마 피케티의 베스트셀러 『21세기 자본』에 따르면 사실상 전 세계 부의 99퍼센트는 개인 소유다. 이는 빈곤층이 받는 모든 국가적 혜택을 생산자들이 지불한다는 의미다.

또한 80/20의 법칙(인구의 20퍼센트가 국가 전체 부의 80퍼센트를 소유 혹은 통제하고 있다는 법칙-옮긴이)대로 인구의 20퍼센트가 80퍼센트가 소비할 것을 생산한다. 이로 인해서 이미 나타나고 있는, 부자가 더 부유해지고 빈곤층은 더 가난해지는 현상이 더욱 심화될 것이다. 새로운 일을 시작할 때 처음 몇 년 동안은 돈을 벌기 힘들지만, 먼저 그 일을 해온 사람들은 훨씬 더 쉽게 재산과 소극적 소득을 크게 늘린 것처럼 보인다.

효과적인 부의 재분배를 위해 소비자들도 소비하는 것 이상으로 생산해야 한다. 당신이 마약 중독자에게 돈을 줄 때는 그 돈이 어디로 가게 될지 안다. 당신이 어떤 소비자에게나 돈을 줘도 그 돈은 이전에 그가 소비한 것과 같은 방식으로 소비된다.

생산자들은 더욱더 많이 생산할 것이고, 소비자들은 계속해서 소비할 것이다. 당신은 생산자와 소비자 중에 무엇이 되고 싶은가? 빈부 격차에 관해 옳고 그름을 따지겠는가, 아니면 서비스, 해결책, 부의 규모, 사회 기여에 집중하면서 정당한 부를 즐기며 살겠는가?

충분한 돈은 없다는 착각

예전에 나는 어떤 디자이너 브랜드를 좋아했다. 부모님의 술집에서 일할 때 내 수입은 아주 적었다. 나는 그 적은 돈을 받으면 곧장 디자이너 브랜드 매장에서 최신 브랜드 옷을 사는 데 전부 썼다. 어울리지 않는 옷이라도 정면에 잘 보이게 브랜드 로고가 있으면 무조건 샀다.

경기침체가 심화되고 있을 때 신상품을 사기 위해 매장으로 뛰어들어갔던 기억은 지금도 아주 생생하다. 10년 넘게 친구로 지내온 매장 매니저가 계산대 앞에 구부정한 자세로 앉아 있었다. 내가 "잘 지냈어?"라고 물어도 그는 계속 휴대 전화만 만지작거리고 있었다. 내가 "장사 잘돼?"라고 물었더니 그는 "엉망이야!"라고 맞받아쳤다. 내가 유감의 뜻을 전하자 그는 나를 노려보더니 "한 푼도 못 벌었어! 세상에 돈이 말랐다고!"라고 소리쳤다.

사실 머빈 킹 전 영국 중앙은행 총재에 따르면 전 세계 경제에는 약 80조 파운드가 돌아다닌다. 그는 주식과 채권의 전체 가치는 150조에서 180조 파운드로 추산한다. 일부 금융인들은 지금까지 채굴된 금의 가치가 8조 2천 억 달러를 넘는다고 주장한다. 다만 금 채굴이 기록 집계보다 먼저 이뤄지고, 불법적 채굴 데이터를 추적하기 힘들기 때문에 채굴한 금 가치는 이보다 훨씬 더 높을 것으로 추산된다. 즉, 전 세계 경제에는 사실상 무한대이자 무제한에 가까운 돈이 있다.

특히 이 모든 돈을 더하고, 이 돈이 풀려 있고, 사람들 사이에서 계속 흐르고 이동할 걸로 생각하고, 인플레이션과 양적완화Quantitative Easing 같은 요인들이 전례 없이 많은 수준의 통화를 공급해줄 거라고 생각했을 때 더 그렇다. **전 세계 경제에는 우리 모두가 백만장자가 되고 남을 만큼 충분한 돈이 있다.** 그런데 누가 당신의 돈을 갖고 있는가? 아무도 갖고 있지 않다. 나 역시 아니다.

그렇다면 당신은 실제로 돈이 많다는, 즉 돈이 사실상 무한대로 있다는 시각과 사고방식을 갖고 있는가? 아니면 돈이 부족하다는 사고방식을 갖고 있는가? 경제가 '당신의' 경제를 통제하고 있다고 생각하는가, 아니면 경제와 상관없이 '당신' 자신이 '당신의' 경제를 통제하고 있다고 생각하는가? 돈은 사람이 만든 기계에 의해 인쇄되고, 인류에게 이바지한다. 현재, 과거, 미래에 물리적 형태의 모든 돈은 아이디어 형태의 '무형'으로부터 나왔다. 돈을 물질로 바뀐 정신이라고 부를 수 있다. 미래의 제품, 서비스, 아이디어는 무한하기 때문에 미래의 부와 돈도 무한하다. 세상에는 많은 돈이 있다. 문제는, 당신이 정당한 몫을 차지할 수 있느냐 여부이다.

돈 벌기는 생각에 달렸다

　어떤 사람이 돈을 벌 수 있다면 누구라도 돈을 벌 수 있다. 슬램덩크, 100미터를 10초 안에 달리기, 인간 유전자와 천재성이 빚어낸 놀라운 성과로 간주되는 모든 일과 돈을 버는 일은 다르다. 당신은 키가 크거나 작거나, 몸이 튼튼하거나 마르거나, 아이큐가 높거나 낮을 수 있다. 그러나 우리는 어떤 분야에서도 취미, 오락, 직업을 통해 큰돈을 벌고 있는 평범한 누군가를 볼 수 있다.

　돈벌이는 학습되는 시스템이다. 부의 법칙이 있다. 말 그대로 타인들의 돈벌이 방식을 배우고, 그들의 공통점을 모델로 삼고, 그 능력자들의 특성을 당신도 소유할 수 있다. 다만 주의할 점은 그들을 그대로 받아들이지는 않는 것이다.

◆ 억만장자 DNA는 없다 ◆

돈을 벌기 어렵다는 생각은 하나의 착각이다. 컴퓨터를 다룰 줄 아는 21세기의 10대는 어디서나 와이파이에 접속해서 부모님의 컴퓨터, 노트북, 아이패드로 그들의 이베이 계정에 로그인할 수 있다. 그리고 부모님의 어떤 물건을 업로드한 다음 팔 수 있다. 페이팔 계좌를 거친 그 돈을 은행 계좌로 이체한 다음, 그 돈을 찾아서 다 쓰거나 저축하거나 투자할 수 있다.

킥스타터에서는 지분을 내주지 않고도 돈을 조달할 수 있다. 장기 임대료, 주식, 직원, 인사부서 대신 무료 웹호스팅 계좌에 접속해서 온라인에서 5분 내에 사실상 어떤 사업체라도 세울 수 있다. 링크드인, 유튜브, 인스타그램, 페이스북, 트위터, 왓츠앱, 핀터레스트에서 무료로 소셜 미디어 계정을 만든 뒤 곧바로 수천 명, 심지어 수백만 명의 고객들에게 접근이 가능하다. 전 세계 어디서나, 1년 365일 24시간 내내 이 모든 일을 할 수 있다.

그렇다면 돈을 버느라 애를 먹는 사람이 그토록 많은 이유는 무엇인가? 왜 그들은 돈 걱정을 하고, 돈 때문에 죄책감과 질투심을 느끼고, 돈이 없어 자신들이 좋아하는 걸 더 많이 하지 못하는가?

대부분의 사람들이 돈과 그렇게 부정적인 관계를 유지하는 이유는 무엇일까? 왜 그들은 돈이 나쁘고, 벌기 힘들고, 더럽고, 물질적이고, 탐욕스럽고, 자본주의적이며, 돈이 있으면 남들로부터 평가를 받게 되고 친구들을 모두 잃게 될 거라고 생각하는가?

누군가가 큰 부를 빠른 속도로 이루고, 돈을 계속 벌어들일 수 있다면 당신도 그렇게 할 수 있다. 뭔가가 물리적이고 인간적으로 가능하다면 당신도 그것을 할 수 있다. 성공은 성공의 단서를 남긴다. 그랜드 마스터(최고 수준의 체스 선수 ─ 옮긴이)로부터 체스 두는 법을 배울 수 있다면 '머니 마스터'로부터 돈 버는 법도 배울 수 있다.

애초에 부자로 태어나야 한다는 믿음이 널리 퍼져 있지만 당신이 지금 엄청난 빚을 지고 있더라도 지금 서 있는 곳에서 돈을 벌 수 있고, 또한 위대한 사람들을 공부하고 그들처럼 생각하고 행동하는 법을 학습함으로써 그들이 가진 특성들을 소유할 수 있다. 돈에 미친 사람이 되지 않고서도 그렇게 할 수 있다.

머니 마스터의 DNA에는 특별한 유전자나 염색체가 없다. 10조 원을 순자산으로 가진 부자가 될 운명은 유전적으로 정해져 있지 않다. 부가 타고난 것이지 만들어지는 것은 아니라는 보편적인 믿음은 하나의 편견으로 취급되어야 한다.

중학생 시절, 체육시간에 상체를 곧게 구부려서 손이 발가락에 닿도록 스트레칭을 할 때, 내 팔은 무릎 아래로 내려가지 못했다. 선생님은 내 귀에 소리치곤 하셨다. "롭 무어, 그만해라. 너는 앞으로도 발가락 근처도 닿지 못할 거다!"

나는 당시 내가 어떤 일을 하지 못할 것이란 타인의 의견에 상처를 받았다. 나는 그 말을 진실로 받아들였고, 내 햄스트링이 뻣뻣하고 나는 몸이 잘 구부러지지 않게 태어났다고 확신했다. 그건 내가 나한테 한 말이었다. 당시의 나는 과체중과 뼈의 굵기, 갑상선 탓을 했다.

처음으로 무술 수업을 듣게 됐을 때도 나는 내가 유연하지 않다는 믿음을 그대로 갖고 있었다. 나는 선생님에게 내 뻣뻣한 햄스트링에 대한 이야기를 했다. 선생님은 내게 하루에 두 차례씩 1년 정도만 스트레칭을 하면 내가 다리 벌리고 앉기(상체를 꼿꼿이 한 채 다리를 일직선이 되도록 양쪽으로 벌리고 바닥에 앉는 동작)를 할 수 있다고 말씀해주셨다. 나는 선생님의 말을 의심했지만, 검은 띠를 따기 전에 다리 벌리고 앉기를 할 수 있게 됐다. 이 동작을 계기로 나는 내가 노력하면 누가 뭐라든, 무엇이든 해낼 수 있다는 걸 깨달았다. 부에 대해서도 마찬가지다.

사람들이 돈을 벌 수 없어서가 아니라 단지 아직까지 돈을 버는 방법을 모르는 게 문제다. 그들은 아직까지 돈을 버는 방법을 배운 적도 없고, 시스템과 절차에 노출된 적이 없고, 충분하고 중요한 액수의 돈을 벌어본 적도 없다. 돈을 벌어본 사람들은 돈을 존경하고 철저히 공부했고, 타인들을 위해 봉사하고 그들의 문제를 해결해왔으며, 부의 흐름과 법칙을 관찰해왔다.

미국의 철학자 짐 론이 했던 '하기 쉽고, 하기 어렵다'는 말을 맨 처음으로 새겨들은 사람이 바로 나다. 그것은 중요한 교훈이었다. 순간적으로 피자나 샐러드를 선택하기는 쉽다. 순간적으로 돈을 벌거나 쓰기는 쉽다. 많은 돈을 버는 일이건 아니건 상관없이 처음에는 뭔가를 열심히 해야 한다. 많은 돈을 버는 일이건 아니건 하는 어떤 일에라도 집중해야 한다.

투자 천재 조지 소로스는 1992년 9월 16일 단 하루 동안 1조 원을 벌었다. 2011년에 그와 마크 저커버그의 연소득은 각각 8조 원과 11조 원으로 추산되는데, 두 사람 중 누구도 DNA 안에 '억만장자' 염색체를 갖고 있지 않다. 축구 선수 크리스티아누 호날두와 웨인 루니, 영화배우이자 모델인 킴 카다시안은 트윗당 각각 3억, 1억, 1천만 원을 번다. 이들 중 누구도 부자 부모에게서 재산이나 억만장자 DNA를 물려받은 적이 없다.

부에 대한 부정적 생각을 버려라

탐욕이나 권력은 현실이 아니며 절대적이지도 않다. 가난한 사람은 부자가 많은 돈을 가졌으므로 탐욕스럽다고 느낄지 모르지만, 부자가 추구하는 가치를 위해 돈을 얼마나 기부하는지 알지 못할 수 있다. 또 강매하는 판매원들을 탐욕스럽다고 생각하는 사람도 있고, 영업을 배려 행위라고 말하는 사람도 있을 수 있다.

누구에게나 탐욕스러워질 수 있는 힘과 능력이 있다. 당신이 미워하는 누군가가 가진 특성을 당신도 갖고 있다. 또한 그 특성을 필요에 따라 사용해왔다. 당신 안에는 탐욕과 친절함이 같이 있으며, 힘과 약점, 사랑과 증오가 있다. 당신은 이 양극적 특성들을 같은 정도로 활용하며 살아왔다.

◆ 탐욕과 성장 사이 ◆

어떤 권한이 탐욕과 성장 사이의 절대적 선을 긋겠는가? 꼭 필요한 성장을 위한 투쟁이 탐욕으로 변하는 절대적인 기준은 없다. 현실적으로 탐욕과 성장 사이에 놓인 가는 선 위에 한 가지 전능한 권한은 존재하지 않는다. 현실적으로 탐욕은 성장이다. 탐욕과 성장 사이에는 끊임없이 변하는 가는 선이 존재한다.

당신은 감정과 직관을 통해 완벽하게 자기 규제를 할 수 있는 피드백 메커니즘을 가지고 있다. 그래서 영감을 얻고, 불이 붙고, 흐르고, 후한 보수를 받게 될 때 성장이 성장임을 직관적으로 알 것이다. 성장이 탐욕이 됐을 때도 알 것이다. 죄책감, 걱정, 수치심, 당신이 다시 균형을 잡도록 '설계된' 다른 감정들을 통해서 감정이 피드백을 주기 때문이다.

사회는 탐욕의 의미를 당신에게 피드백 한다. 어떤 경우에 그 피드백에 반감이 들고, 어떤 경우에 그 피드백은 부당한 결과처럼 느껴질 것이고, 다른 사람에게 보내지는 게 맞다고 생각될 것이다. 또 어떤 경우에는 당신의 균형에 필요한 것일 수 있다. 지혜와 자긍심은 이 차이를 알게 됨으로써 생긴다. 성장이 성장이라면 삶은 당신에게 더 많을 수확을 줄 것이고, 성장이 탐욕이라면 삶은 당신에게서 수확을 빼앗으며 교훈을 줄 것이다.

◆ 은행의 순기능 ◆

사회와 언론매체들은 은행이 탐욕스럽다고 비난한다. 모든 은행과 은행원이 탐욕스럽다고, 2008년 글로벌 금융위기와 경기침체를 야기한 건 그들이라고 한다. 이런 대중적 히스테리에서 약간만 눈을 돌려보면 우리는 은행이 없다면 돈 관리에 심각한 문제가 생기게 된다는 사실을 알게 된다.

1. 돈의 보관

은행은 돈을 보관하고 저축하고 보험을 들어주는 데 탁월한 능력을 발휘하고 있다. 은행은 어떤 통화로건 수십억 원을 보유한 채로 유실, 도난, 당신의 낭비벽으로부터 돈을 지켜준다. 은행 대신 집에 돈을 보관하는 게 통상적이라면 금고와 함께 철저한 보안 시설이 필요할 것이다. 또 돈과 자신을 보호하기 위한 보험도 필요하다. 1년간 돈을 보관하고 있었는데, 인플레이션 때문에 가치가 10~15퍼센트 떨어질지도 모른다.

2. 이자

당신이 돈에 직접 이자를 줄 수는 없다. 사람들은 인플레이션과 이자에 대해 불평하지만 은행이 없다면 더 불평할 것이다. 대체 이자는 누가 준단 말인가?

3. 대출

은행이 없다면 고금리 대출로 큰돈을 벌려는 개인 기회주의자들이 은행 노릇을 할 가능성이 높다. 은행 시스템이 존재하기 전에는 대출이 이런 식으로 진행됐다. 대부분의 지역이 '난장판'이 됐다.

은행은 예금자들이 빌려준 격인 큰돈을 대출금으로 활용하면서 개인이 결코 얻을 수 없을 정도의 레버리지 효과를 얻는다. 민간 대부업자는 대부분 자기 돈을 사용하기 때문에 많은 사람에게 대출을 해줄 수도, 큰 금액을 대출해줄 수도 없다. 민간 대부업자들은 종종 은행에서 돈을 빌리지 못하는 사람들의 최종대부자 lender of last resort다. 대출 부도 위험과 적은 대출금을 보상하기 위해 고금리가 부여된다. 일주일 정도의 단기 대출금 금리가 낮게는 연리 5퍼센트에서 높게는 200퍼센트를 넘기도 한다. 민간 대부업자들은 시스템, 전산결제망, 직불카드, 신용카드를 갖추고 있지 않다. 고리대금업자들은 규제 밖에서 종종 탈법 행위를 저지른다. 그들은 법원을 통해 대출금을 반환받을 가능성이 없기 때문에 덜 합법적이고, 보다 공격적으로 채무자를 집행한다.

은행은 부분지급준비금 제도 fractional reserve banking를 통해 경제성장에 필요한 대출을 해주고, 광범위한 금융 서비스, 보안, 유동성을 제공한다. 은행끼리는 서로 네트워크로 연결되어 있으며, 그들은 정부의 제재, 지원, 규제를 받는다. 정부나 중앙은행은 2008년 같은 금융위기가 터졌을 때 최종대부자가 된다.

4. 규제와 보호

고리대금업자들은 자기 돈으로 더 큰 위험을 감수하고, 레버리지가 거의 없으며, 리스크가 높고, 대출 서비스만을 제공한다. 그들은 정부의 단속 대상이고, 대출금 회수나 보호를 위해 정부를 이용할 수 없다. 그들의 자금 회수 방법은 비윤리적이거나 불법적일 수 있다.

정부의 규제는 시장의 투명성과 신뢰도를 위해 은행이 특정 요구 사항, 제한, 지침을 따르게 만든다. 은행은 대규모 예금 인출 사태인 뱅크런bank run을 원하지 않는다. 그렇기 때문에 은행은 전반적으로 보수적으로 영업한다. 은행은 매우 안전하고, 도처에 영업장이 있어 접근성이 높다.

5. 경제성장

은행은 오래 전에 예금으로 받은 돈의 일부를 언제나 준비금으로 마련해놓고 있다. 부분지급준비금 제도와 디지털에 의한 자금 이동 덕분에 은행은 보유하고 있는 예금보다 더 많은 돈을 아주 저렴하고 빠르게 빌려줄 수 있게 되었다. 그러자 경제는 매우 빠르게 성장할 수 있게 됐다. 흐르는 돈이 더 늘어나고, 돈이 도는 속도가 빨라졌기 때문이다.

일부 은행의 총자산은 국가 국내총생산GDP(Gross Domestic Product) 규모다. 은행이 전 세계 경기침체에 일부 원인을 제공했지만, 모든 경제성장에 훨씬 더 큰 역할을 했다.

6. 하강기의 지원

장기간 이어진 저금리, 양적완화, 최종대부자로서의 중앙은행들의 역할이 없었다면 지금보다 더 많은 사람들이 파산했을 것이고, 경기침체는 더 오래, 더 깊게, 더 고통스럽게 이어졌을 것이다.

7. 규제의 필요

규제와 정부 개입, 중앙은행과 법원이 없다면 부랑자와 방랑자, 야반도주자 등 대출을 받고 돈을 관리할 자격이 안 되는 사람들도 대출을 받아 돈을 써댈 것이다. 이렇게 거래 위험은 커지고 규모는 줄어들 경우 거래 수수료와 적용 금리가 동반 상승할 것이다.

◆ 돈을 벌고 변화를 만드는 사람들 ◆

세계를 이끄는 권위자와 영향력자가 누구인지에 대한 인식이 바뀌고 있다. 우리는 대통령, 총리, 정치인, 대기업과 중앙은행들이 온갖 권력을 휘두르고 있다고 여겼다. 그러나 이제는 새로운 유형의 사회 자본가들과 자선 사업가들이 막대한 영향력과 국제적 지도력을 갖고 있는 듯하다.

대부분의 사람들이 마크 저커버그, 리처드 브랜슨을 악의적이고 탐욕스러운 기업 괴물로 보지 않을 것이다. 셰릴 샌드버그나 멜린다 게이츠, 오프라 윈프리가 탐욕스럽다고 생각하지도 않을 것이다. 그들은 수천만 명의 팬과 팔로워들을 가지고 있다.

이들은 돈을 벌고, 변화를 만들어내고 있다. 긍정적인 변화를 만들고 사회에 기여하고, 수많은 사람들에게 봉사하기 위해 자신이 가진 영향력을 활용하고 있다. 이들은 역사를 통틀어 가장 부유한 사람들의 공통적 패턴을 따르고 있으며, 대부분의 사람들은 이들을 탐욕스럽다고 생각하지 않는다. 이 거대한 변화를 만드는 사람들은 틀과 장벽을 깨고 의미 있는 문제들을 해결하면서 지구를 연결하고 있다.

당신은 자기 돈을 어떻게 쓸지 선택할 수 있다. 분명 돈을 벌고 변화를 일으키고 있는 위대한 변화를 만드는 사람들로부터 영감을 받아보는 것은 어떨까? 그들은 돈을 벌고 기부하고 있다. 경제지인 《포브스》가 선정한 '세계 자선가 50인' 목록에서 상위 20인의 자선 목적을 위한 전체 기부금이 1백조 원을 넘는다는 걸 알 수 있다. 그들 중 누구도 가난하지 않고, 모두가 억만장자이다. 물론 재산이 많을수록 더 많이 기부할 수 있다는 것은 상식이다. 그런데 왜 최고의 부자들이 가장 탐욕스럽다고 생각할까? 절대적으로는 세계 최고 부자들이 가장 많이 기부하고, 가장 많이 창조하고, 가장 많이 GDP를 늘린다.

◆ 돈은 공정한 방향으로 흐른다 ◆

40만 명이 넘는 사람들과 부와 돈을 만드는 전략을 공유하고 여전히 부에 대해 배우면서, 나는 돈을 벌면 다른 누군가가 희생돼야 한다고 생각하고 느끼는 사람들의 숫자를 보고 계속 놀란다. 사람들은 경제 시스템에서 돈이 계속 줄어들고 있다거나, 마지못해 돈을 넘겨주고 속았다는 느낌을 받거나, 한 사람에서 다른 사람에게 돈이 이동하는 거래가 '누군가에게는 이익이고 누군가에게는 손해'가 된다고 생각한다. 이 생각들 중 어떤 것도 전혀 사실이 아니고, 오히려 개인이 만들어낸 편견일 뿐이다. 이런 편견들에 영향을 받고 그것에 따라 움직이는 이상, 당신은 자신이 무언가 속이는 바로 그런 존재가 될까 우려하느라 아무것도 팔지 못할 것이다. 이 두려움은 당신 자신의 정체성에 영향을 미칠 것이므로 당신은 어떤 대가를 치르더라도 그것에 저항해 생각을 바로잡아야 한다.

돈이 이동할 때는 언제나 거래가 일어난다. 그런 거래는 단지 돈뿐만 아니라 아이디어, 에너지, 영감, 서비스, 해결책, 기대, 정보, 지식, 지혜, 시간, 빛, 신용, 선의의 손바꿈이다. 사람들은 금전적 거래에서 더 많은 것을 얻게 된다. 만약 돈을 지불하는 이상으로 얻는 게 있다고 생각한다면 그들은 거래가 공정했다고 느낄 것이다. 돈을 지불하는 사람이 얻는 가치가 적다고 느낀다면, 그들은 거래가 불공정했다고, 속았다고 느낀다.

아무도 불공정한 거래를 지속할 수 없다. 특히 2008년 금융위기 이전과 이후 부동산 시장에서 그런 사례들이 많았다. 당시에 불공정한 거래를 한 기업들은 결국 무너졌다.

거래 시에 어떤 사람은 돈을 '잃지만', 다른 사람은 돈을 버는 게 아니다. 비금전적 형태가 만들어지고 교환된다. 돈은 결코 사라지지 않는다. **돈은 단지 움직이고, 초현실적인 것에서 현실적인 것으로, 아이디어에서 행동으로, 물리적인 것에서 정신적인 것으로, 정신에서 물질로 변할 뿐이다.** 한 사람은 '그에게 공정한 몫 이상으로 더 많이' 갖지 못한다. 그는 공정한 거래를 통해서 자신에게 정확히 공정한 몫을 취한다. 돈은 거짓말하지 않는다. 돈은 단지 그것에 가장 적게 가치를 두는 사람으로부터 그것에 가장 많은 가치를 두는 사람에게로 이동할 뿐이다.

Know More,

Make More,

Give More.

3장

부의
시스템

**가치를 부로 바꾼
자수성가
백만장자들**

돈은 사람으로부터 나오지 않고 사람을 통해서 나온다.

- 밥 프록터

부의 새로운 정의

사람들은 부의 의미를 현금, 저축, 투자, 자본, 주택, 그리고 다른 물질적인 재물로서 돈과 연관시킨다. 하지만 '부'를 뜻하는 wealth란 단어는 행복을 뜻하는 고대 영어 단어 weal과 상태를 뜻하는 th에서 유래됐다. 합쳐서 '행복한 상태'란 뜻이다. wealth란 단어의 원래 의미는 '복지, 행복'인데, 다른 사전적 정의로는 '행복'과 '소유물 혹은 재물의 풍부한 번영' 등이 있다. 따라서 맨 처음 파생된 wealth의 의미는 돈만 관련있는 게 아니다. 부자가 아닌 많은 사람이 돈이 부의 전부는 아니라고 주장한다. 그들의 주장이 일부는 맞다. 하지만 그들이 언급하거나 바라는 다른 많은 형태의 부는 금전적 부를 필요로 한다.

우리가 '돈이 있다고 행복한 것은 아니다'는 착각을 바로잡았듯이

'부자가 되기 위해 돈이 필요하지 않다'는 믿음도 버려야 한다. 돈은 '행복한 상태, 복지, 행복, 소유물이나 재물의 번영'이라는 위대한 방정식의 균형을 맞추는 데 필요하다.

그렇다면 부의 새롭고, 총체적이며, 정확한 정의는 정신적이고 물질적인 것과 경제적이고 정서적인 것을 합쳐야 한다. 즉, 부는 돈, 배려, 그리고 당신과 타인들을 위한 봉사의 형식을 취한 행복이자 번영이다.

◆ 잠재된 가치의 전환 ◆

모든 사람은 사실상 부유하다. 사람들의 부가 특별하고 개별적인 형식을 취할 뿐이다. 모든 사람이 특별하게 자신이 최고로 두는 가치와 삶에서 가장 중요하게 생각하는 것에 따라 '잘' 살고 있다.

자신의 부를 상당한 현금, 물적 자산, 자본으로 바꾸거나 '부'를 늘리기 위해 현금에 집중한 사람은 비교적 극소수에 불과하다. 대부분의 사람들은 그들의 부를 대체 형태로 '저축'해놓았다. 그들은 잠재적인 부와 함께 죽는다.

당신의 부가 관계, 네트워크, 취미, 스포츠, 전문지식이나 기술 분야, 자녀 교육법, 이끌고 영감을 주는 방법, 사람들을 웃기는 방법, 술집에서 낸 퀴즈에 대한 지식, 컴퓨터 게임 기술, 혹은 당신이 영감을 받아서 계속해서 집중하면서 최고의 가치를 두는 모든 것의 형태로 잠재되어 있을지 모른다.

얼 우즈, 리처드 윌리엄스, 로즈 케네디는 모두 성공한 아이들을 키우는 '부'를 누렸다. 타이거 우즈는 세계 최고의 골프 선수가 되었고, 세레나 윌리엄스와 비너스 윌리엄스 자매는 세계 최고 테니스 선수가 되었다. 그리고 존 케네디, 로버트, 테드는 로즈가 키운 9명의 아이들 중 성공한 3명이었다.

집중하는 곳에서 에너지가 흐르고 결과가 자란다. 당신이 자신의 가치를 의식적으로 인식하고 그것에 부의 공식을 첨가한 후, 한 가지 형식의 부를 금전적 부로 전환하는 방법을 이해하는 게 과제다.

1923년에는 어린 소년의 그림에 대한 열정이 연수익 52조 원이 넘는 회사로 이어질 가능성이 낮아보였지만, 월트 디즈니는 바로 그런 회사를 세웠다. 조 윅스는 운동과 다이어트에 대한 열정을 15분 운동 계획과 식사로 전환시켰다. 이제 영국 최고의 베스트셀러 작가이자 기업가인 그는 매달 15억 원이 넘는 매출을 올리고 있다. 그는 이미 포화 상태인 피트니스 업계에서 취미로 시작한 일로 이런 업적을 달성했다.

대부분의 사람들이 금전적인 부를 갖지 못하는 이유는, 그들에게 그럴 능력이 없다거나, 그러기 힘들다거나, 가질 부가 충분히 없다거나, 부를 얻는 게 사악한 짓이라서거나, 부모가 잘못했기 때문이 아니다. 그저 아직까지 그들 자신에게 특별한 비물리적 부의 형식을 현금으로 전환하는 방법을 배우지 못했을 뿐이다. 이제 어떻게 그렇게 배우고 연결짓고, 부와 돈을 모두 거머쥘 수 있는지를 보여주겠다. 포스트잇노트는 우연히 발견됐다. 연간 1조 원짜리 미개발 아이디어였다. 그냥 끈적이는 작은 종잇조각에서 시작됐다!

◆ 백만장자의 활동 분야 ◆

여러 연구 결과를 보면, 세계 백만장자 수는 약 3천5백만 명이며, 2019년까지 5천3백만 명에 이를 것으로 예상되고 있다. 이 백만장자들의 모습과 활동 분야와 기술은 다양하다. 록 밴드, 예술가, 요리사, 초콜릿 제조 판매업자, 디자이너, 발명가, 애견 훈련사, 인형 공연가, 레고 제작자, 다트 선수, 말 조련사, 인형과 완구 판매자 등 어떤 일을 하면서도 백만장자가 될 수 있다.

물론 백만장자는 단지 하나의 포괄적인 기준일 뿐이다. 어떤 사람은 수천만, 수억, 수십억 원의 자산 보유가일 수 있다. 이 부자들의 공통점은, 모두가 자신의 비전을 현금화하고, 열정과 잠재적인 형태의 비금전적 부를 현금으로 전환하는 방법을 찾아냈다는 점이다. 이는 규모, 영향력, 레버리지, 서비스, 마케팅, 영업, 영감, 투자, 혹은 단순한 지속적인 부의 지배를 통해서 가능할지 모른다.

◆ 모두가 잠재적 백만장자다 ◆

당신은 이미 부유하다. 모든 사람이 각자 고유한 방식으로 부유하다. 당신은 그 사실을 잊어서는 안 되고, 계속해서 스스로의 독특함과 천재성을 포용하고, 자신이 그것을 받아들일 수 있게 허락해야 한다.

어떤 면에서 모든 백만장자는 천재와 거리가 멀다. 내가 춤을 출 때, 나는 어떤 좋은 노래도 망칠 수 있고, 갓 태어난 새끼 말처럼 움직인다. 내가 춤의 천재는 아니지만, 부를 이루고 싶어 하는 사람들에게 공유할 수 있는 나만의 기술과 잠재적인 부를 가지고 있다. 백만장자는 누구보다 낫지도 않고 나쁘지도 않다. 당신도 마찬가지이다. 우리 모두 우리가 최고로 가치를 두는 분야에서 타인들을 가르치고 격려할 수 있는 최고의 천재다.

◆ 백만장자들의 공통된 생각 ◆

많은 사람이 평생의 3분의 1을 하기 싫은 일을 하고, 싫어하거나 존경하지 않는 누군가를 위해 일하고, 겨우 먹고살 만큼만 벌면서 일한다. 그들은 자신이 좋아하는 일을 하지 못하며, 그렇게 일하면서 부유해지지 못한다. 그들은 자신을 하찮게 여기고, 자신의 신념과 자존감을 버린다. 그들은 부가 그들의 능력 밖의 것이라고 스스로를 세뇌시킨 다음, 내밀한 욕구와 가능성에 못 미치는 삶을 받아들인다. 그들은 돈이 있어도 행복하지 않으며, 돈에 대한 추구는 잘못됐다고 스스로를 세뇌시킨 다음, 자신이 실패했다거나 능력이 부족하다는 느낌을 받지 않으려고 애쓴다.

당신은 돈 이상의 가치가 있는 사람이고, 공정한 몫을 받을 자격이 있으며, 그것이 당신을 나쁜 사람으로 만들지 않는다는 사실을 인정하는 것은 아주 중요하다. 현실적으로 지구상의 모든 백만장자도 바로 그렇기 때문이다.

단순히 산소를 소비하고 공적인 자원을 고갈시키려는 목적으로 살아가는 사람은 아무도 없다. 모든 사람은 인류를 위해 봉사하고, 종의 진화에 변화를 일으키려는 특별한 목적을 가지고 태어난다. 단지 많은 사람이 자신만의 독특한 목적을 찾아내지 못했을 뿐이다.

부의 진정한 정의는 이것이다. "부는 돈, 배려, 자신과 타인에 대한 봉사를 통해 얻는 행복과 번영이다."

돈의 목적과 성격

돈의 목적은 인류 성장에 이바지할 효율적이고 공정하고 보편적인 가치 교환을 유발하는 것이다. 또한 오늘의 가치를 미래의 구매를 위해 저장할 수 있다고 믿으면서 불확실한 미래에 대응하는 것이다. 돈은 경제적으로 뚜렷한 네 가지 목적을 갖고 있다.

1. 교환 수단

돈은 물물교환 시스템보다 효율적이다. 한 농부는 소를 한 마리 갖고 있고, 한 구두 수선공은 구두 한 켤레를 갖고 있다면 물물교환이 쉽지 않다. 이 둘 사이의 가치를 어떻게 균등하고 보편적으로 평가하면 될까? 경제학에선 이것을 '욕구의 이중적 일치 double coincidence of wants '라고 한다. 물물교환 시스템에서는 이중적 일치가 되기 어렵다. 유동성은 돈보다 훨씬 더 줄어들고, 이중적 일치의 필요성 때문에 거래도 활발하게 일어나지 않는다. 연쇄적인 물물교환 문제들도 겪게 된다. 당신이 세 켤레의 신발 대신 죽은 동물을 받았는데 사실은 토지를 매입하길 원한다면 비효율적 거래가 계속된다. 거기다 당신은 죽은 동물이나 다른 상품의 저장과 분할의 문제를 겪는다.

돈은 내구성이 강하다. 돈은 저장에 적합할 뿐만 아니라 죽은 동물과 달리 부패할 걱정 없이 수없이 교환이 가능하다. 대부분의 상품들과 달리 돈은 분할이 가능하며, 휴대성과 유동성이 아주 좋다. 돈은 또한 법정화폐로 간주되기 때문에 비교적 위조가 쉽지 않아 규제에 의해 더 쉽게 보호된다.

2. 가치 척도

돈은 가치를 평가하고 비교할 수 있는 보다 표준화된 방법을 선사한다. 당신은 만 원이 무엇인지 알고 있기 때문에 만 원의 손해는 죽은 동물 일부의 손실에 비해 더 쉽고 보편적으로 이해된다.

물가는 통화 가치의 등락, 물량의 증가와 인플레이션, 주식시장 상황과 분위기, 경제 주기, 브렉시트, 혁신 등에 의해 부단히 변한다. 파운드나 달러나 유로처럼 표준화된 가치 척도unit of account가 있다면 가치 평가를 표준화할 수 있다.

3. 가치의 저장수단

돈은 효율적으로 표준적 가치의 저장수단store of value 역할을 한다. 돈은 오늘날의 가치의 저장수단이 내일이나 미래에도 똑같거나 비슷한 가치를 가질 거라는 신뢰를 줌으로써 경제학에서 '급진적 불확실성 radical uncertainty'이라고 알려진 불확실한 미래를 위한 대응기제 기능을 한다. 돈만 이런 가치의 저장수단으로서의 특성을 갖고 있는 건 아니다. 부동산, 귀금속, 시계, 보석, 그리고 기타 상품들도 효율적으로 가치를 저장한다. 하지만 돈은 가장 유동적이고, 순간적으로 이체와 교환과 보편적인 평가가 가능하다.

4. 후지불 결제의 기준

물물교환 시스템에서는 부패, 평가 절하, 저장 및 교환의 어려움 때문에 나중까지 지불을 연기할 수 없다. 돈은 가치를 효율적으로 저장하고 유지하면서 이 문제를 해결한다. 물론 인플레이션을 겪겠지만, 그래도 다른 경우에 비해 상대적으로 돈의 가치는 더디게 떨어진다.

물물교환 시스템의 이점도 있다. 통화가 불안할 때, 초인플레이션 혹은 경제 붕괴 시, 상거래를 수행할 수 없을 때 같은 통화 위기 시기에 교환 수단으로 돈을 대체할 수 있다. 또한 교역 파트너의 신용도에 대한 정보가 불투명하거나 신뢰가 부족한 경우에도 유용할 수 있다. 돈이 제대로 기능하려면 신뢰가 필요하다. 돈은 신뢰다.

돈은 또한 비교적 공정함을 만들어 낸다. 그것은 당신의 개인적 가치와 기여를 평등하고 상대적으로 평가하는 방법이다. 당신이 신발을 만드는 데 몇 시간이나 며칠을 쓰는 반면, 다른 사람은 농사를 짓고, 소를 기르고 방목하면서 몇 년을 쓴다면 그 두 가지 일 사이의 내재 가치를 어떻게 비교할 것인가? 저장된 가치를 돈으로 바꿔보면 비교가 가능하다. 돈은 가치의 표준화된 척도다.

요약하자면, 돈은 효율적이고 공정하며 보편적으로 신뢰할 수 있는 상점이자 인류의 발전에 기여하기 위해 가치를 교환하는 수단이다. 돈은 당신이 당신의 열정을 직업으로, 직업을 휴가로, 그리고 아이디어를 빠르고 효율적이며 거래 가능한 방법으로 현실로 바꿀 수 있는 용인된 시스템이다. 그리고 사실상 돈의 양은 무한대다.

◆ 돈의 예측 가능한 패턴 ◆

돈은 본질적인 성격을 갖고 있지 않다. 개인적인 믿음, 감정 그리고 습관이 어떻게 당신의 개인적인 자금 흐름(개인 GDP)에 영향을 미치는지는 나중에 상세하게 설명할 것이다. 엄청난 돈을 버는 데 성공한 사람들은 다른 누군가의 믿음을 돈에 부여하는 일에서 초월했다. 그들은 모든 필터, 방해물, 그리고 감정을 통해 볼 수 있는 충분한 지혜를 가지고 있다. 당신도 실제로 명확하게 돈과 돈을 쓰는 사람들의 예측 가능한 패턴을 보기 시작할 것이다. 현재의 자본주의 경제 체제에서 돈의 성격은 다음과 같은 중요한 법칙과 패턴을 따르는 경향이 있다.

시간이 갈수록 돈의 가치는 떨어진다

인플레이션 때문에 시간이 지나면서 돈의 가치는 떨어진다. 물가가 평균적-일반적으로 오르는 걸 인플레이션이라고 하는데, 이때 돈의 구매 가치는 떨어진다. 이때 개별 상품과 서비스의 상대적인 가격과 구매 가치도 떨어질 수 있기 때문에 '평균적'이라고 했다. **오늘의 돈이 내일의 돈보다 더 가치 있다.** 이것을 '돈의 시간 가치 time value of money'라고 한다. 이는 통화로 사용되던 귀금속이 재가공된 이후 일관적인 모습을 보여 주었다.

인플레이션을 유발하는 또 다른 잠재적 원인들로는 규모가 커진 다른 통화나 새로운 통화의 출현(비트코인 같은 가상화폐), 대출, 소비, 통화 공급을 촉진하는 이자율 하락, 혹은 상품의 지속적인 품질 혹은 양의 저하와 감소(통화 공급량이 일관된 상태를 유지한다는 가정하에) 등이 있다. 물가를 올리거나 돈의 공급량을 늘리는 게 무엇이건 상관없이 이럴 경우 일반적으로 인플레이션이 생긴다. 하지만 인플레이션 둔화나 디플레이션이라는 반대의 경우가 생기기도 한다.

돈의 인플레이션은 궁극적으로 삶의 진보와 진화라는 목적이 불러온 결과이다. 성장 욕구는 인간이 계속해서 가격과 서비스의 질을 올리고 싶게 만든다. 성장, 더 많은 돈, 더 많은 상품, 세계의 자원을 얻으려는 욕구는 공급을 증가시키고, 따라서 돈의 상대적 가치를 감소시킨다. 인구가 늘어나면 더 많은 사람들 사이에서 돈이 나눠지면서 인플레이션이 촉진된다. 당신은 점점 더 늘어나는 자산, 그에 비해 점점 더 올라가는 물가, 그리고 점점 더 늘어나는 잠재 고객들을 수용하면서 이러한 지식을 당신에게 유리하게 활용할 수 있다.

돈은 평등하게 분배되지 않는다

돈은 예측 가능한 법칙과 원칙에 따라 운용된다. 그러한 원칙들을 제대로 또는 잘못 관리하는 주체는 돈이 아니라 사람이다. 복권에 당첨됐다면 그 돈으로 무엇을 하겠는가? 돈을 가장 이해하지 못하고 그것에 낮은 가치를 두는 사람들은 어디서 어떤 식으로 그것을 소비하고 낭비할지를 열거할 것이다. 복권 당첨금을 교육에 투자하고, 수익을 내기 위해 투자하고, 손실에 대비하고, 건물을 짓는 계획을 듣지 못할 것이다. 돈을 잘 이해하는 사람은 복권 당첨금을 소비재나 감가되는 자산을 사는 데 낭비하지 않을 것이다.

돈과 부를 중시하고 잘 이해하는 사람에게 같은 질문을 한다면, 우선 그들은 자신의 돈벌이 능력을 13,983,816분의 1(영국 로또 당첨 확률)의 확률에 맡기기 싫어서 복권을 사지 않는다고 말한다. 대신 그들은 돈을 거래하고, 장기적으로 지속이 가능한 복리 이익을 올리고, 소극적 소득을 주는 자산에 투자해서 불리는 방법을 열거할 것이다. 그들은 또 돈을 지키기 위해 팀을 만들고 전문 회계사와 세무사를 고용할 것이다. 그들은 자산 소득을 쓸 것이다.

돈은 평등하게 분배되지 않는다. 그것이 돈의 성격은 아니다. 돈은 운이 덜 좋거나, 더 받을 만하거나, 혹은 더 정신적인 사람들에게로 이동하지 않는다. 그것 또한 돈의 성격이 아니다. 돈은 그것에 가장 적게 가치를 두고 가장 잘 이해하지 못하는 사람에게서 가장 많은 가치를 두고 가장 잘 이해하는 사람으로 이동한다. 그리고 그것을 엉성하게 다루는 사람들로부터 멀어지는 경향이 있다.

돈을 부자들에게 주는 가난한 사람들

수입과 지출에는 동일한 경제적 및 금전적 균형이 존재한다. 즉, 어떤 경제에서나 모든 지출과 수입은 전체 자금과 정확하고 동일하게 균형이 맞다. 돈에 가장 가치를 두지 않는 사람들은 수입보다 지출이 더 많고, 돈에 가장 가치를 두는 사람들은 지출보다 수입이 더 많다.

돈은 돈에 대해 가장 잘 알고 이해하고 있는 소수의 사람에게로 대거 이동하는 경향을 보인다. 슈퍼리치의 80/20 법칙은 여기에서 생겨난다. 2014년 연방준비제도의 보고서에 따르면 상위 3퍼센트의 미국인이 전체 미국 부의 54.4퍼센트를 갖고 있다. 상위 3퍼센트가 미국의 가장 가난한 90퍼센트의 가족들이 가진 전체 부의 두 배가 넘는 부를 갖고 있다.

왜 사람들은 이것이 불공정하다고 생각할까? 54.4퍼센트에 해당하는 부는 어디서 나왔을까? '가장 가난한' 97퍼센트로부터 나온다. 돈을 그들로부터 훔쳤거나 정부가 그들로부터 돈을 압수한 게 아니다. 그들은 돈을 쓴다! 그들은 말 그대로 돈을 부자들에게 준 다음에 세상이 정말로 불공정하다며 투덜댄다.

돈은 계속해서 흐른다

돈의 흐름은 아이디어, 무역과 거래, 부채와 신용, 서비스와 가치, 구매자와 판매자 사이의 문제에 대한 해결 형식을 띤 에너지의 교환이다. 돈을 통해 에너지가 흐르지 않는다면 그것은 어떤 형태로건 계속해서 존재하거나 지속적인 교환이라는 본래의 목적을 달성할 수 없다. 그리고 심지어 더 많은 돈이 인쇄되어 나오더라도 그것은 새로운 에너지의 창조가 아니다. 아이디어와 결정이 모든 다른 비금전적 부를 유도하듯이 아이디어와 결정은 더 많은 돈을 인쇄하도록 유도한다. 화폐수량설 quantity theory of money에 따르면 당신이 물리적 돈에 불을 붙이더라도 그 돈의 가치와 에너지가 남은 돈으로 옮겨질 뿐이다. 돈을 '태우면' 그냥 다른 모든 사람들이 더 부자가 된다는 게 아이러니하지 않은가? 이것은 은유인 동시에 가난한 사람이 실제로 하는 일이다. 그들은 돈을 낭비함으로써 돈의 에너지를 그들 '소유'에서 빠르고, 자유롭게 다른 사람들의 '소유'로 이동시킨다.

돈은 서비스와 가치를 향해 흐른다

사람들은 편안함과 행복감을 원하고, 그런 것들을 사는 데 돈을 쓴다. 사람들은 돈에 잠재되어 있는 그들의 저장된 에너지를 그들의 삶을 더 좋게 만들어주는 제품, 서비스, 정보로 교환한다. **만약 돈이 에너지 전달 수단이라면, 에너지 전달을 늘려라. 그러면 돈이 늘어난다.** 이것이 은유이지만 가난한 사람들의 현실적 모습이기도 하다. 그들은 돈을 빠르게 소비하며 그들 '소유'로부터 타인들의 소유'로 전환하면서 가진 돈을 낭비한다.

미시 경제와 당신의 경제는 다르다

『옥스퍼드 영어 사전』은 통화 currency 를 '특정 국가에서 널리 수용되고 유통되고, 일반적으로 사용되는 화폐 시스템'으로 정의한다. 통화는 유통되고 있는 지폐와 동전이다. 통화라는 단어는 '활기차게, 열심히, 빠르게 뛰다'를 뜻하는 고대 프랑스어 Corant와 '달리다, 빠르게 움직이다'를 뜻하는 라틴어 Currere에서 유래됐다. 그것은 또한 역사적으로 '흐름의 조건'으로 정의되기도 한다.

이 단어의 기원에 대한 지식은 유통되고 있는 돈의 특성과 행동을 이해하는 데 도움을 준다. 경제는 돈이 부단히 움직이고 교환돼야 돌아간다. 모든 사람들이 매트리스 밑에 현금을 저장해놓고 있다면 유통되는 돈이 줄어들고, 돈의 흐름과 속도도 감소할 것이다. 이런 현상을 '절약의 역설 paradox of thrift'이라고 한다. 절약한 돈의 저축은 똑똑한 행동이지만 모든 사람들이 절약하면 돈의 흐름은 크게 둔화될 것이다. '절약의 역설'이란 말은 경제학자 존 케인스에 의해 대중화되었다. 케인스는 개인들은 경기침체 때 더 저축하려고 하는데, 그것이 사실은 총수요 감소와 경제성장 둔화로 이어진다고 주장한다. **그런데 경제가 성장하기 위해선 돈이 흘러야 한다.** 그래서 중앙은행들이 경기침체 때 돈의 흐름을 촉진하기 위해 종종 발권량을 늘리는 것이다.

'절약의 역설'은 경제 상황에 대한 두려움이 커지거나 디플레이션 시기 때 생길 수 있지만, 비교적 파장은 크지 않다. 만일 이것이 극단적으로 흐를 경우 우리는 현금이 없는 물물교환 시스템 시절로 회귀하게 될 것이다. 단기적으로 유통되는 통화량이 줄어들면 돈의 가치는 올라가겠지만, 극단적으로 변할 경우 돈의 가치는 크게 떨어지게 된다. 그 이유는 돈에는 본래 흐르는, 즉 에너지(창조 또는 파괴되지 않고 단지 교환만 되는)를 전달하는 성질이 있기 때문이다.

돈이 흐르지 않고 멈춰서 있으면 그것은 더 이상 돈이 아니다. 돈이 제 기능을 하려면 움직이고 흘러야 한다. 돈이 멈춰서 있으면 서비스나 가치가 주어지거나 교환될 수 없다. 돈은 에너지, 가치, 교환, 무역의 효과적인 운송과 전달 수단이다. 돈은 부패하거나 더 이상 유통되지 못하기 전에 무수히 많이 움직인다. 50파운드짜리 지폐의 수명은 41년으로 추정되어왔다. 영국 중앙은행은 내구성을 크게 강화해 특수 플라스

틱으로 만든 폴리머노트의 수명은 100년이 넘을 걸로 추정한다.

통화는 유동성을 갖고 있다. 유동성이란 자산을 현금으로 전환할 수 있는 정도를 나타내는 경제학 용어다. 통화는 당신이 정의하고 규정하는 대로 유동성을 갖는다.

◆ 저축으로 부자가 될 수 없다 ◆

나는 내 멘토들 중 한 명으로부터 레스토랑에 들어가자마자 거액의 팁을 주라고 배웠다. 처음에는 그 조언을 따르지 않았다. 팁을 줄 돈도 없었고, 팁을 줘야 할지, 그리고 만일 준다면 얼마나 줘야 할지 결정하기 전에 먼저 좋은 서비스부터 받기를 원했기 때문이다.

태도를 바꾼 후 나는 어떻게 특별한 가치가 생기는지를 보고 놀랐다. 그것은 더 나은 서비스와 (음식) 추천과 감사, 그리고 내게 더 많은 돈을 안겨줄 연쇄적 에너지 흐름 형태로 바뀌었다. 갈등이 없어지니 돈은 나로부터, 나를 거쳐서, 다시 나로 흘러들어오게 되었다.

물론 저축은 건전한 재정 상태를 유지하기 위한 노력의 일부다. 하지만 저축은 부자가 되는 일곱 가지 단계 중 하나일 뿐이며, 저축만으로 부자가 될 수는 없다. 저축은 인플레이션을 따라잡지 못하고, 저축 예금으로는 에너지 전달 속도를 높일 수 없다.

◆ 돈은 진공 상태를 싫어한다 ◆

아리스토텔레스에 따르면 "자연은 진공 상태를 싫어한다." 빈 공간은 자연과 물리적 법칙에 위배되기 때문에 자연스럽지 않다는 것이다. 자연에는 진공 상태가 없다. 밀도가 높은 주변 물질이 즉시 빈 공간을 채울 것이기 때문이다.

돈 역시 자연의 법칙을 따르기 때문에 진공 상태를 싫어한다. 돈은 끊임없이 한 장소에서 다른 곳으로 이동한다. 당신은 이런 자연 법칙을 활용할 수 있다. 삶에 더 많은 물질적 부를 끌어들이고 싶다면 자연이 채울 빈 공간을 만들어라. 당신이 새 옷을 원한다면, 낡은 옷을 팔거나 자선 단체에 기부하라. 잡동사니를 갖고 있다면 채울 공간이 없다. 이런 걸 '진공 번영의 법칙the law of vacuum prosperity'이라고 한다. 당신이 삶에서 필요한 무엇이라도 그것이 채워줄 공간이 필요하기 때문에 그 공간을 비워놓으라는 것이다. 그것이 어떤 물질적 아이템일 수도 있지만, 마음속 공간일 수도 있다. 당신이 마지못해 결제한다면 분노로 공간을 채우고 있는 것이므로 진공 상태를 만든 게 아니다.

청구서를 받았을 때뿐만 아니라 그것을 결제할 때도 감사의 마음이 머릿속을 지배하도록 물리적 공간과 머릿속 공간을 모두 비워라. 물리적·정서적 형태의 더 위대한 것을 위해서 하찮은 걸 내버려라. **하찮은 게 위대한 걸 막는다. 저임금은 고임금을 막는다. 불평은 감사를 막는다.**

◆ 돈은 당신을 거쳐간다 ◆

돈은 사물로부터 나오지 않는다. 사람들은 돈이 그들이 파는 제품이나 아이템, 온라인 자금 이체, 현금출납기 혹은 심지어 소득을 올려주는 자산(돈에 대한 지식이 좋다면)으로부터 나온다고 생각할지 모른다. 돈이 인간이 만든 기계에 의해 만들어지고, 돈이 인류의 상징이자 인류에 대한 봉사라는 점에서 **모든 돈은 사실상 사물이 아닌 사람으로부터 나온다.**

하지만 돈이 사람으로부터 나온다고 보는 것도 일차원적이고, 한 단계가 생략된 시각이다. 당신은 매달 온라인으로 임금을 받는다. 월급 계좌의 내역을 보면 그 돈이 은행으로부터 나왔다는 생각이 들지도 모른다. 하지만 실제로는 급여를 관리하는 부서에서 나온 것이다. 임금은 회사를 거치는 돈을 실제로 통제하는 상무이사나 최고경영자나 사주의 허락을 받고 해당 부서로 왔다. 하지만 이 돈은 고객들로부터 나온 것이다. 이 돈은 고객의 가족이나 상사나 배우자나 고객이 받은 대출로부터 나왔다. 따라서 돈은 사람들로부터 나왔다기보다는 사람들을 통해서 계속해서 나온다. 이처럼 '사람들로부터가 아닌 사람들을 통해' 나온다는 개념은 '6단계 분리 법칙Six Degrees of Separation'의 적용을 받는다.

◆ 6단계 분리 법칙 ◆

6단계 분리 법칙에 따르면 지구상에 있는 누구나 6명만 거치면 서로 서로 모두 연결된다. 이 법칙은 영화배우 케빈 베이컨이 과거 토크 쇼에 나와서 법칙이 옳음을 증명해 보였다는 점에서 '케빈 베이컨의 6단계 법칙'으로도 알려져 있다. 1967년 미국 예일 대학의 사회학 교수 스탠리 밀그램은 특정인에게 소포를 보내달라는 편지와 함께 임의의 사람에게 소포 전달을 의뢰하는 '작은 세상 실험The Small World Problem'을 통해 이 이론을 입증하였다.

그는 임의로 선정한 160명을 대상으로 먼 도시의 특정인에게 편지를 전달하도록 부탁했는데 평균 5.5명을 거쳐 편지가 도달된 사실을 알아냈다. 이는 아무리 많은 사람이 모여 있더라도 몇 단계만 거치면 모두 연결된다는 것을 의미한다.

현대화되고 사회적으로 연결된 지금 같은 시대에 마이크로소프트는 자사 인스턴트 메신저 네트워크에서 1억 8천만 명의 사람들 사이에 오간 300억 회의 온라인 대화를 조사했다. 조사 결과, 연구원들은 평균적으로 어떤 두 사람도 평균 6.6명을 거치면 서로 아는 사람이라는 결론을 내렸다. 페이스북은 자사 소셜 네트워크를 이용하는 전 세계 누구라도 평균 3.5명을 거치면 다른 누구와도 아는 사람이라고 발표하기도 했다.

빛의 속도만큼 빠른 인터넷을 활용하는 소셜 네트워크 덕에 세상은 사실상 점점 더 작아지고 있다. 소셜 네트워크 상의 연결성을 연구하는 연구원들은 사람들이 누구고, 혹은 어디에 있건 간에 누구라도 평균 6명이 아닌 3.9명만 거치면서 서로 아는 사람이라고 주장하고 있다.

돈이 사람들을 통해 흐르고, 지구상에서 당신이 3.9명 혹은 6명만 거치면 서로 다 아는 사람인 이상 당신은 갖기 원하는 모든 돈에 생각보다 훨씬 더 가까이 다가가 있다. 첫 번째 사람에게서 돈을 벌지 못하더라도 두 번째나 세 번째 사람을 거치면서 가능할지 모른다.

단기적인 시각을 가진 많은 사람이 첫 번째 사람을 쫓아 버린다. 그를 거절하거나, 그에게 소개를 요청하지 않거나, 그에게 지나치게 강하거나 약하게 팔려 하거나, 전 세계적인 6단계 네트워크 전부를 보지 못한다. 당신이 다음과 같은 통화, 흐름, 교환의 기회들을 봤다고 상상해 보자.

- 당신의 평판
- 당신 머릿속에 갖고 있는 '사고 공간mind-space'
- 당신이 얼마나 '잘 알려질까'
- 당신이나 당신에 대한 소개
- 사람들이 누군가를 아는 누군가를 안다.
- 당신의 매력, 자성磁性, 영감

당신이 첫 번째 사람이 아닌 두 번째나 세 번째 사람이 중요하다는 시각을 가졌다면 다음과 같은 일들 또는 그들에 대한 당신의 시각이 어떻게 바뀔지 상상해보라.

- 자금 조달
- 사업 아이디어 광고
- 거래처, 자산, 부동산 물색
- 사업 마케팅
- 제품, 서비스, 아이디어 판매
- 부채 상환
- 직원과 파트너 유인
- 구직 활동
- 원대한 비전 공유와 영감 부여

이것은 단순한 장기적 사고방식이다. 나는 그런 사고방식이 훨씬 더 깊은 의미를 갖는다고 생각한다. 이것은 보다 전략적이고 레버리지화된 사고방식이다. 이것은 반감보다는 매력을, 밀어내기보다는 끌어당김을 유발한다. 마인드 맵mind map처럼 당신이 현재 만들고 있는 연결과 6단계 네트워크를 통해 바이러스처럼 퍼지는 '돈을 강하게 *끄는*' 긍정적인 평판과 브랜드를 볼 수 있다고 상상해보라.

나누면 자연과 돈이 채우길 원하는 진공 상태가 만들어지므로 주는 것 이상으로 받게 된다. 줬을 때 돈이 도는 속도가 올라가기 때문에 더 빨리 받게 된다. 당신이 아무것도 주지 않는다면 아무것도 돌려받지 못한다. 잘 저축해야 하지만, 저축만 해놓고 있어서는 안 된다는 게 돈과 관련된 역설이다. 당신은 돈을 잘 써야 하지만 과도한 지출을 해서는 안 된다. 탐욕스럽지 않고, 정당하게 요구해야 한다. 이기적으로 자신의 욕구를 추구해야 하지만, 타인들의 욕구에 대해서도 신경을 써야 한다. 어느 쪽으로건 극단적으로 치우칠 때 지속은 불가능해지고, 돈의 자연스러운 흐름과 속도의 균형이 무너진다. 돈은 당신의 머릿속에서 출발하기 때문에 돈에 대한 사고방식이 돈의 지배 여부를 결정한다.

◆ 경제 전반과 개인 경제 ◆

계절적 변화와 마찬가지로 경제에도 '주기cycle'라는 게 있다. 거시와 미시 경제에는 주기가 있다. 전 세계, 국내, 지역, 그리고 개인 경제에는 주기가 있다. 주기는 균형과 질서를 잡으려고 애쓰는 인생과 돈의 자연적인 일부이다.

개인이나 세계 경제가 상수常數처럼 항상 변하지 않는 성장률 목표치를 달성한다는 건 불가능하다. 위험과 보상은 본래 서로 연결되어 있다. 그들은 두려움과 탐욕처럼 같은 전체의 양면이다. 사람들이 낙관적이고 기회를 감지했을 때 그들은 탐욕(성장)으로 쏠리는 경향이 있다. 사람들이 비관적일 때는 저축과 방어라는 반대 방향으로 쏠리는 경향을 보인다. 사람들은 일관되게 행동하지 않는다. 그들은 단선적이거나 비논리적이다. 전체 상황이 보편적으로는 균형이 잡혀 있더라도 지역 또는 국가적 차원에서 균형이 유지되는 법은 드물다.

경제학자들은 종종 경제에 존재하는 '에고ego'를 놓친다. 그들은 경제 전반과 '당신의' 경제를 분리하지 않는다. 정책 설립자들은 예측 가능한 미래의 패턴이 존재한다고 가정하고 경제 문제를 '해결'하려고 한다. 이것은 착각일지 모른다. 사람들에게는 논리를 압도하는 감정이 있기 때문이다. 어떤 사람은 희생자가 되고, 어떤 사람은 속이거나 시스템을 이용해 장난을 칠 것이다. 우리는 내일 무슨 일이 일어날지 모른다.

◆ 시스템을 변화시킨 사람들 ◆

나는 당신이 부와 돈을 추구하면서 개인적 또는 세계적으로 미칠 수 있는 영향에 대해 낙관한다. 대통령 선거나 부유하고 탐욕스런 자들의 부당 행위 같은 통제 불가능한 사건들을 비난하고, 불평하고, 정당화하고, 옹호하기보다는 당신 자신에게 초점을 맞춰라. 그런 다음에 돈을 벌고, 진정 변화를 이끌어 낼 수 있는 리더십과 영향력을 만들어라. 아놀드 슈왈제네거와 도널드 트럼프의 방식이 바로 이것이다. 그들은 자기가 하고 싶은 일에 돈을 투자해서 성공했다. 그들은 돈과 영향력을 이용해서 강력한 자리를 차지했다.

나는 이들처럼 스스로를 변화시킴으로서 시스템을 변화시키는 방법을 선택하라고 권유한다. 하향식이 아닌 상향식으로 시스템을 바꿔라. 빌과 멜린다 게이츠, 워런 버핏이 그렇게 했다. 그들은 개인적, 국가적, 세계적 부와 기여를 추구하면서 이기심과 이타심의 균형을 맞추는 방법을 보여줬다. 당신이 보고 싶은 변화를 만들어라. 당신과 함께 시작한 다음, 당신을 통해 부가 흐르도록 하라.

$ **경제 사이클에서 주목할 요인들**

1. 새로운 돈, 새로운 사람들 매 '주기'가 서로 다르며, 지난번에 직접 경험해보지 못한 사람들이 새로운 변화를 경험한다. 사람들은 '잘못'으로부터 배울 수 없다. 매 주기마다 독특한 특성이 있기 때문에 지난번 주기 때 교훈을 배웠더라도 현재 주기는 다를 것이다. 현재 주기는 다른 사람, 산업, 전쟁, 자산, 기상 상황, 그리고 다른 예측 가능한 사건과 현상에 의해 진행될 것이다. 매 폭락의 유발 요인도 다르며, 예측이 불가능하다.

2. 균형은 없다 균형은 끊임없이 움직이는 실체다. '주기'와 '균형'은 한 극단에서 다른 극단으로 완전한 반경을 그리며 이동하고, 일시적인 순간 동안만 고정된 지점에 머무는 시계추와 같다. 그런 균형이 장기간 동안 유지될 수 있다는 생각은 시계추가 반경 내 다른 어떤 것보다 중간에 더 자주 머물 거라는 생각만큼 착각이다. 균형을 기대하지 말라. 반경 범위 내의 움직임을 예상하고 그 사실을 포용하고 활용해야 한다.

3. 대중과 시장의 관계 대중은 대중을 따른다. 대중은 착각에 빠질 수도 있다. 시장이 대중과 함께 움직일 거라고 기대하라. 호황시에 일어나서 "이번 호황은 오래 가지 못합니다. 여러분, 많은 돈을 벌고 그렇게 큰 보너스를 받는 것을 그만둡시다!"라고 말하는 은행원이 있겠는가? 사람들은 다른 사람들이 하는 일과 그 당시 자신에게 가장 이익이 되는 일을 하는 경향이 있다.

4. 호황과 불황의 예측 인간은 본래 성장하기를 원한다. 그것은 삶의 목적의 일부이다. 당신은 내년에 더 나아지고 싶지, 더 나빠지고 싶지 않다. 기업, 정부, 금융기관의 주요 목표와 성공 척도는 성장이다. 따라서 모두가 다가오는 불황과 호황을 수용, 예측, 계획한다.

5. 편견 시장에서 무슨 일이 일어나건 인간은 세상을 그것이 있는 그대로가 아니라 그들 눈에 보이는 대로 인식할 것이다. 인간은 존재하는 게 아닌, 그들이 선택하는 것을 믿는다. 인간은 중간을 벗어나 양극으로 향하는 시계추의 움직임처럼 주로 단기적으로는 미래에 균형의 변화를 일으킬 이기심에 따라 행동한다. 1955년에 영국 베어링 은행을 파산으로 몰고 간 트레이더 닉 리슨과 미국 역사상 최대 규모의 다단계 투자 사기극을 벌인 버나드 매도프가 한 행동을 보면 알 수 있다. 우리는 어떤 것에 대해서도 확신을 가질 수 있다.

6. 탐욕과 두려움 사람들은 상황이 나쁠 때 상황을 더 나쁘게 생각하는 경향이 있고, 좋을 때 더 좋게 생각하는 경향이 있다. 시장과 돈은 인류를 위해 봉사하는 기능을 하며, 감정은 인간적인 면의 표현이기 때문에 두려움과 탐욕은 시장을 양극단 사이로 내몬다. 조지 소로스는 이런 성질을 재귀성 reflexivity이라고 부른다. 재귀성은 원인과 결과 사이의 순환 관계다. 재귀적 관계는 양방향 관계로, 원인과 결과가 원인이나 결과로 구분할 수 없는 관계 속에서 서로 상대방에게 영향을 준다. 경제학에서 재귀성은 시장 심리와 그것이 야기하는 현실의 '자기 강화적 self-reinforcing' 효과를 말한다. 즉, 물가가 오르면 (더 오르기 전에 사려는) 매수자가 생기는데, 매수

자가 생기면 물가는 더 높이 올라간다. 이런 과정은 지속 불가능할 때(호황)까지 이어진다. 그러다 같은 과정이 역으로 일어나면서 결과적으로 불황이 발생한다.

7. 모멘텀 시장이 특정 방향으로 모멘텀을 가지고 움직일 때 대부분의 사람들에겐 그것을 따르는 것 외에 다른 대안이 없다. 다른 모든 사람들이 그렇게 하고 있기 때문에, 상대성 relativity 이 규범 norm 을 바꾼다. 예를 들어, 더 많은 사람들이 집을 사기 위해 더 많은 대출을 받으면, 신용이나 위험을 정상화시키기 위해 가격을 올림으로써 상대성이 바뀐다. 그러면 당신은 뭘 해야 할까? 다른 사람들이 레버리지를 올리는 동안 원래 (전세로) 살던 집에 머물거나 아니면 더 작은 집으로 옮길까, 아니면 돈을 빌려서 다른 모든 사람처럼 집을 살 준비를 할까?

··

지금 있는 그대로의 모습이 경제다. 바뀔 수 없는 것을 바꾸려고 노력하거나 세상에서 잘못된 모든 것의 탓을 경제 상태로 돌리기보다는 그것을 자신에게 유리하게 이용하라. 상향식이 아닌 하향식으로 변화, 부, 재산을 창조하기 위해 흐름, 통화, 주기에 대한 지식을 이용하라. 현재 경제 상태가 '당신의' 경제 상태가 아님을 명심하라. 경제가 불황인 동안에도 당신은 호황을 누릴 수 있다. 내부적으로 변화를 창조하고, 당신의 힘이나 통제 영역 밖에 있는 외부적 요인들에 의존해선 안 된다.

시간은 '결코' 옳지 않을 것이다. 시장은 결코 완전한 균형 상태에 머물지 않는다. 모든 주기마다 당신이 상수다. 서비스, 가치, 해결책도 모든 주기의 상수다. 사람들의 삶을 더 빠르고, 편하고, 좋게 만드는 것은 모든 주기마다 상수다. 이런 것들에 집중하고, 주기 내 위치를 인식하면, 더 많은 돈을 벌고 변화를 만들 수 있다.

공정한 가격의 책정

내가 예술가로서 처음으로 경력을 쌓기 시작했을 때 내 작품의 값은 쌌다. 작품이 쓰레기였기 때문이 아니었다. 내 학벌이나 아버지의 출신 지역 때문도 아니었다. 그냥 재료 비용이 얼마 안 들었기 때문에 런던에서처럼 높은 가격을 부과하는 게 탐욕스러운 짓이라는 느낌이 들었기 때문이다. 최근에 나는 내가 경력을 쌓기 시작했을 때 읽으면 좋았을 법한 이야기를 우연히 접했다.

피카소가 파리의 한 카페에 앉아 있었을 때 팬 한 사람이 그에게 다가와서 종이 냅킨 위에 간단히 스케치를 해줄 수 있는지를 물었다. 피카소는 정중하게 그러겠다고 말한 후, 신속하게 작업을 진행했다. 피카소는 그에게 냅킨을 되돌려주기 전에 약간 많은 금액을 요구했다. 팬은 충격을 받았다. "어떻게 그렇게 많은 돈을 요구할 수 있나요? 당신은 이 그림을 그리는 데 1분밖에 안 걸렸잖아요!" 피카소가 대답했다.

"아니요. 40년이 걸렸습니다!"

이 이야기를 들은 나는 강하게 뺨을 한 대 얻어맞은 것 같은 기분이 들었다. 나는 내가 세 살 때부터 미술에 쏟았던 시간, 투자, 전체 비용, 기회 비용, 상과 학위, 노력, 고통, 열정, 예술에 대한 헌신이 아닌 재료비만 청구하고 있었다.

피카소의 메시지는 강렬하다. 당신이 매기는 가격에는 당신이 한평생 쏟은 노력, 교육, 경험, 봉사하고 해결하고 배려하려는 욕구, 그리고 지금까지 해왔던 희생이 모두 포함되어 있어야 한다. 그러지 않다면 당신은 내가 느꼈던 것과 같은 죄의식, 황당함, 쓰라림, 자존감 결핍을 경험할 것이다.

교환이나 거래는 당신이 돈과 부를 얻을 수 있도록 이뤄져야 한다. 당신은 누군가가 당신에게 가치가 있다고 생각하는 제품이나 서비스를 제공해줬을 때 그것의 가치에 상응하는 돈을 기꺼이 지불한다. 공정한 교환하에서만 자유로운 돈의 흐름이 일어나면서 부가 창출된다. 시장이나 개인은 예술처럼 가끔은 개별적으로, 그리고 연료비처럼 가끔은 통합적으로 공정한 교환의 개념을 통제한다. 가격은 항상 진실을 말해준다. 가격은 판매자가 받아들이는 것과 구매자가 지불하려는 것 사이에 성립된 합의이기 때문이다.

◆ 낮은 가격은 악순환을 부른다 ◆

공정한 교환이나 보수가 없는 가치는 실제로 가치가 아니다. 부를 창출하기 위해 안간힘을 쓰는 다수의 빈곤층 사람들은 그들이 파는 제품과 서비스 가격을 지나치게 헐값에 책정함으로써 사실상 팔아도 남지 않는 사태를 자초하고 있다는 걸 깨닫지 못한다.

나는 내 작품을 낮은 가격에 팔려고 했다. 낮게 가격을 매긴 내 작품은 돈 없는 고객들을 끌어모았고 돈 많은 고객들은 등을 돌렸다. 나는 내 작품 가격을 높게 책정하는 데 죄책감과 두려움과 걱정을 느꼈다. 나는 내 자부심과 세상이 내게 부여한 가치를 스스로 평가 절하했다. 사실상 내 스스로가 부당한 교환을 조장하고 있었는데도, 내가 그러한 교환을 할 수밖에 없다고 느꼈다.

당신이 충분히 높게 가격을 책정하지 않는다면 누구도 당신을 돕고 싶어서 당신이 '공정하다'고 생각하는 수준 이상으로 더 많은 돈을 주려고 하지 않는다. 누구도 단지 당신의 자부심을 높여주려고 더 많은 돈을 주지 않는다. 당신이 스스로 자부심을 높여야 한다.

가격을 낮게 정할 경우 공정한 거래의 균형이 무너지고, 제로 또는 마이너스 이익과 그에 따른 분노로 인해 교환이 지속 불가능해지는 사태가 벌어진다. 제로 마진과 분노는 자부심 저하와 고객과의 관계 악화를 고착화시킨다. 구매자는 저가로 구매했지만 구매한 제품에 가치가 없다고 생각할 것이다. 돈의 법칙과 성격 때문에 이런 악순환이 반복된다. 아이러니하게도 해결책은 아주 간단하다. 가격을 올리면 된다! 어떻게 가격을 올리면 되는지 뒤에서 더 자세하게 설명하겠다.

◆ 부당한 부는 유지되지 않는다 ◆

역사적으로 과도한 탐욕과 힘을 추구한 사람들은 욕심을 부린 만큼 처참한 결말을 맞이했다. 인류보다 자기 자신의 이익에 눈이 먼 사람은 자리에서 쫓겨나거나, 무너지거나, 살해당했다. 당신은 사기꾼과 마약 거래상이 '부자 명단' 상위권에 오르는 걸 본 적이 없을 것이다. 공정하게 주지 않고 받기만 하거나, 누군가가 제품이나 서비스나 아이디어를 파는 대가로 너무 높은 대가를 요구할 경우 그에 합당한 결과가 발생하기 때문이다. 사람들은 실망하거나, 혹은 더 심할 경우 사기를 당했다고 느낄 것이다. 그들은 그 사실을 적극적으로 알린다. 당신의 평판은 훼손되고, 판매도 줄어들 것이다. 입소문 마케팅의 비밀에 따르면, 좋은 메시지는 4차례 공유되지만 나쁜 메시지는 11차례 공유된다. 가치 결핍이 입증될 때까지, 적어도 처음에는 판매가 잘될지 모르지만, 가격이 시장이 생각하는 상한선을 넘어서거나 요구 가격보다 제품의 가치가 훨씬 더 낮다고 여겨지면 반대 현상이 벌어질 것이다.

◆ 성장과 기여의 선순환 ◆

공정한 교환의 양극단을 모두 관찰하면서 균형을 잡으려고 노력하는 게 중요하다. 부에도 돈의 법칙에 적용되는 모멘텀과 속도가 적용된다. 또한 지속적인 공정한 교환을 통해서만 부를 쌓고, 유지할 수 있다. 자신이나 타인이 얻게 될 가치를 지나치게 많이 생각해서는 안 된다. 타인이나 자신의 가치와 지속 가능성에 대해 과도하게 많이 생각해서도 안 된다.

당신이 공정한 교환을 한다면 투자한 시간과 노력에 적절한 보상을 받는다고 느끼게 되므로 자부심이 올라간다. 이것은 가격과 가치 상승을 도와준다. 당신은 이익을 낼 수 있게 된다. 즉 제공하는 서비스의 규모를 늘리고, 품질과 가치를 재창조할 수 있게 된다. 아울러 가격과 가치를 높이면서 당신이 제공하는 것의 가치를 높게 평가하고, 더 많은 돈을 지불할 용의가 있는 더 수준 높은 고객을 유인할 수 있다. 더 많이 지불할수록 더 많이 주고 봉사하면서 성장과 기여의 선순환을 낳고, 돈이 도는 속도를 높이고, 돈의 성격을 강화할 수 있다. 이것이 가격을 올리는 게 중요한 또 다른 이유다.

모든 것이 정신적이며 물질적이다

정신주의spirituality와 물질주의materialism는 종종 상호 관련이 없는 극단적으로 반대되는 개념으로 간주되곤 한다. 그러나 물질이 없는 정신은 감정이 없고, 정신이 없는 물질은 움직임이 없다. 물질적 욕구를 충족시키기 위해서는 정신적인 임무가 필요하다. 모든 것이 정신적이자 물질적이다. 인간행동학 전문가 존 디마티니 박사의 말을 인용하자면 "물질이 없는 정신은 감정이 없고, 정신이 없는 물질은 움직임이 없다."

물질적 실체가 없는 정신은 물리적 형태를 띠며 존재할 수 없다. 그것은 단지 '공'이다. 하지만 정신이 없는 물질은 돈과 같다. 기능, 방향, 목적, 혹은 생명이 없다.

이런 말이 돈과 무슨 상관이 있다는 걸까? 당신이 물질을 창조하는 과정에 있거나 사회의 고정관념상 당신이 '물질주의자'라면 당신은 물질 형태로 삶에 정신을 불어넣고 있는 것이다. 그럼에 정신을 불어넣는 예술가들이나 시계에 열정을 투하하는 시계공들은 당신이 돈을 주고 사는 물질적 아이템들을 통해서 그들의 열정을 표현할 수 있다.

당신은 에너지와 정신, 경제와 고마움을 판매자에게 전달했다. 당신은 판매자가 사업 자금을 조성하고, 그가 타인들과 정신과 열정이 깃든 표현을 공유할 수 있게 도와줬다.

여전히 많은 사람들이 요트와 슈퍼카가 불필요하고 사치스런 낭비라고 주장하고 있지만 그들이 정말로 아무 쓸모도 없다면 존재하지 못할 것이다. 물질적 아이템들은 정신적 아름다움의 진정한 표현이다. 당신은 그림이나 자동차나 가구를 보고 아름답다고 생각했을 수 있다. 디자이너나 창조자가 그런 아이템들을 만들기 위해 그들의 열정과 정신을 표현했기 때문이다. 그것 역시 정신을 통해서 주는 것이다.

◆ 뱅앤올룹슨의 가치 ◆

물론 물질주의의 문제점들도 존재하지만 주지 않고서는 받을 수 없다. 더 많이 받고, 따라서 더 많이 주는 게 물질주의다. 그것은 물질로 변환된 정신적 의도이다. 당신이 후한 사람으로 간주되면 더 많은 보상을 받을 수 있다. 돈을 더 많이 끌어모으기 위해서 돈을 쓰고 돈의 흐름을 늘릴 필요가 있다.

사람들은 부는 욕망의 대상이 아니라 경험해봄으로써 가장 맛을 잘 느끼고 공유할 수 있는 것이라고 말한다. 경험도 물질주의가 될 수 있다. 결국 자신과 타인을 위해 놀라운 경험과 기억을 만들기 위해서는 물질적인 부와 돈이 필요하다. 물질보다 경험을 선호한다면 그렇게 하라. 사람들은 돈이 많이 드는 휴일과 저녁 식사를 물질주의로 보지 않을 수도 있지만 그것들이 뭐가 어떻게 다르단 말인가?

뱅앤올룹슨은 아름다운 시청각 장비를 디자인해서 판매한다. 그 장비는 소리와 시각을 통한 예술이라고 부를 수 있다. 디자이너와 기술자들의 재능, 열정, 헌신은 그들이 만들어내는 물질적인 아이템을 통해서 전달되고, 물질주의자들은 그것을 즐긴다. 물론 어떤 사람은 물질적인 아이템들이 주는 느낌이나 그들을 가진 당신에게 던지는 다른 사람들의 시선을 즐기지만, 더 많은 사람이 물질적인 형태를 가진 아름다움 자체도 좋아한다. 그런 점에서 아름다운 물질이 주는 즐거움은 자연 자체나 다른 사람들에게 베풀 때 느끼는 위대한 감정을 즐기는 것과 크게 다르지 않다.

유기농이나 윤리적으로 올바르게 키워진 식재료만 사는 사람들이 있다. 그들의 돈은 좋은 목적에 쓰인다. 무언가를 살 때도 마찬가지다. 연비가 아주 나쁜 차보다 테슬라의 전기자동차를 살 수 있다. 당신은

2011년 미국 전역에 있는 비영리 단체와 학교에 1천5백억 원을 기부한 구글 애드에 마케팅 예산을 투자할 수 있다.

특정 신용카드는 그냥 사용하기만 해도 좋은 목적을 위해 다양한 기관에 기부할 수 있는 기회를 제공한다. 이는 사회에 돈을 환원하는 좋은 방법이다. 이 신용카드들을 씀으로써 당신은 직접 돈을 기부할 필요가 없어진다. 원한다면 이미 갖고 있는 신용카드의 포인트, 마일리지를 자동으로 기부할 수 있다. **소비와 물질주의는 자선 사업이 될 수 있는데, 이때 초기 거래 이후에 돈의 다음 흐름은 자선적인 성격을 띨 수 있다.** 당신은 현명하고 윤리적으로 선택할 수 있다. 그 선택이 당신에게 중요하다면 말이다.

물질주의자는 1차적으로 소비를 통해, 그리고 2차적으로 자선 활동을 통해 일자리, 경제 그리고 복지를 창조하는 정신주의자들이 된다. 이런 일은 구매한 것에 부과하는 세금(부가가치세)과 고용(국가보험), 법인세 및 기타 '의무'와 소위 '스텔스 세금stealth tax(납세자들이 세금을 내고 있다는 사실을 쉽게 알아차리지 못하도록 만든 세금-옮긴이)'이라는 것을 통해 직접적, 간접적으로 일어난다. 이런 소비와 경제성장은 주택과 복지 지원을 통해 적자를 내고 있거나 열심히 일하는 파트너들에 의해 유지되고 있을지 모르는, 동일한 시스템에 의존하며 사는 모든 정신주의자들을 금전적으로 도와준다.

나는 이것을 사람들이 완전히 물질주의적이거나, 혹은 정신적이거나 욕심이 많거나 베푼다는 식의 일방적인 논쟁으로 몰아가고 싶지 않다. 모든 것에는 형태만 다를 뿐 각자 균등하게 균형이 잡힌 물질주의와 정신주의가 존재한다. 행동이 없는 '끌어당김의 법칙law of attraction'은 단지 주의를 산만하게 할 뿐이라는 점을 기억하라. 가만히 앉아서 명상하면서 하늘에서 금이 떨어질 거라고 기대해선 안 된다. 결정하고, 행동하고, 그런 모든 정신을 현금으로 바꿔라.

오해받는 자본주의 시스템

자본주의는 완벽하지는 않더라도 이익을 추구하려는 자유 시장에서 공정한 경쟁을 창출하는 데는 비교적 효과적인 시스템이다. 이것은 근본적으로 불확실한 미래의 대처 방법을 만들고, 공정하고 신속하게 교환될 수 있는 노동력과 가치를 정량화하고 안정시킨다.

자본주의는 자본과 이윤 창출을 위한 제품이나 서비스의 생산에 기반을 둔다. 생산의 목적은 자발적인 교환이다. 생산의 일부는 공정한 경쟁, 공정한 교환과 공급과 수요에 의해 자율적으로 규제되며, 일부는 독점 금지법에 의해 규제된다. 자본은 자유롭게 축적되고, 국가가 아닌 개인의 결정에 의해 투자된다. 일은 임금 노동을 통해 촉진되고, 경제적 지원을 받는다. 과세는 국가에서 필요한 자금을 재분배한다.

자본주의는 경제 붕괴, 호황과 불황, 경기침체 동안과 후에 종종 자유주의자, 사회주의자, 공산주의자들로부터 혹평을 받는다. 하지만 과연 어떤 시스템이 이기적이고 인도주의적인 관심을 자본주의만큼 효과적으로 균형을 잡고 조정한단 말인가?

자본주의는 기업가와 혁신가들이 기업, 일자리 및 돈을 창출하고, 자신과 타인에게 동등하게 이익을 제공하면서 과세를 통해 모든 사람들에게 이익이 되는 기반시설과 서비스를 지원하도록 유도하는 효과적인, 그러나 완벽하지는 않은 제도다.

시장이 자유롭지 않다면 거래가 흐르거나 성장하지 못한다. 그럴 경우 또한 특권과 무경쟁을 장려하는 것처럼 보일 수도 있다. 인간이 이기적이고 인도주의적인 동기를 모두 갖고 있기 때문이다. 역사는 심지어 목가적인 비자본주의 시스템에서조차 권력을 가진 소수의 사람들이 흡사 독재자나 극단적인 자본가처럼 행동한다는 것을 보여주었다. 많은 사람이 자본주의에 의해 자금을 지원받지만 또한 다분히 '사회주의적' 개념이기도 한 복지와 혜택 같은 효과적인 재분배 메커니즘을 간과한다. 자본주의는 도로, 병원, 경찰, 의료, 물, 위생 시설, 그리고 가난한 사람들에게 혜택을 제공해준다. 나는 부가가치세, 국민 보험제도National Insurance, 법인세와 소득세를 통해서 사회에 기부하고 있다는 자부심을 느낀다. 내 기업들은 지역, 국가, 세계 경제의 속도를 높여준다.

경쟁은 내가 개인적 동기와 인류에 대한 봉사 사이에서 균형을 유지하게 해주고, 물가는 스스로를 규제한다. 내 경쟁자들이 내 기업을 이기면 나는 더 열심히 성과를 올려야 한다. 내가 일찍 뛰어들수록 더 유리해진다. 내가 더 많은 사람들을 도우면 내가 유리해진다. 내가 개인적으로 더 많은 돈을 벌수록 나는 경제 GDP에 더 많이 기여한다. 시스템을 남용할 경우 상당한 벌금과 처벌이, 그리고 반대로 시스템을 포용할 경우 공정한 보상이 뒤따른다.

자본주의는 인간의 위대한 발명품 중 하나지만, 많은 사람에 의해 욕을 먹고 오해를 받는다. 희생자 입장이나 세뇌된 상태로 떠드는 일방적 이야기가 아니라 균형 잡힌 시각으로 보도록 애써라. 머빈 킹은 자본주의에 대해 이렇게 말했다. "자본주의 경제는 오랜 세월 동안 가난에서 벗어나 번영을 이루기 위한 가장 성공적인 길임을 증명했다."

◆ 자본주의의 주요 요소 ◆

1. 자유 시장

가격이 민간 소유 기업들 간의 무제한적인 경쟁에 의해 결정되는 경제 시스템을 자유 시장이라고 한다. 재화와 용역의 가격이 생산자(공급자)와 소비자 사이의 합의에 의해 자유롭게 정해진다. 공급과 수요의 법칙과 힘은 정부의 개입이나 가격을 정하는 독점, 혹은 기타 권한으로부터 자유롭다.

자유 시장이 보통 자본주의와 관련되어 있지만 자유 시장 무정부주의자, 시장 사회주의자, 그리고 협동조합과 이익 공유 지지자들에게도 지지를 받아왔다. 자유 시장은 탐욕과 성장, 규제와 자유, 독점과 재분배의 양호한 균형과 불균형 때문에 완벽하지 않다. 자유 시장의 주요 특징들은 다음과 같다.

선택의 자유

소유자, 기업, 소비자 및 근로자들은 재화와 용역을 자유롭게 생산, 판매, 구입할 수 있다. 그들에게 유일한 제약은 그들이 매매하는 가격, 소유한 자본 규모, 그리고 독점 금지 같은 공정한 규제다.

이기주의

시장은 가장 높은 가격을 부른 입찰자에게 가장 높은 마진에 가장 낮은 간접비를 들여 자신의 재화나 용역을 팔려는 모든 사람들에 의해 움직인다. 동기가 이기적이라도 이것은 장기적으로는 경제에 이익과 균형을 도모한다. 이런 식의 '경매' 제도는 어느 시점에서든 적기에 진정한 수요와 공급을 정확히 보여주며, 모든 재화의 가격을 공정하게 책정하기 때문이다.

경쟁과 가격 진실

경쟁적 압박은 가격을 적정하게 유지한다. 어떤 제품에 대한 수요가 증가하면 수요의 법칙에 따라 가격은 오른다. 자신과 자신의 제품에 대한 가치를 어떻게 평가하느냐도 사실은 가격 책정을 통해 드러난다. 지나치게 높거나 낮은 가격은 시장과 공급과 수요에 의해 거부될 것이다.

효율적 시스템

시장 경제는 상품과 서비스를 판매하는 효율적인 시장에 전적으로 의존한다. 효율적인 시장은 자유와 규제, 구매자와 판매자 사이의 균형을 잡는다. 또한 균등하고 개방적인 접근권과 결정의 근거로 삼을 동일한 정보를 가진 개인과 기업들 사이의 균형을 잡는다. 모두가 원하는 대로 시장에 진입하고, 시장을 떠나고, 시장에 참여할 수 있다.

2. 이윤 창출 동기

이윤을 올리고, 자신의 간접비, 비용 그리고 마진을 통제할 수 있는 능력을 가지려는 건 돈에 대한 인간의 본성이다. 혁신, 확대, 고용, 탐험 및 위험 감수는 모두 권장되지 않는다. 기업가와 창조자들은 그들이 기득권자들에게 돈을 주고 있고, 그들의 노력이 정당한 보상을 받지 못하거나 혹은 더 나쁘게도 빼앗기고 있다는 느낌을 받고 싶어 하지 않는다.

협동 조합이라는 대안은 역사를 통틀어 규모가 커지거나 번창한 적이 없었다. 대부분의 공기업들은 공공 부문에 자금이나 구제금융을 지원하다가 민간 부문에 분할되어 매각되었다. 규제, 통제, 과세가 지나치게 심할 경우 이윤 창출자들은 규정을 회피하거나 다른 조세 피난처로 이전한다. 반면에 지나치게 많은 자유를 줄 경우 이윤 창출자들의 탐욕이 시장을 압도하는데, 이런 현상은 더 넓은 사회에 도움이 되지 않는다. 이를 위해 수요와 공급의 법칙은 생산자와 소비자, 혁신가와 직원 사이의 공정한 교환으로 가격의 균형을 잡고 통제한다.

3. 공급과 수요

재화나 용역에 대한 수요란 그것을 사려고 하는 사람들이 가하는 시장 압력을 말한다. 구매자에겐 기꺼이 지불할 수 있는 최고 가격이 있고, 판매자에겐 그가 기꺼이 제시하는 최저 가격이 있다. 수요와 공급 곡선이 만나는 지점은 요구되는 재화와 수량 사이의 '균형 가격 equilibrium price'이다. 기꺼이 균형 가격보다 낮은 가격으로 제품을 제시할 의사가 있는 판매자는 그 차이를 '생산자 잉여 producer surplus'로 받는다. 균형 가격보다 더 높은 가격으로 기꺼이 제품을 구매하려는 구매자는 그 차이를 '소비자 잉여 consumer surplus'로 받는다.

이 모델은 보통 노동 시장의 임금에 적용된다. 공급자와 소비자의 전형적인 역할이 뒤바뀐 형태다. 공급자는 자신의 노동력을 가장 높은 가격에 팔려는 개인이다. 소비자는 필요로 하는 노동을 최저가로 구매하려는 기업이다. 이런 시장에서 노동력을 제공하는 사람이 늘어나면 균형 임금은 하락하고, 공급 곡선이 변화함에 따라 고용의 균형 수준은 올라간다. 시장에서 노동을 공급하는 사람이 줄어들면 반대되는 일이 일어난다. 공급이 줄어들거나 수요가 늘어날 때 가격은 올라가는 경향이 있다. 혹은 공급이 증가해서 남거나 수요가 감소할 때 가격이 낮아지는 경향이 있다.

4. 공정 경쟁과 실력주의

사람은 실력으로 보상을 받을 때 좀 더 많은 긍정적인 행동을 장려하는 경향이 있다. 사람들이 자격에 의해 보상을 받을 때 그것은 거만하거나 혹은 반대로 피해자 같은 행동을 장려하는 경향이 있다.

올바른 방식의 경쟁은 협력이 성취할 수 있는 수준을 훨씬 뛰어넘는 혁신과 성장을 추진한다. 펩시가 없었다면 코카콜라는 더 작고, 게으르고, 고객에 관심을 덜 쏟았을 거라고 확신한다. 마찬가지로 스티브 잡스는 빌 게이츠와 마이크로소프트와의 경쟁을 통해 자극을 받았다. 러시아와 미국은 우주 혁신과 탐사 경쟁을 하며 발전해왔다.

자본가들은 서로 경쟁할 경우 생산 수단과 방법을 최신 상태로 유지하고 경쟁 우위를 확보하기 위해 최대한 많은 이윤을 재투자할 수밖에 없다. 이는 계속해서 가격이 낮아지는 더 나은 재화와 용역을 통해 소비자들을 이롭게 해준다. 모두가 소비자이기 때문에 가격을 낮추고 혁신을 높이는 경쟁의 이점을 누린다. 공정한 경쟁은 거의 모든 인류의 발전을 이끌었고, 인류의 연구와 개발에 자금을 댔다. 성장이 인류를 진화시키는 이상, 경쟁적 자본주의는 지금까지 다른 시스템보다 훨씬 더 잘, 그리고 더 세계적으로 인류를 도와왔다.

5. 공정한 교환, 규제, 그리고 재분배

규제를 주도한다는 건 힘들기만 하고 보상은 없는 일이지만 우리는 대체로 안전하고 공정한 환경을 좋아한다. 비가치재에는 무거운 세금이 부과되고, 걷은 세금은 가치 있는 서비스 지원에 쓰인다. 자유로운 경쟁을 위한 독점 금지법이 마련되고, 지적 재산권과 초상권과 특허 취득이 가능해지고, 조기 수용자는 큰 폭의 마진을 얻고, 과세는 혁신가의 생산품 양을 늘려준다. 다른 경쟁자들은 가격과 가치를 스스로 규제하는 시장에 들어가는 게 허용된다. 비윤리적이고 불법적인 활동은 최소화된다.

과도하게 통제하거나 규제하는 경우 혁신, 경쟁, 서비스 및 이윤에 부작용이 발생한다. 또 정치, 경제를 통제하는 극소수의 사람이 대중을 희생시키며 막대한 부와 탐욕과 권력을 얻는 곳에서 독재 행위가 일어난다. 자본주의에 대한 대안들은 본질적인 문제를 갖고 있다.

◆ 거부하는 사람, 수용하는 사람 ◆

기존 시스템을 학습하고 활용하는 것이 더 좋을까, 아니면 불평하고 빈말로라도 시스템을 바꾸려고 하는 것이 더 좋을까? 시스템을 거부하는 것이 더 좋을까, 아니면 수용하는 것이 더 좋을까? 자본 시스템에 속해 있는 우리 모두는 시스템 안에 있다는 이유로 자본가다. 시스템의 복잡한 사항들을 배워두면 이로울 것이다. 당신이 바꿀 수 있는 힘을 가진 것만 통제하고 바꾸려고 하라. 대세에 맞서기보다는 흐름에 순응하기가 훨씬 더 쉽다. 당신이 이러저러해야 한다고 생각하는 대로가 아니라 있는 그대로 돈과 자본주의를 존중하라. 역사상 최고 부자들의 세 가지 공통점을 통해 알게 되겠지만 부자들은 이런 중요한 차이를 만들었다. 그리고 여전히 시스템을 바꾸고 싶다면, 실제로 그럴 수 있을 만큼 충분한 부, 권력, 영향력을 가진 부자가 되어라. 그것이 평생의 대의명분이 되겠지만, 억만장자들은 이런 힘을 갖고 있다. 이 책에 나온 개념들을 따른다면 당신은 윤리적이고 지속 가능한 부와 재산을 위해 자본주의를 잘 활용할 수 있다.

◆ 최고 기업가들의 자본주의 접근법 ◆

빌 게이츠는 자본주의가 새로운 세기의 중대한 사회적 이슈에 좀 더 효과적으로 기여해야 한다고 주장했다. 그가 주장한 자본주의는 '창조적 자본주의 creative capitalism'다. 창조적 자본주의의 효과적인 정의는, '사회적 욕구의 해결을 부차적인 결과라기보다는 경제 활동의 주된 목표로 삼는 자본주의'일 수 있다. 빌 게이츠는 사업 초기 몇 년 동안 막대한 부를 창출하면서 보냈고, 현재는 인류의 더 큰 이익을 위해 가진 부를 활용하면서 말년을 보내고 있다. 이것은 사회와 자본에 대한 관심들 사이에 균형을 맞추기 위해 따라야 할 가치 있는 모델이다.

리처드 브랜슨은 '가이아 자본주의 Gaia capitalism'라는 시스템을 처음으로 만들었다. 가이아 자본주의의 효과적인 정의는 '세상이 스스로 치유하도록 돕는 사회적, 세계적으로 책임이 있고 지속 가능한 자본주의'일 수 있다. 브랜슨은 기후 변화와 싸우기 위해서 향후 30억 달러의 이윤을 투자하겠다고 약속했다.

이처럼 최고의 기업들 다수가 전체론적인 접근법을 취하고 있고, 여전히 기업가적이고, 통찰력 있고, 수익을 내면서 동시에 책임있는 자본주의의 전례를 만들고 있다. 똑똑한 기업들도 첫 번째 기업이 됨으로써 얻게 되는 경쟁 우위를 누리고 있다. 당신도 그렇게 할 수 있다.

이들은 자본주의의 기본 원리를 활용하는 동시에 미래에 필요한 지속 가능하고 윤리적인 모델이다. 부의 거물들은 그들이 가진 힘과 영향력을 세상에서 긍정적인 변화를 만들기 위해 사용하고 있고, 우리 종을 유지하기 위해 부의 창출과 공유 사이에서 균형을 잡고 있다. 나는 새로운 시대의 '자본-자선 사업capital-philanthropy'으로 우리를 이동시키는 그들을 진심으로 지지한다.

◆ 자본주의의 활용 ◆

당신은 자유롭게 활동하면서 보호를 받을 수 있는 벤처 회사를 설립하고 싶은 동기를 갖는다. 간접비와 위험은 점점 더 줄어드는 가운데 전 세계 소비자들에게 자유롭게 다가가서 즉시 서비스를 제공하고 제품을 팔 수 있다. 가격은 스스로를 규제한다. 당신은 실력주의에 따라 가격을 올리고, 더 많은 가치를 제공한다. 지속적인 이윤 유지를 위해 세제혜택을 받고, 국가를 위해 상당한 수익을 창출한다. 자유롭게 자산, 소득, 이윤을 늘릴 수 있으며, 제품과 서비스의 경쟁력을 유지하기 위해 재투자를 권장 받는다. 돈은 어느 때보다 빨리 움직인다.

공정한 교환을 통해 더 많은 돈을 벌수록 더 많은 혜택을 얻고, 사회에 공헌하며, 당신의 자부심이 높아진다. 돈에 대한 공부를 다음처럼 시작할 수 있다.

- 부와 관련된 기술과 혁신을 포용하라.
- 미래의 트렌드를 연구하라.
- 의미 있는 문제를 해결하라.
- 네트워크 개념을 활용하는 전문화된 기회와 혁신을 찾아라.
- 똑똑하고 부유한 사람들과 어울려라.
- 변화에 적응하고, 자신의 가치와 서비스를 지속적으로 개선하는 방법을 모색하라.
- 가격을 올려라.
- 최악의 경우를 대비한 계획을 세우고 최선의 결과를 향해 나아가라.
- 대중보다 앞서 오르막길에서 내리막길을, 그리고 내리막길에서 오르막길을 보라.
- 나중에 완벽해지고, 일단 지금 시작하라.
- 잘못되면 소매를 걷어붙이고 여러 가지를 조정해가며 계속하라.

지속 가능한 부의 형성

돈을 생산하는 데는 부채나 레버리지를 제외한 세 가지 주요한 방법이 있다. 각각의 방법을 살펴보자.

1. 자본Capital

우리말로 '자본'으로 번역되는 capital의 엄밀한 의미는 기업이나 개인이 소유한 성장, 개발, 소득 창출에 유용한 모든 재원 또는 자산이다. capital의 구체적 의미는 다음과 같다.

- 특정 기업이나 프로젝트의 재원을 마련하고 성장시키기 위해 마련된 자금

- 부채를 뺀 자산에서 기업이 축적해놓은 재산
- 주식 또는 기업 지분

capital이라는 용어가 '돈'과 거의 동일한 것처럼 보일 수도 있지만, 이 두 용어 사이에는 중요한 차이점이 있다. 돈은 재화나 용역의 구매와 판매를 위해 사용되기 때문에 보다 즉각적인 목적과 사용처를 가지고 있다. 하지만 capital에는 투자나 주식 같은 자산도 포함되어 있는데, 이는 더 장기적이고 미래 가치를 저장할 수 있는 자산이다. capital에는 그것을 쌓고 개선하는 데 도움을 주고, 수익 창출을 위한 토대를 만드는 기업이나 개인의 여러 가지 면들이 포함된다.

2. 자기 자본 Equity

자본capital과 마찬가지로 우리말로 '자본'으로 번역되는 equity는 '자산에서 부채를 뺀 것' 또는 '전체 자산 가치에서 모든 관련 부채를 뺀 자기 자본(순수 가치)'을 말한다. equity의 변동은 대개 다음과 같은 형식을 취한다.

- 소유하고 있는 주식이나 다른 유가증권
- 소유주(주주)가 기부한 자금과 회사 대차대조표 상 사내유보금 (또는 손실)을 합친 액수. 부동산 분야에서 equity는 부동산의

현재 공정시장가액과 소유주가 여전히 지고 있는 부채 액수의 차이다.

- 주식, 고정자산(채권)과 현금 또는 현금 등가 자산
- 기업이 부도가 났을 때, 채무 상환 후 남은 돈의 액수

equity는 자산과 관련된 모든 부채를 상환한 후 남은 모든 개인 소유 자산이다. 예를 들어, 남은 부채가 없는 자동차나 주택은 즉시 팔아 현금화가 가능하기 때문에 100퍼센트 소유주의 equity로 간주된다. 상장 기업 주식도 그것이 회사에 대한 소유권을 의미하므로 equity이다.

3. 소득 Income

우리말로 '소득'으로 번역되는 income은 일이나 투자나 capital을 통해서 개인이나 기업이 특히 정기적으로 받는 돈을 말한다. 여러 가지 income의 흐름을 정리해보면 다음과 같다.

- 노동의 결과로 발생하는 수입. 자산 판매에서 발생하는 순현금 흐름 net cashflow (capital로 정의 가능)
- 자산으로부터 얻는 잔여소득 residual income (최초 설정 후 계속 발생하는 수입, 소극적 소득 또는 경상소득 recurring income 이라고도 한다.)

- 저작권료(음악, 영화, 특허와 같은 지적 재산권으로부터 올린 수입)

◆ 인생 주기에 따른 자금의 균형 ◆

지속 가능한 부를 위해서는 이 세 가지 유형의 자금 모두의 균형을 잡는 것이 중요하다. 당신이 자본을 가지고 있는데 소득이 없다면 당신의 소득은 덩어리지고 불규칙하고, 현금화가 지연되고, 시장 변화에 영향을 받기 쉽다. 일해서 버는 모든 소득(당신의 시간을 돈과 교환)이 전부라면, 삶의 변화, 열정이나 건강의 상실, 규제 변화로 인해 당신의 유일한 수입원이 고갈될 위험이 있다. 잔여소득이 최고의 소득원이라고 주장할 수도 있지만, 자본을 보존하고 늘리는 데 주력하지 않는다면 전체 순자산은 줄어들 수 있다. 또한 불규칙한 충격, 예상치 못한 비용과 혼란에 더 쉽게 노출될 것이다.

자본과 소득에 얼마나 많은 시간과 무게를 두느냐는 당신이 현재 가진 기술, 중시하는 가치, 돈을 벌기 위한 기존 모델, 연령, 위험에 대한 태도에 달려 있다. 10대 후반과 20대 후반에는 시간을 잘 활용하고, 기술을 익히고, 저축하고, 경험을 쌓는 능력에 초점을 맞출 수도 있다. 30대에는 저축한 돈을 몇몇 자산에 투자하고, 결혼을 위한 포트폴리오를 짜고, 가정을 꾸리고, 가족이 살 더 큰 집을 살 수 있다. 40대에는 미래에 더 신경을 쓰면서 연금과 유산을 위해 더 큰 자본 기반을 구축하고, 포트폴리오를 성장시키고, 잔여소득 흐름을 개발할 수 있다. 50대 이후엔 자산으로부터 나오는 소극적 소득이 직접 번 소득을 넘어서고, 일과 시간의 교환을 점점 더 줄이고 싶어질지 모른다.

혹은 당신이 연쇄 창업가라면 지금 당장 이 모든 일들을 할 수도 있다. 자본과 소득이라는 부의 주요 요소를 더 빨리 마련할수록 더 많이 벌고, 성장하고, 기부할 수 있다.

◆ 유동성과 비유동성의 균형 ◆

유동성 liquidity 은 '개인이나 조직이 당면한 단기 채무 상환을 위해 보유한 현금이나 그런 상환 목적을 위해 신속히 현금으로 전환 가능한 자산을 가지고 있는 정도'로 정의된다. 쉽게 말해 손에 현금을 쥘 수 있는 속도다. 자본은 (보다) 유동적이지 않고 소득은 (보다) 유동적이다.

일반적으로 자산의 유동성이 클수록 수익률이 낮아지고, 자산의 유동성이 낮을수록 수익률은 높아진다. 물론 어느 쪽도 반드시 그렇게 된다고 보장할 수는 없지만, 이 규칙은 대체로 유효하다. 부동산은 청산에 수개월이 걸리는 가장 비유동적인 자산 중 하나지만, 계속해서 가장 수익률이 높은 자산 중 하나로 입증되어 왔다.

따라서 단기 부채와 비용을 내기 위한 유동성과 고수익률을 창출하고 지출, 인플레이션, 수수료 빼돌리기와 심지어 절도로부터 보호받기 위한 비유동성 사이의 균형은 당신의 부를 증가시키고 지속시킬 것이다. 당신은 두 남자가 당신 집을 어깨 위로 짊어지고 가는 모습을 결코 볼 수 없을 것이다. 그러나 당신 주머니나 계좌에 있는 현금은 절도, 인플레이션, 소비 충동과 낮은 수익률에 더 많이 노출되어 있다.

◆ 비유동적인 자본 덩어리의 유지 ◆

유지해야 하면서 둘 다 가지고 있어야 할 또 다른 균형은 덩어리진 소득과 경상소득(가구원이 근로 등의 대가로 받는, 비교적 정기적이고 예측이 가능한 경상적經常的 소득-옮긴이)이다. 자본 '덩어리lumps'는 보호, 불규칙하고 예기치 못한 충격 대비, 수개월에서 수년 동안의 투자 가치가 있는 비용과 보안과 담보 등의 충당을 위해 아주 좋지만, 매우 비유동적이고 현금화에 시간이 걸린다.

예를 들어 주택 정비나 개조 사업은 끝날 때까지 1년에서 3년이 걸릴 수 있다. 하지만 당신이 정비나 개조 기간 동안 발생하는 간접비용을 충당할 수 있다면 그 후 들어오는 소득은 쓴 비용보다 훨씬 더 클 것이다. 경상소득은 이런 간접비를 충당하고, 생활을 유지하고, 돈을 위해 시간을 투자할 필요성을 줄여준다. 둘 중 하나가 없으면 당신은 지속적인 부와 돈의 균형 잡힌 방정식의 한쪽 면의 부족 때문에 생긴 문제에 노출된다.

◆ 자산 포트폴리오의 확대 ◆

당신이 전부 '차입금이 없는unleveraged' 자본을 가지고 있다면, 그 수익 잠재력과 힘을 극대화하지 않고 있는 것이다. 반대로 차입금이 '지나치게 많다면over-leveraged', 자본의 비율이 너무 낮고, 경미한 시장 충격이나 은행의 차입금 회수로 위험에 처할 수 있다. 시장의 갑작스런 변화와 자산 가격의 하락을 감당해낼 수 있을 만큼 충분히 차입금을 줄여놓더라도, 보유 자본을 담보로 좋은 조건의 은행 대출을 받아 자산 포트폴리오를 확대할 수 있을 정도만 차입하는 식으로 균형을 잡는 방법을 모색하라.

예를 들어, 부동산을 매입하기 위해 돈을 빌릴 때 인정되는 자산가치의 비율, 즉 LTVLoan to Values Ratio가 65~75퍼센트 정도라면 당신에겐 25~35퍼센트의 보증금 자본이 있어야 하고 75퍼센트가 넘는 돈을 빌려서는 안 된다. 자산에서 차지하는 대출금 비중을 50퍼센트 정도까지 낮춰두고, 만약 이 비중이 더 낮아지면 최대 50~55퍼센트까지 다시 올려놓아라. 이는 레버리지의 핵심 전략이다. 이 전략은 당신의 나이, 위험도, 현재 자금 조달 능력, 현재의 자산 기반, 이자율, 그리고 은행의 대출 의지에 따라 달라질 것이다.

◆ 자본과 소득의 분산 ◆

각 자산 가치의 상승과 하락 주기는 상대적이다. 한 자산은 다른 모든 자산과 연결되어 있으면서 동시에 독립적이다. 주기에는 미시 주기 micro cycle와 거시 주기 macro cycle가 있다. 이자율, 인플레이션, 경제 상태, 정치, 규제, 사회적 영향이 전 세계적으로 각 자산의 주기에 영향을 미칠 것이다. 부동산 가격이 높은 반면에 금과 귀중품 가격은 낮을 수도 있고, 이와 반대되는 상황도 벌어질 수 있다. 국가 간 환율도 영향을 미치고, 인플레이션이 높은 시기에 비금전적인 유동 자산이 비유동 자산에 비해 상대적으로 더 높은 가치를 가질 수 있다.

부를 축적해가는 동안 균형을 맞추고, 위험을 제거하고, 주기와 반주기를 잘 이용하기 위해서 다양한 자산에 폭넓게 자본과 소득을 분산시켜 놓는 게 좋다.

◆ 위험 시나리오의 추가 ◆

위험과 보상은 별개가 아니라 하나로 존재하는 또 다른 극단적 짝이다. 위험이 큰 만큼 보상도 크다. 위험은 낙관론과 회의론 사이에 균형을 잡아준다. 당신의 부가 당신을 낙관론자나 회의론자라는 극단적 인물 중 하나로 만드는 건 현명하지 못하고 위험한 일이다. 누구나 자신의 자연스러운 경향을 인식하고, 다른 편 성격도 고려해서 일하고 싶어 한다. 당신은 일할 때 반대되는 성격을 가진 파트너나 팀원들과 균형을 이룬 기억이 있을 것이다.

또 다른 위험은 석유 산업 등에 널리 퍼져 있는 정치적 위험이다. 금융 서비스 산업에서 흔히 볼 수 있는 규제 변화나 도널드 트럼프 대통령이 대통령 당선인 시절에 2천5백만 달러를 주고 합의해야 했던 '트럼프 대학(트럼프가 93퍼센트의 지분에 투자해 세운 대학으로, 2004년부터 대학 인가를 받지 않고도 대학이라는 명칭을 사용하며 부동산 투자 강좌를 열어 문제가 됐다.-옮긴이)'과 얽힌 평판과 법적 위험도 존재한다. 사업과 투자 일정처럼 장기적인 위험도 고려해야 한다. 특정 자산에 대한 당신의 경험과 지식 혹은 성과 수준 또한 위험에 영향을 미친다. 이 밖에 자본 위험, 소득 위험, 배당 위험이 존재한다. 예측하거나 계획할 수 없는 뜻밖의 위험도 있다. 당신은 당연히 그런 위험을 대비한 계획을 세워야 한다.

위험과 보상은 불가분의 관계이다. 보상이 없는데 어떤 위험을 감수하려 하겠는가? 또 위험이 없는 상황에서 최대치의 긍정적인 보상을 기대할 수는 없다. 대부분의 사람들은 '위험을 일방적으로' 대한다. 즉, 그들은 어떤 위험도 감수하는 게 두려워서 너무 안전하게 행동함으로써 상당한 긍정적인 보상을 받지 못하거나, 아니면 부정적인 면을 대비하거나 높은 위험이 반드시 높은 보상을 보장해주지는 않는다는 사실을 깨닫지 못하고 지나치게 많은 위험을 감수하거나 둘 중에 하나이다. 어떤 위험도 무릅쓰지 않는다면 모든 걸 상실할 위험이 있다

자본과 소득에 위험 시나리오를 추가한다면 부를 보호하고 키울 수 있다. 자본보다 소득을 거는 게 더 낫다. 당신에겐 상대적으로 빨리 다시 소득을 올릴 능력이 있거나, 혹은 다음 달 '알아서' 소득이 다시 들어올 수 있기 때문이다. 당신이 모아놓은 거액의 자본을 건다면, 그것을 잃을 위험이 있고, 불규칙한 충격에 대비해 자신을 보호하기 위해 남겨둔 자본도 사라질지 모른다. 처음부터 위험이 적을 때 부가 가장 잘 축적된다. 잃을 자본이 적을수록 없어지기도 쉽기 때문이다. 여러 겹의 자본과 여러 흐름의 소득이 있을 때만 위험을 늘려라.

◆ 다양한 소득 흐름 ◆

다양한 소득 흐름에는 분명 매력적인 혜택이 뒤따른다. 다양한 흐름에서 발생하는 '엄청나게 많은' 소득과 더불어 다양한 보호와 보상층을 갖게 된다. 자본과 소득 형태의 다양한 소득 흐름은 매우 실질적으로 필요한 과제이며, 내가 알고, 공부했고, 개인적으로 접해봤던 최고의 부자들 사이에서 공통적으로 목격되는 주요 요소다. 당신 역시 몇 가지 서로 관련이 없는 소득 흐름뿐만 아니라 기존 경험을 활용하기 위해 서로 잘 맞물린 흐름들을 원할 것이다.

당신은 자본과 소득이 모두 거대하고 지속 가능한 부와 돈의 주요 주체라는 것을 알고 있다. 또한 그들이 서로 균형을 이루고 보완하며, 다양한 기능과 장단점과 각자 주기 내에서의 정점과 바닥을 갖고 있다는 걸 볼 수 있다. 각 자산의 돈을 더 균형 있게 쓰고 불릴수록 더 많은 돈을 벌면서 당신 주위에 보호 요새를 세울 수 있다.

Know More,

Make More,

Give More.

4장

부의
프레임

돈에
지배당하는 사람,
돈을
지배하는 사람

왜 살아야 하는지 인생의 의미를 알고 있는 사람은
어떻게 해서든지 살아갈 수 있다.

- 프리드리히 니체

인생에서 가장 중요한 질문

당신의 가치value는 삶의 모든 측면에서 당신에게 가장 중요한 영역이다. 그것은 자유, 정직, 평등, 가족, 재미, 지혜, 가르침, 여행, 골프, 사업, 인정, 경력 등과 같은 지도 원리 역할을 하는 추상적인 개념이다. 그것은 당신이 인식하고, 생각하고, 결정하고, 행동하는 모든 것들을 여과한다. **당신은 가치를 통해 세상을 경험한다.** 쇼핑 센터를 지나 간다면 당신이 중시하는 가치와 연결되는 매장, 사람, 간판 그리고 할인을 보게 될 것이다. 사실상 당신의 가치와 관련이 없는 것들은 보이지 않을 것이다.

당신은 삶의 목적에 대해 명확한 그림과 결과를 갖고 있는가? 남기고 싶은 유산은? 어떻게 기억되고 싶은지는? 이 지구상에서 미치고 싶은 영향은? 이 질문들은 대부분의 사람이 놓치고 있는 인생의 중요한 질문들이다. 이 책을 읽는 동안 시간을 내서 이 질문들에 주목하라. 우리 모두가 목적을 가지고 있다는 걸 알아야 한다. 목적이 없다면 우리는 존재하지 못할 것이다. 목적을 찾을 수 없다는 사실을 인정해선 안 된다. 또한 다른 사람들이 당신의 위대한 목적의 불꽃을 꺼트리게 만들어서도 안 된다.

◆ 명확한 비전 ◆

비전이 명확하지 않다면 다른 누구도 그것을 명확히 이해할 수 없다. 당신이 다른 사람들에게 미치는 영향이 명확하지 않다면 그들은 그로 인해 어떤 혜택을 입을지 모를 것이고, 따라서 당신의 제품이나 서비스를 사거나 당신의 일을 도와주지 않을 것이다.

당신의 비전은 영감과 가치의 궁극적인 표현이다. 비전은 인생의 로드맵이며, 교차로, 힘든 선택, 차질, 우회로, 과도기에 빠진 당신을 매순간 안내해줄 것이다.

우리 모두는 산만해지고, 압도되고, 혼란을 느끼는 순간들을 접한다. 그런 순간들의 충격을 최소화해주는 것은 명확한 비전이다.

지구상의 대부분의 사람들이 진정한 비전을 가지고 있지 않다. 대부분의 사람들이 목적, 영감, 성취감을 느끼지 못하는 이유가 그래서

다. 당신이 무엇을 원하는지, 목적지가 어떻게 생겼는지 모른다면, 결코 어디에도 갈 수 없을 것이다. 비전은 또한 목적으로 간주될 수 있고, **목적을 가진 삶을 산다는 건 목적에 따르는 삶을 산다는 의미다.**

더 크고 명확한 비전을 가진 사람들이 성공하고, 인류를 진화시키고, 다른 사람들에게 영감을 주고, 엄청난 부를 창조하고 즐거운 유산을 남긴다. 비전, 방향, 혹은 목적이 없는 사람들은 종종 공허하고 우울하며, 파산해 가난하게 살다가 심지어는 자살하곤 한다.

오스트리아 신경정신과 교수인 빅터 프랭클은 『삶의 의미를 찾아서』에서 근본적으로 의미가 없는 삶을 살아가는 사람들을 다루기 위한 심리치료 방법인 의미치료logotherapy를 처음으로 소개했다. 우리의 주요 삶의 동기가 섹스와 공격이라고 말한 프로이트와는 달리 프랭클은 우리의 지배적인 삶의 원동력이 삶에서 의미를 찾는 것이라고 추측했다.

프랭클은 프로이트가 결코 경험하지 못한 무언가를 경험했다. 그는 1940년대에 나치 수용소의 포로로 잡혀 있었다. 그는 모든 것을 잃고 고문당하고 공포에 사로잡히면서 두려움을 느꼈다. 온갖 고뇌와 잔인한 대우에도 불구하고 그가 살기 위해 투쟁을 포기하지 않은 건 목적 덕분이었다. 그는 투쟁에서 의미를 찾았다. 그것은 그에게 상상조차 할 수 없는 고통을 이겨내고 나아갈 수 있는 힘을 주었다. 수용소를 탈출한 뒤 프랭클은 그가 겪은 경험과 의미치료에 대한 개괄적 설명을 담은 『삶의 의미를 찾아서』를 출간했다. 그가 책에 인용한 철학자 니체가 한 "왜 살아야 하는지 인생의 의미를 알고 있는 사람은 어떻게 해서든지 살아갈 수 있다"는 말은 어떻게 사람들이 살려는 의지를 잃지 않고 수용소에서 생존할 수 있었는지에 대한 그의 철학을 잘 요약해주고 있다.

이것이 바로 목적과 비전이 가진 힘이다. 목적과 비전은 상상할 수 없는 비인간적인 행위와 고문을 물리쳤다. 목적은 어려운 변화와 관계와 활동을 통해 계속 나아갈 수 있는 힘을 우리에게 준다. 목적이 이끄는 비전은 우리에게 상황이 더 나아질 거라는 명확한 메시지와 희망을 준다.

◆ 이끌리는 사람들의 공통점 ◆

역사상 가장 부유한 사람들이 공통적으로 갖고 있는 불멸의 유산은 원대한 비전이 낳은 자연스러운 결과다. 유산과 비전은 서로와 당신을 엄청나고 지속 가능한 부를 향해 나아가게 이끌어주는 위대한 파트너다. 자신보다 더 크고, 자신보다 더 오래 가는 의미 있는 무언가를 하고 싶은 욕망은 비전을 단지 지역적이고 개인적이기만 한 것이 아니라 국가적이거나 세계적인 것이 되게 만든다. 우리 모두 우리의 정신이 영원히 지속되며 지구상에 영향을 미칠 수 있기를 원한다. 당신이 자식들에게 부와 지식의 형태로 유산을 남기고 싶은 부모라면 알게 되겠지만, 이는 인간의 자연스러운 경향이다. 인생이 끝날 무렵에 당신과 함께 부와 지식이 사라지게 만드는 게 얼마나 낭비란 말인가?

어떤 사람들은 더 나아가서 은하계적 비전을 가지고 있다. 엘론 머스크와 리처드 브랜슨은 우리를 새로운 행성으로 데려다주고 있다. 그들은 세상을 놀이터로 보고, 그들의 비전의 규모는 전 세계적 차원을 뛰어넘었다. 원대한 비전일수록 당신 자신과 다른 사람들에게 더 많이 이바지하게 된다.

당신의 경제적 목적과 꿈이 전 세계와 모든 인류를 포괄할 때 마술 같은 경제적인 자성이 생겨나기 시작하면서 사람들이 당신에게 이끌린다. **작은 대의는 부를 끌어들이지 못하지만, 위대한 대의는 상당한 부를 끌어들이고, 불멸의 대의는 엄청난 부를 끌어들인다.**

부자의 생각은 당신과 다르다

믿음은 당신이 지지하는 것과 반대하는 것에 영향을 미친다. 믿음은 또 판단을 이끄는 도덕률이다. 그런데 돈처럼 당신의 믿음을 과장하게 만들고 부풀리는 매개체가 있다. 돈은 보편적이고, 우리 모두를 연결하고, 우리 모두와 관련되어 있다. **돈이 당신을 변화시킨다는 것은 근거 없는 이야기이다. 돈은 단지 당신이 가진 특성들을 과장해줄 뿐이다.** 돈은 언제나 당신을 지금의 당신 자신 이상으로 만들어줄 뿐이다.

당신의 금전적인 믿음은 다른 믿음들과 연결되어 있고, 돈이 그것을 증폭시킬 것이다. 당신이 가치와 신념에 따라 기부를 하고 있다면, 돈을 더 많이 가질 수록 기부금도 늘어날 것이다. 당신이 중독자라면, 돈이 중독 증세를 악화시킬 것이다.

◆ 당신은 당신이 보고 싶은 대로 본다 ◆

가족, 지리, 경제와 정치, 학교, 멘토와 교사, 종교와 신념과 정신, 친구, 미디어는 정도의 차이가 있더라도 당신의 믿음에 영향을 주고 있다.

이런 것들에 대한 노출 정도가 당신의 믿음을 형성했다. 당신의 믿음은 외적인 요인들로 인해 현실이 되지만, 믿음이 진짜가 아닌 게 현실이다. 보는 것은 믿는 것이 아니고, 믿는 것이 보는 것이다. 그리고 당신은 사물을 있는 그대로 보지 않고 당신이 보고 싶은 대로 본다. 모든 사람들의 믿음이 그들에게 현실이지만, 그 믿음이 외부적인 현실은 아니다. 당신만이 독특하게 인식하는 현실에 맞게 당신이 가지고 있는 필터이자 경험이다.

돈에 대한 믿음도 마찬가지이다. 당신에겐 평생 열심히 일하고 돈도 많이 벌지 못하고, 운이 좋지 못했고, 빚도 있고, 늘 돈을 벌려고 안간힘을 쓰고, 정부와 투자자와 시스템을 증오하는 부모나 선생님이 있을 수 있다. 당신도 돈에 대해서 그들과 같은 견해를 갖게 될 수 있다. 어쩔 수 없는 일이고, 당신의 잘못이 아니다. 돈에 대한 당신의 견해와 믿음은 단지 당신이 당신 자신에게 말해주고 있는 돈 이야기들의 영향을 받은 것뿐이며 그런 이야기들 중 다수가 허구다.

많은 사람이 자책하고, 자신의 경제적 상황을 둘러싼 죄책감과 수치심을 경험한다. 물론 이들은 자신이 아닌 타인 모두와 다른 모든 것들도 탓한다. 당신은 자신이 뭘 모르는지 모르고, 가난에 대한 피해 의식이나 결핍, 질투, 죄책감, 역겨움, 그 외에 돈과 관련된 부정적 감정이 개입된 믿음을 갖게 만드는 환경에서 성장했다면 그런 믿음을 가질 수밖에 없다. 그러니 그로 인해 자신을 비난하거나 자책해서는 안 된다. 그러한 믿음을 당신에게 강요하는 사람들도 비난해서는 안 된다. 그들도 다르거나 좀 더 좋은 믿음을 알지 못했기 때문이다.

부자의 믿음과 가난한 사람의 믿음

모든 믿음에는 반대되는 믿음이 있다. 당신이 진실이라고 생각하는 모든 것에 대해 다른 누군가는 거짓이라고 생각한다. 대부분의 사람은 돈에 대해 꿈꾸기보다 돈에 대해 걱정하면서 더 많은 시간을 보낸다. 지금부터 극부유층과 극빈곤층이 가진, 진실이라고 믿고 있는 서로 180도 반대되는 믿음들을 정리해보겠다. 당신은 양쪽 믿음을 살펴보면서, 어떤 믿음을 선택할지, 어떤 믿음이 당신의 삶에 도움이 될지에 대해 정보에 입각한 결정을 내릴 수 있게 될 것이다.

극단적이고 양극화된 믿음들이 억지로 주어지기보다 양쪽 믿음을 동시에 보면서 당신에게 유용한 믿음을 취사선택할 수 있다면 어떨지 상상해보라. 당신이 가난하지 않은 사람이나, 아주 부자가 되고 싶다면 현명한 선택이 필수다. 우리가 과거를 바꿀 수는 없지만, 미래에 영향을 줄 수는 있다.

가난한 사람의 믿음: 돈은 모든 악의 근원이다.

부자의 믿음: 돈은 모든 선의 근원이다.

"돈은 모든 악의 근원이 아니고, 악이 모든 악의 근원이다"는 돈과 관련해 가장 잘못 인용되는 말들 중 하나이다. 돈은 악의 근원이 아니다. 인류가 인류에게 제공하는 모든 것의 근원이라서 인간이 모든 악의 근원이기 때문이다. 그리고 돈은 그런 악을 일으키는 비도덕적 수단이다.

반대로 돈은 또한 모든 선의 근원이기도 하다. 인간이 모든 선의 근원이기 때문이다. 돈은 병을 고친다. 돈은 자선 활동을 만든다. 돈은 기부하고, 다른 사람들을 도울 시간을 벌어준다. 돈은 가난이 해결할 수 없는 문제를 해결한다.

물론, 누군가 5만 원으로 총탄을 사서 학교에 가지고 간 다음 죄 없는 20명의 아이들을 쏠 수도 있다. 하지만 누군가는 그와 똑같은 5만 원으로 며칠에서 몇 주 동안 제3세계 가정에 음식을 기부할 수 있다. 돈은 인간의 의지를 드러내는 수단에 불과하다. 돈이 좋은 목적이나 나쁜 목적 중 어떤 쪽으로 쓰일 수 있다고 믿는지에 따라 당신이 돈을 어떻게 쓰고, 무엇을 끌어들이고 배척할지가 결정될 것이다.

나는 돈이 주로 부도덕한 수단으로 사용된다는 믿음에 동의하곤 했다. 그래서 나는 겉으로 모든 돈을 배척했다. 나는 단 한 명의 백만장자도 모르고 있었고, 심지어 돈을 선한 목적으로 쓰려고 시도하거나 애써본 적도 없었다. 만약 당신도 부를 배척한 경험을 했다면 오늘이 그런 경험을 하는 마지막 날이 되기를 바란다.

가난한 사람의 믿음: 돈을 벌기 위해 돈이 필요하다.

부자의 믿음: 돈을 벌기 위해 아이디어, 에너지, 서비스가 필요하다.

돈은 이자, 복리, 레버리지 형태로 돈을 끌어당기지만 잘못된 손에 들어가면 곧바로 소비재와 부채로 증발한다. 따라서 돈을 벌기 위해서는 돈이 필요하다고 말할 수는 없지만, 돈이 잘 관리된다면 더 많은 돈을 벌 수 있다고는 말할 수 있다.

엔트러프레너닷컴에 따르면 전 세계 억만장자의 62퍼센트가 자수성가한 사람이다. 수십억 달러의 유산을 받은 적이 없는 1세대 억만장자의 비율이 그렇다는 뜻이다. 영국 작가 토머스 스탠리는 "나는 80~86퍼센트의 억만장자가 자수성가한 사람이라는 사실을 꾸준히 확인했다. 천만장자도 마찬가지이다"라고 말했다. 우리가 이런 수치들을 사실로 받아들인다면, 돈을 버는 건 상속과 관련 없음이 입증되는 것이다.

나는 모든 돈이 어떤 생각으로부터 유래된다고 주장한다. 생각과 아이디어는 배려, 봉사, 해결, 더 쉽고, 빠르고, 나은 삶을 만들기, 질병 치료, 새로운 정보, 지적 재산권, 특허, 저작권, 제품, 서비스, 구독, 프랜차이즈, 라이선스, 자산 등의 형태를 띨 수 있다. 그리고 이들 중 어느 것도 창업 자본에 의존하지 않는다. 그들에겐 비전과 행동이 필요하다.

나는 내가 돈이 하나도 없었기 때문에 돈을 벌기 위해선 돈이 필요하다고 생각하곤 했다. 내가 가진 게 하나도 없었기 때문에 나는 내게 어떤 돈벌이 능력도 없다고 단정했다. 내가 2005년에 '지금의 나'를 만났다면 '그는 부잣집 자식인 게 분명해'라고 생각했을 것이다. 아니면 '등신!'이라고 생각했을 수도 있다. 아이러니하게도 나는 한때 내가 증오했던 모든 게 되었다.

가난한 사람의 믿음: 통화 제도는 사악하고, 불공정하며, 부패하다.

부자의 믿음: 통화 제도의 가치를 정량화하고 돈을 가속화하는 기능이 놀랍다.

자본주의는 모든 개인이 공평하게 균형을 맞춰 이기심과 서비스를 통합하며 공정한 삶을 살 수 있게 해주는 시스템이다. 돈벌이는 경제, 서비스, 고용, 세금, 그리고 다른 사람들이 받을 혜택을 만들어 낸다.

공정하고 완벽한 경쟁은 번창하고, 가치는 보편적으로 교환된다. 탐욕과 기부 사이에 균형을 유지하는 규제와 독점 금지법이 있다. 기업인은 제한적 법적 책임을 지게 되므로 당신 개인이 아닌 기업이 법적 책임을 지게 된다. 따라서 당신이 추가적인 위험을 감수한다고 해서 엄격하게 처벌받지는 않는다. 영감을 받은 아이디어를 서비스와 돈으로 바꾸는 데는 당신의 아이디어를 제외하고는 거의 아무것도 필요 없다.

가난한 사람의 믿음: 부채는 나쁜 것이다.

부자의 믿음: (좋은) 부채는 좋은 것이다.

내 경험상 사람들은 부채에 대해 다음과 같은 태도를 가지고 있다.

- 돈이 없는데도 계속 소비하면서 빚을 진다.
- 빚을 만들지 않기 위해 '감당 가능한 경우에만' 뭔가를 사거나 투자한다.
- 좋은 빚을 지렛대로 활용하여 소득을 창출해주는 자산을 산다.

똑똑한 순서대로 정리하자면, 1은 '멍청한' 거고, 2는 '안전하고 튼튼한' 거고, 3은 '똑똑하게 레버리지를 활용하는' 거다. 소비재, 상각자산, 부채 때문에 진 빚은 당신을 파산시킨 후 가난하게 만들 것이다. 정말이다. 파산 상태에서 부자가 되기 위한 첫 번째 단계는 당신이 가지고 있고, 가질 수 있고, 감당할 수 있는 돈만 생활용품과 필수품을 위해 쓸 수 있다는 사실을 아는 것이다. 시간이 갈수록 가치가 떨어지는 것들을 사려고 빚을 내서는 안 된다. 다음 세 가지 방법으로 상처를 받기 때문이다.

- 돈이 들고 더 많은 빚을 내게 만드는 빚을 지게 된다.
- 빚을 지고 사는 것들의 가치도 역시 줄어든다.
- 다른 곳에 돈을 투자하지 못하게 되면서 기회 비용이 없어진다.

일단 부채를 정리하고, 자산 매입을 위해서만 부채를 늘리겠다는 규칙을 따랐다면 비용을 감당하고, 소득을 창출해주는 돈을 빌려 자산에 투자할 수 있는데, 이때 지는 빚이 '좋은 빚'이다.

가난한 사람의 믿음: 돈을 벌기 위해 열심히 일해야 한다.

부자의 믿음: 돈이 열심히 일하게 만들어야 한다.

분명 당신은 열심히 일해야 할 필요가 없을 정도가 되려면 열심히 일해야 한다. 엉덩이를 깔고 앉아 명상을 하고 아무것도 하지 않아도 만인의 풍요로운 재물이 저절로 쏟아져 들어오는 일은 결코 없다. 아무리 영적인 사람이라도 정신과 물질을 얻으려면 믿음과 노력이 필요하다는 것을 안다. 아프리카에는 "기도할 때 발을 움직여라"라는 속담이 있을 정도다.

하지만 노력이 한계에 도달하는 때가 도래한다. 당신이 하루에 개인적으로 일할 수 있는 시간이 제한되어 있어서 시간급 한도에 도달했을 때가 그렇다. 임금은 더 오르지 않지만 더 장시간 일해야 할 때도 그렇다. 심지어 임금이 인상돼도 당신이 투자한 모든 시간만큼은 아니다.

좋은 임금을 받는 많은 사람들은 시간당 버는 임금과 시간당 얻는 가치가 매우 낮다. 가치와 잠재 수입은 시간과 노력과 직접적으로 연관되지 않는다. 특히 당신이 기업가라면 더욱 그렇다. 기업과 수익력earning power이 올바르게 구조화되어 있으면, 우리의 시간 투자 가치가 기하급수적으로 늘어난다. 가치가 아주 높은 '일'을 몇 시간만 해도 자산, 시스템, 소프트웨어, 레버리지, 정보와 지적 재산권, 특허와 저작권, 사람과 공정을 통해 평생 수백만 달러의 소득을 올릴 수 있다.

당신은 열심히, 그리고 똑똑하게 일할 필요가 있다고 말할 수 있다. 손과 땀이 아닌 비전과 지식을 활용하라. 시간과 교환된 돈이 아니라 시간을 지켜주는 자산에 투자하라. 다른 사람들의 시간을 활용하고, 당신의 시간을 모두 쓰지 말라.

가난한 사람의 믿음: 내가 돈을 버는 것은 다른 사람들의 돈을 뺏는다.

부자의 믿음: 내가 돈을 벌면 다른 사람들도 같이 벌게 돼서 그들에게도 도움이 될 것이다.

도둑질을 하고 속임수를 쓸 때만 다른 사람들을 희생시켜서 돈을 버는 것이다. 이 두 가지가 당신의 돈벌이 모델이 아니라면, 사람들은 가치를 인식하기 때문에 선택을 통해 자신을 거쳐 돈을 당신에게 넘긴다. 그들은 내는 돈 이상으로 당신이 제공하기를 원한다. 따라서 당신은 그들로부터 돈을 뜯어내는 게 아니라 그들에게 도움을 주는 것이다. 받는 돈을 늘리고 싶다면, 당신이 주는 서비스와 가치를 올려라. 그러면 더 많은 사람들이 기꺼이, 그리고 감사하며 더 많은 돈을 줄 것이다.

사람들이 당신에게 돈을 준 걸 후회한다면, 미래에 당신에게 피해를 줄 악감정과 분개를 키울 것이다. 주위 사람들을 소중하게 대하듯 그들에게 신경을 쓰고, 공정한 교환 법칙에 따라 비용을 청구해야 한다. 세상의 다른 사람들은 돈을 벌기 위해 사람들을 속일지도 모른다. 어떤 식으로든 돈만 벌면 된다는 사고방식으로는 지속적인 부를 만들 수 없다. 또한 호황이나 불황처럼 부와 돈도 조정과 재분배를 겪을 것이다. 공정한 교환이 돕고, 유지하고, 규모를 키우게 해준다.

그리고 대부분의 가난한 사람들은 더 잘 받는 법을 배워야 한다. 누군가가 주고 싶은 것을 감사하게 받는 게 대체 무엇이 문제란 말인가? 관심 있는 누군가를 위해 뭔가를 사거나 친절한 서비스를 제공하기 위해 시간, 에너지, 사랑을 투자했는데, 그들이 그것을 당신에게 되돌려주고 거절한다면 어떤 느낌이 들겠는가? 많은 사람이 자신은 받을 만한 가치가 없다는 강력한 메시지를 세상에 전하고 있다. 받을 자격이 없는 사람들이란 메시지를 뿜는 사람들에게는 무슨 일이 일어나겠는가? 그들은 아무것도 받지 못한다.

가난한 사람의 믿음: 나는 돈을 벌 시간이 없다.

부자의 믿음: 나는 가치가 낮은 일을 할 시간이 없다.

지구에 사는 모든 사람과 빌 게이츠는 하루에 동일한 시간을 가지고 있다. 그렇기 때문에 "나는 시간이 없어"라고 말하는 건 완전한 착각이다. 그들이 하는 말의 진의는 "이제 시간이 내게 충분히 중요하지 않다"이다.

일단 더 이상 시간이 없다고 단정하지 말고, 더 많은 돈을 벌거나 혹은 최고의 가치를 현금화하기 위해 그것과 관련된 분야에서 우리의 시간과 우선순위를 정리하기 시작하면, 시간 여유가 생기고 더 많은 돈이 들어오게 될 것이다. 당신의 시간을 고소득 창출 작업과 우선순위로 채우지 않으면, 다른 사람들이 당신의 시간을 그들의 시간으로 채울 것이다.

당신은 하루가 마무리될 무렵 자신의 중요한 일을 전혀 하지 않고, 다른 사람들의 바쁜 일들만을 처리해주느라 많은 시간을 보냈다고 느껴본 적이 있는가? 당신은 중요한 우선순위를 계획해놓지 않았지만, 그들은 당신에게 처리를 맡길 우선순위를 준비해놓았기 때문에 그런 일이 벌어진 것이다. **계획을 세워놓지 않으면 다른 누군가가 세워놓은 계획에 휘말린다.**

부자들은 매우 엄격하게 전략적으로 시간을 쓴다. 그들은 시간의 가치, 시간당 임금, '상당한 극적인 변화를 초래할 수 있는' 우선순위가 높은 일들이 뭔지 알고 있고, 오직 그 일에만 집중한다. 그들은 다른 모든 일들은 외부에 위탁하거나, 위임하거나, 거절하거나, 삭제할 것이다. 그들은 시간과 우선순위의 가치를 잘 알고 있다. 당신의 하루, 한 주, 한 달, 1년, 그리고 인생에는 막대한 부를 창출할 수 있는 충분한 시간이 있다. 돈과 마찬가지로 시간도 생각하기에 따라 풍부하거나 부족할 수 있다.

가난한 사람의 믿음: 나는 그 일을 할 수 없다. 내겐 충분한 능력이 없다.

부자의 믿음: 나는 세상이 필요로 하는 위대한 가치를 갖고 있다. 내 능력은 최고다.

나는 다른 사람들의 성공담을 듣는 걸 좋아한다. 수백 명의 성공담을 들으면, 그들 모두가 도전을 겪었다는 걸 보여주는 증거가 거듭 나타나기 때문이다. 그들 모두 어떤 단계에서 지금 이룬 부와 비교도 안 되는 적은 돈을 갖고 시작했다. 그들 모두 맨바닥에서 시작했다. 그들 모두 당신이 뛰어난 능력을 발휘하는 삶의 다른 몇몇 분야에서 완전히 실패했다. 그들 모두 많은 실수를 저질렀다. 그들 모두 정상에 있으면서도 여전히 여러 도전을 경험한다. 따라서 그들 모두 평범한 사람들이고, 그들 모두 당신이나 나와 똑같다.

당신에게 일어난 일이 아니라 당신 안에서 일어난 일이 중요하다. 멘토로부터 영감을 받더라도 절대로 그들을 맹목적으로 따르지 말라. 거인의 발밑이 아니라 어깨 위에 올라가서 더 넓은 세상을 봐야 한다. 멘토로부터 배우고, 위대한 사람들의 특성을 소유하되, 당신 자신만 가진 독특한 능력을 발휘하라. 당신보다 앞선 사람들이 돈과 부를 빠르게 늘리기 위해 겪었던 시스템과 교훈을 따르라. 이미 눈부시게 빛나는 길을 따라가보고, 전에 그곳에 가본 적이 있는 사람들로부터 도움을 구하라. 그들도 처음 시작할 때는 당신처럼 힘들었지만 지금은 쉬워졌다. 당신도 빠른 시간 내에 그렇게 될 것이다.

가난한 사람의 믿음: 나는 부자가 될 자격이 없다.

부자의 믿음: 돈을 벌고 나누는 것은 나의 소명이고 운명이다.

당신은 부를 누릴 자격이 있다. 그런 자격이 있다는 건 돈을 갖고 있으면서 동시에 돈을 써도 된다는 뜻이다. 자신에게 그런 자격을 허락하고 느끼면, 자부심도 덩달아 올라간다. 자신에게 부를 받아들이고 나눠주는 것을 허락하라. 부호들처럼 엄청난 부와 재물을 받아들이는 게 당신의 소명이자 운명이라고 믿어라.

나는 살면서 특히 돈과 관련해 많은 멍청한 행동을 해봤다. 나는 나쁜 재정적 결정을 거듭 내렸고, 너무 썼고, 너무 탐욕스러웠다. 나는 여러 해 동안 나 자신을 혐오하며, 내가 저지른 모든 실수를 자책했다. 극복하기 위해선 끊임없는 자기 계발과 종교가 필요했다. 나처럼 엉망이었던 사람이 바뀔 수 있다면 당신도 그렇게 할 수 있다.

가난한 사람의 믿음: 청구서 비용을 먼저 지불했더니 남는 게 아무것도 없다.

부자의 믿음: 나는 먼저 나한테 돈을 쓴 다음에 남은 돈으로 청구서 비용을 지불한다.

선진국의 가난한 사람들은 모든 청구서 대금과 비용을 납부하고 마지막으로 자신에게 돈을 쓴다. 그런데 남는 돈이 하나도 없다. 미국의 철학자 짐 론의 말처럼 "돈은 떨어졌는데 살아야 할 달은 너무나 많이 남아 있다." 항상 내야 할 비용이 있기 때문에 더 이상 남는 돈이 없을 것이므로 이런 과정을 뒤집어서 먼저 자신을 위해 돈을 써야 한다. 그렇게 하면, 남은 돈으로 어떻게든 살아갈 수밖에 없게 되므로 당신이 쓸 수 있는 비용은 줄어든다. 마지막에 자신을 위해 돈을 쓸 경우 그에 따라 줄어든 것은 당신에게 쓸 돈이다.

매달 5만 원을 저축하고 절대 손대지 않기로 했다면 곧 돈이 쌓인다. 버는 돈이 늘어날수록 소득 중 저축 비중을 늘려야 한다.

가난한 사람의 믿음: 사람들은 내가 돈 때문에 변했다고 판단할 것이다.

부자의 믿음: 사람들은 어쨌든 나를 평가할 것이다.

당신이 무슨 일을 하건 사람들은 당신을 평가한다. 사람들이 당신의 비싼 스포츠카를 판단하듯이 당신의 고물 차도 평가할 것이다. 사람들은 당신이 가진 부로부터 영감을 얻거나, 혹은 당신이 겪는 가난에 편안함을 느낄 것이다. 사람들은 당신에게 대단한 바로 그 일로 인해 당신을 증오할 것이다. 어느 순간에도 누군가가 당신을 사랑할 것이고, 누군가는 당신이 무슨 일을 하건 혐오할 것이다. 여기서 중요한 사실은, 사람들은 자신의 경험, 신념, 태도, 가치를 바탕으로 당신을 평가하면서, 또한 자기 스스로를 평가한다는 점이다.

당신이 맞벌이를 하는 엄마라면 전업주부 엄마들은 당신을 아이들보다 돈을 더 우선시하는 사람으로 평가할지 모른다. 당신이 음악, 영화, 미술계에서 열풍을 일으키며 돈을 버는 예술가라면 예술로 돈을 벌지 못하는 다른 사람들은 당신을 변절자, 속물이라고 부를지 모른다. 당신이 어려운 결정을 내리고, 사람들을 해고하고, 대형 계약을 협상해야 하는 기업주라면, 사람들은 당신이 냉정하거나 탐욕스럽다고 말할지 모른다. 사람들은 당신의 진짜 모습이 아니라 자기가 본 대로 부를 것이다. 당신은 당신이 무슨 일을 겪었는지 안다. 당신은 당신이 해온 희생도 안다. 팬들을 포용하듯 비평가들을 포용하라. 비판이나 칭찬 중 한 가지만 받을 수는 없다. 사람들이 당신을 어떻게 평가하든, 그들의 비판이나 칭찬 때문에 속이 상하거나 우쭐댈 필요는 없다. 당신은 그냥 하고 싶은 대로 하고, 본래 하던 일을 해라.

친구들이 진짜 친구들이라면, 그들은 당신과 함께 성장하거나, 변화된 당신 모습을 받아들일 것이다. 그렇지 않다면, 그들을 부드럽게 보내줘도 괜찮다. 당신이 갈 방향을 향해 힘차게 움직이는 동안 그들도 그들이 가고자 하는 방향으로 움직이게 하라.

◆ 돈은 뇌의 화학물질을 변화시킨다 ◆

돈이 정말로 당신을 행복하게 만든다는 걸 보여주는 더욱 강력한 증거는 돈과 두뇌, 특히 신경전달물질인 도파민dopamine을 연구해보면 찾을 수 있다. 도파민은 인체의 자연스러운 보상 시스템으로 알려져 있다. 그것은 좋은 감정, 특히 성욕, 권력 그리고 중독과 같은 통제가 잘 안 되는 감정을 일으킨다. 『행복의 과학』의 저자 심리학자 데이비드 리버만은 행복을 "의미 있는 목표를 향한 끊임없는 진보"로 묘사한다. 행복을 만드는 네 가지 주요 화학물질은 도파민, 옥시토신oxytocin, 세로토닌serotonin, 엔도르핀endorphin이다. 이 호르몬들은 당신이 의미 있는 목표를 향해 나아갈 때 뇌에서 방출된다. 돈은 진보다. 돈을 계속 버는 것이 진보다. 돈은 목표를 달성한다. 그리고 돈은 달성할 목표 자체이기도 하다. 돈은 당신을 행복하게 해주고, 뇌 속의 화학물질 방출을 유발하는 것들을 산다. 돈은 의미 있는 것을 주기 때문에 의미가 있다. 돈은 단지 돈일 뿐이고, 리버만이 정의한 것처럼 행복을 얻기 위한 도구이다.

◆ 평생 가난한 삶을 상상해보라 ◆

여생을 가난하게 살게 됐다고 상상해보라. 청구 대금을 내기 위해서 주위 모든 사람들에게 부담을 주고, 부탁하거나 구걸해야 한다고 상상해보라. 정말 열심히 일하고 있지만 사랑하는 사람들과 좋아하는 일을 할 만큼 충분히 벌 수 없다고 상상해보라. 마음에 안 드는 회사에서 싫은 상사의 노예처럼 일한다고 상상해보라. 미래에 대한 보장이 없고, 아이들 교육비, 연금, 저축 그리고 희망이 없다고 상상해보라.

당신이 선진국의 가난한 사람들이 가지고 있는 믿음을 계속 유지한다면, 위에서 말한 사람들처럼 살 위험이 있다. 당신이 과거에 지녔던 이러한 믿음들을 당당히 하나씩 해결하라. 그들 위를 새로운 믿음들로 덧씌울 때까지 믿음들을 처음부터 읽어보라. 필요하다면 불신을 버려라. 반드시 그래야 한다. 자기 자신과 지구의 나머지 사람들을 위해서 더 많이 알고, 더 벌고, 더 나눠야 한다.

감정을 지배해야 돈을 지배한다

당신이 돈을 지배하는가, 아니면 돈이 당신을 지배하는가?

당신이 좋아하고 싫어하는 어떤 것도 당신에게 영향을 미친다. 기분이 들뜨거나 가라앉는다면 감정이 당신을 지배하는 것이다. 극단적인 감정을 극복하는 전략을 마련해두는 게 현명하다. 돈은 감정이 아니라 전략에 의해 만들어지고, 자라고, 주어진다. 많은 사람이 인생의 목적은 행복이라고 말한다. 행복은 감정이고, 그것을 느끼려면 돈이 든다. 행복이나 불행이나 어쨌든 돈이 든다.

기분이 우울해지면 기분이 나아지기 위해서 뭔가를 사거나 먹고 싶어진다. 기분이 아주 좋아도 뭔가를 사거나 축하하기 위해 뭔가를 마시고 싶어진다. 감정을 만들거나, 숨기거나, 회복하기 위해 '뭔가'를 사지만, 일단 그런 감정이 가라앉으면 공허함만이 느껴진다. 예를 들어, 당신이 빨리 더 많은 돈을 벌고 싶어서 서둘러 부동산을 사려고 한다. 기다리고 싶지 않기 때문에 당신은 지금 시가 이상의 돈을 내려 한다. 부동산 중개인과 판매자는 그런 상황을 감지하고, 자신들에게 유리하게 이용하려고 한다. 당신은 기회를 놓치고 싶지 않아서 돈을 더 낸다. 다른 사람을 제치고 그 부동산을 사고 싶은 나머지 시가 이상의 돈을 낸다. 그러고 나서 확증 편향confirmation bias(자신의 신념과 일치하는 정보는 받아들이고 신념과 일치하지 않는 정보는 무시하는 경향-옮긴이)을 통해서 자신이 올바른 결정을 내렸다거나 혹은 그것이 자산이기 때문에 어쨌든 잘 샀다고 확신한다. 당신은 기분이 나쁘거나 어리석어 보이고 싶지 않다. 흥분하게 되면 너무 열심히 좇고, 과도하게 돈을 내고, 너무 서둘러 달리게 된다. 그러다가 기대한 결과가 생기지 않을 때 환멸을 느끼면서 자신의 결정을 비난하거나 불평하거나 혹은 반대로 정당화한다. 어쩌면 심지어 포기할 수도 있다. 그러고 나서도 같은 실수를 되풀이한다.

다른 극단적인 경우를 예로 들어보자. 당신은 실수하고 싶지 않아서 절대로 어떤 일을 하지 않고, 무엇도 사지 않는다. 다른 사람들 앞에서 바보처럼 보이고 싶지 않아서 뭔가를 하거나, 시도하거나, 사는 법이 없다. 실패할까 봐 두렵다. 당신은 아무것도 안 한다.

당신은 하고 싶다고 느끼는 것을 한다. 적절한 일을 하기보다 괜찮아

보이고 싶어 한다. 그리고 결과보다 복수를 원한다. 어떤 감정을 느끼건 간에 그것은 당신과 어울리지 않는 반응을 일으킨다. 그러고 나서 후회가 밀려온다. 애석함, 수치심, 죄책감, 혹은 거부감을 느낀다. 돈, 투자, 일반적인 사업에는 감정과 관련된 두 가지 돈의 법칙이 있다.

- 흥분하면 좋은 구매 결정을 내릴 수 없다.
- 두려울 때는 좋은 판매 결정을 내릴 수 없다.

많은 사람이 이 두 규칙을 툭하면 위반한다. 그래서 그들 대부분이 0.242퍼센트의 백만장자 그룹에 속하지 못한다. 단순하게 말해서, 대중을 관찰하고 그들과 반대로 행동하면 된다. 강한 감정을 경험할 때까지 우리 모두 위대한 의도를 갖고 있다. 감정을 조절하는 능력을 연구하고 발전시킬 수 있다. 그때 당신 자신과 유혹을 배제해야 한다. 다이어트를 하고 있다면 냉장고를 비워야 하는 식이다. 감정적으로 돈을 쓴다면 쇼핑몰에 가서는 안 된다. 자기 파악이 끝날 때까지 현금이나 카드로 자산을 구매하는 건 금물이다. 감정의 영향을 받아 돈과 관련된 결정을 할 때, 그것을 후회하거나 기분이 상할 수 있다.

나는 아마도 당신이 만나본 가장 감정에 휘둘리는 사람일 것이다. 나는 집착증과 강박장애가 있다. 나는 기분이 좋아지는 걸 무척 즐기고, 돈을 가졌다는 뿌듯함이 주는 모든 느낌을 사랑한다. 나는 가진 돈을 전부 탕진한다. 예전에는 자기만족을 위해 옷을 사는 데 돈을 다 쓰곤 했다. 이제는 그것을 살 여유가 된다는 점이 그때와 유일한 차이점이다. 내가 어렸을 때부터 겪어온 미해결된, 공개하기 부적절한 문제들도 있다. 나는 멋진 것들을 좋아하는 것 같은데, 아직까지도 왜 그런지 제대로 깨닫지 못하고 있다. 분명 나는 열정과 창의성이 묻어나는 예술품과 아름다운 디자인을 좋아한다. 그런 것들이 내게 영감을 준다. 파테크 필리프나 오데마피게 시계, 뱅앤올룹슨 오디오, 카르텔 가구나 톰 딕슨 디자인에서 받은 영감이 내가 하는 일에도 도움이 된다고 느낀다.

이런 강렬한 감정이 정점에 이르렀을 때 침실 두 개짜리 우리 집은 TV 다섯 대, 너무 크고 아주 비싼 하이파이 오디오, 멋진 디자인 가구들로 꽉 차 있었다. 하지만 나는 연이자 18~30퍼센트짜리 대출을 7천5백만 원이나 받은 상태였다. 대출이 내 기분을 너무 우울하게 만들어서 잠시라도 기분이 나아지기 위해 돈을 더 썼다. 하지만 빚은 더 늘어났고, 기분은 더 나빠졌다. 이후 10년이 넘는 시간 동안 많은 사람들이 나와 똑같은 경험을 한다는 것을 알게 되었다. 지금도 나는 여전히 중독성이 강한 '좋은' 감정을 느끼지만, 나보다 돈에 관해 더 똑똑한 사람들로부터 감정을 조절하거나 통제하는 규칙과 전략을 배웠다. 당신도 돈 때문에 다음과 같은 감정을 경험해봤을 것이다.

◆ 재정 문제는 걱정으로 나아지지 않는다 ◆

나는 돈이 없었을 때 돈 걱정을 정말 많이 했다. 나는 돈의 부족함과 돈이 없어서 할 수 없는 모든 일들을 끊임없이 걱정했다. 돈 걱정을 많이 할수록 걱정은 더 악화되었고 나 자신을 혐오하고 자책하게 되었다. 돈 걱정은 내 인간 관계, 자부심, 그리고 자유에도 영향을 미쳤다.

AP 통신과 인터넷 서비스 회사 AOL이 공동 실시한 연구 결과를 보면, 사람은 자신의 재정 상태에 대해 걱정할 때 심각한 건강 문제가 생길 위험이 커진다. 빚 때문에 스트레스를 많이 받는 사람들과 그렇지 않은 사람들을 비교해보니 전자가 후자보다 심장마비에 걸릴 확률이 두 배 더 높은 것으로 나타났다. 궤양, 소화 장애 등 다른 질환들도 생겼다. 재정적으로 높은 스트레스를 받는 사람들의 27퍼센트가 소화 장애 문제를 보고했다. 이들 중 44퍼센트가 편두통을 앓고 있었던 데 반해, 재정적으로 스트레스를 적게 받는 사람들 중에는 불과 4퍼센트에게만 편두통이 있었다. 전자와 후자의 우울증 비율도 각각 23퍼센트와 4퍼센트로 큰 차이가 있었다.

재정 문제와 관련된 걱정과 관련된 건강과 정신적 문제를 피하는 쉬운 방법이 있다. 위 연구 이후 추가로 실시된 연구 결과는 적극적으로 자신의 재정 계획을 세우고 배우는 사람들이 재정 상황에 덜 스트레스를 받고, 자신감은 커졌으며, 정신건강 장애를 덜 겪었다는 것을 보여주었다. 미국의 연금 기업 TIAA-CREF 연구소가 실시한 연구에 따르면, 재정 교육을 받은 사람들은 은퇴를 대비해 저축할 확률이 더 높은 것으로 나타났다. 또한 최근 보험사인 메트라이프가 실시한 조사 결과를 보면, 재정 교육 프로그램에 참여하면서 자신의 재정 상태를 잘 통제하고 있다고 느끼는 사람들의 행복도는 25퍼센트 향상됐다. 정말 말 그대로, 돈과 재정에 대해 배우고 계획을 수립하면 걱정과 스트레스는 줄고, 전반적인 행복도와 만족도는 높아진다. 그리고 물론 재정 운용 성과도 더 좋아진다. 상식적인 말 같은가? 그렇다. 하지만 항상 모두 그렇게 상식을 따르는 건 아니다.

◆ 일시적 만족감 ◆

우리 모두는 처음에는 이런 욕망에 쉽게 굴복한다. 우리는 더 현명한 선택을 할 수 있는 경험을 오랫동안 쌓아본 적이 없기 때문이다. 우리는 '즉각적인 만족감'에 쉽게 노출된다. 누구나 이런 욕망을 극복하기 위한 단기적인 처방을 시도해봤을 수 있다. 정신을 차리기 위해 자기 뺨을 때리거나, 다이어트를 위해 냉장고 문을 잠그거나, 여기저기에 욕망을 억제하겠다는 결심이 적힌 포스트잇노트를 붙이거나 말이다. 동기는 일시적이다. 영감만이 영원하다.

경제학자들은 종종 돈이 대체 가능하다고 믿는다. 동전이나 지폐 모두 차환이 가능하기 때문이다. 예를 들어 5그램의 순금이 다른 5그램의 순금과 동등하기 때문에 금이 차환 가능하듯 동전이나 지폐 등의 통화 단위도 마찬가지라는 것이다. 하지만 나는 꼭 그렇게 되지 않는다는 걸 개인적 경험을 통해 알았고, 다른 많은 사람들과 함께 그렇다는 걸 확인했다. **경제학은 논리적인 학문이지만 사람들은 감정적이다.**

나는 열일곱 살이었을 때 심각한 오토바이 사고를 당했다. 팔과 다리가 부러졌고 뇌진탕을 앓았으며, 한동안 입원했다. 재활 치료에는 수개월이 걸렸고, 왼쪽 팔을 영원히 못 움직일 뻔했다. 그 때문에 6년제 대학의 2학년 과정 중 상당 시간 수업을 참가하지 못했다. 보험금 지급이 지연되는 바람에 8개월이 지나서야 2천만 원이 조금 넘는 보험금을 받았다. 나는 1년 만에 그 돈을 다 썼다. 내게 주는 선물로 좋은 디지털 비디오카메라를 샀고, 정장 몇 벌도 구입했다. 남은 약간의 돈을 저금했던 것 같은데, 그 돈도 곧 없어졌다.

당시 나는 아주 가난했고, 돈 관리 방법에 무지했다. 사고 후 시간이 한참 지나 받아서 그런지 보험금은 선물이나 보너스처럼 느껴졌다. 어쨌든 그것은 내가 번 돈과 성격이 다른 돈이었다. 그 후 학교를 계속 다니면서 나는 토요일마다 부모님 술집에서 3교대로 일하곤 했다. 그렇게 일해서 고작 10만 원 남짓을 벌었지만 그 돈을 훨씬 더 신중하게 관리했다. 내가 그 돈을 벌기 위해 열심히 일했고 희생했기 때문이다.

선물이나 보너스처럼 쉽게 얻은 돈은 세금을 내고 힘들게 번 돈보다 더 빨리 덜 신중하게 써버린다. 어떤 사람들은 똑같은 이유로 상속 재산을 단시간에 탕진한다. 미국 경제 전문 사이트인 비즈니스 인사이더에 따르면 사람들은 현금보다 카드로 결제할 때 12~18퍼센트 더 많은 돈을 쓴다.

◆ 성급함이 당신을 망친다 ◆

무언가를 서둘러 하고 싶은 욕망이 생기는 이유를 종종 명확한 비전과 가치에서 찾을 수 있다. 성급함은 공포, 걱정 혹은 탐욕, 고통을 덜려는 시도, 다른 사람들 앞에서 멋지게 보이고 싶은 욕망, 혹은 놓칠지 모른다는 두려움 등 때문에 생길 수 있다. 대부분의 사람들은 단시간 내에 성취할 수 있는 것을 과대평가하는 반면, 평생 이룰 수 있는 것을 과소평가한다. 당신은 생각하는 것보다 더 많은 시간을 가지고 있다. 성급함은 자산과 소비재에 대한 과다한 지불로 이어지고, 다른 사람들로부터 이용당할 위험이 커진다. 세상에는 항상 좋은 거래들이 존재한다. 당신이 하나를 놓쳤다고 해도 다른 거래들을 하면 된다. 심지어 새 거래의 조건이 더 나을 수도 있다.

기분 전환을 위해서 쇼핑하면서 돈을 쓰다가 자칫 중독될 수 있다. 그렇게 돈을 마구 쓰고 싶은 감정을 경계해야 한다. 쇼핑을 가서 신용카드를 마구 긁고 싶을 때 다음과 같은 간단한 규칙들을 따르라.

1. 쇼핑에 쓸 수 있는 최대한도의 예산을 정하라.
2. 그 한도 내에서만 쓸 수 있는 현금이나 카드를 갖고 가라.
3. '대리 쇼핑 경험'을 만들어라. 즉, 돈을 펑펑 쓸 사람과 같이 쇼핑하러 가서, 당신은 사지 말고 구경만 하라.
4. 쇼핑하러 가서 절대 바로 사지 말고, 일단 한 번은 돌아 나오겠다는 규칙을 정하라.
5. 쇼핑 전에 커피를 마시며 들뜨는 건 금물이다.
6. 가격을 메모해놓고, 온라인 가격과 비교해보라.

◆ 보상과 허영의 소비 ◆

당신이 잘한 일에 대한 보상 차원의 지출은 알뜰하게 마땅히 써야할 곳에 쓰면 좋다. 하지만 많은 사람이 단지 금요일이라는 이유만으로 돈을 쓴다. 잘한 행동에 대한 보상과 앞으로를 위한 저축 사이의 균형을 잡아야 한다.

누구나 기분 전환을 하거나, 더 많은 관심을 받거나, 더 중요한 존재처럼 느끼거나, 사랑을 찾기 위한 소비를 한다. 사람들은 더 많은 사랑, 관심, 혹은 인기를 얻고 고통을 덜기 위해서 버는 것 이상으로 쓴다. 당신만 허영으로 가득 찬 소비를 하는 건 아니다. 돈을 모으고 싶다면, 자신의 있는 모습 그대로를 사랑하는 법을 배우고, 이미 가지고 있는 아름다움을 받아들여라. 당신은 망가지지 않았다. 고칠 필요가 없다.

◆ 반복되는 죄책감 ◆

죄책감을 털어버리려고 소비하는 일이 놀랄 만큼 흔하다. 누군가를 다치게 했거나 사람들에게 갚고 싶은 게 있을 수도 있다. 사랑하는 사람들과 충분한 시간을 보내지 못해서 대신 그들에게 줄 선물을 사는 식이다. 사람들은 20년 전에 벌어진 일 때문에 매일 이런 식의 소비를 하기도 한다. 하지만 이런 소비의 반복은 당신을 가난하게 만들 것이다. 자신이 저지른 실수를 용서하고 죄책감에서 벗어나라.

◆ 제대로 된 자선 활동 ◆

자선 활동이 많은 혜택을 주지만 벗어나지 못한 죄책감, 수치심, 혹은 두려움을 털어내기 위해 가지고 있는 모든 것을 주면 결코 가난에서 벗어날 수 없다. 다시 말하지만, 무엇을 용서해야 할지 보고, 그것에서 벗어나라. 훨씬 더 많은 돈을 벌어서 그 돈으로 기부하고, 재단을 설립하고, 사람들의 삶을 진정으로 바꿔놓는 사회 기반과 교육 시설을 조성하는 것이 훨씬 이롭다.

◆ 적개심과 질투를 당장 멈추라 ◆

돈과 관련하여 다른 사람들에 대해 더 많은 적개심을 가지면 가질수록, 당신 자신에 대한 적개심도 늘어날 것이다. 사실 사람들은 의도적으로는 아니더라도 무의식적으로 자신의 단점으로부터 주의를 다른 데로 돌리기 위해서 다른 사람들에게 적개심을 갖고, 그들을 질투하는 패턴을 보여준다.

그런데 적개심이나 질투는 지금 당장 멈출 수 있는 행동이다.

'질투'는 사실상 사람들이 하고 있는 일을 진정 잘하더라도 그들을 근본적으로는 신뢰할 수 없다거나 불성실하다고 여기는 아주 특별한 형태의 '부정적 편견'과 얽혀있다. 아주 부유한 사람들에 대해 가진 편견(유대인들과 아시아인들이 모두 이런 편견의 대상이었다)은 그들의 명백한 우수성뿐만 아니라 그들이 자격이 안 되는 것 같다는 생각에서 비롯된 질투가 원인이다.

질투는 다른 사람이 가진 것을 원하다가 생긴다. 우리 자신을 다른 사람들과 비교하고, 경쟁하는 '자기 평가' 과정 중에 생긴다고도 할 수 있다. 심리학에서 나오는 질투 이론을 보면 인간이 진화하면서 개발한 '자기 평가'는 인간의 경쟁 우위의 단초 역할도 한다. 질투는 '왜 나는 안 돼?'라는 감정을 일으키고, 다른 사람이 우리보다 많이 가져서 기분이 상하지 않도록 보다 '공정한 합의'를 이루도록 우리에게 동기를 부여해주기 때문이다. 질투는 다른 사람의 소유물을 빼앗아 그것을 자신을 위해 성공적으로 쓰고 싶은 욕구를 자극한다.

질투 때문에 몸이 아프거나 고통스러울 수 있다. 뇌는 실제로 우리가 질투할 때 신체적 고통을 느끼게 만든다. 우리가 비탄에 빠지거나 사회적 거부를 경험할 때 받는 느낌과 비슷하다.

◆ 손실에 대한 강한 두려움 ◆

고통과 같은 맥락에서 손실 회피loss-aversion는 당신을 잘못된 경제 생활이나 혹은 엉터리 재정 결단으로 내몰 수 있는 강력한 감정이다. 이것은 극단적으로 중독성이 강한 감정이지만, 좀 더 인색한 사람들이 더 자주 느낄지도 모른다.

경제학과 의사 결정 이론에서, 손실 회피는 이득을 얻기보다 그와 동등한 손실을 회피하는 걸 선호하는 성향을 가리킨다. 만 원을 벌기보다 잃지 않는 게 더 낫다는 식이다. 행동 경제학자인 아모스 트버스키와 대니얼 카너먼은 연구 결과, 손실이 이득의 두 배만큼 강력한 심리적 영향을 미친다고 주장했다. 그래서 사람들이 이득과 손실 수준이 비슷한 결과를 따져볼 때, 극단적이거나 과장될 정도로 위험 혐오 성향을 보일 수 있다. 당신은 만 원을 할인받겠는가, 아니면 추가 요금 만 원을 피하겠는가? 전통적인 경제학자들이 이런 소유 효과endowment effect(소비자들은 자기가 소유한 제품이나 서비스에 대해서 소유하기 전보다 2~4배 정도 더 가치를 부여한다는 이론-옮긴이)와 그 밖의 모든 손실 회피 성향을 완전히 비이성적이라고 간주하지만, 행동 경제학에서는 그렇지 않으며, 당신도 그렇게 해서는 안 된다.

손실 회피 성향은 보험 정책의 가격 변화에 대해 소비자들이 보여준 반응 연구를 통해 입증되었다. 연구는 가격 인상이 가격 인하에 비해 고객 전환 효과가 두 배가 더 크다는 걸 알아냈다. 인간은 손익에 대한 '비대칭적인 진화적 압력'으로 인해서 손실 회피 성향이 굳어져 버렸다. 당신의 판단과 논리에 극단적인 손실 회피 성향이 개입됐을 때 감정이 아닌 숫자에 따라서 재정적인 결정을 할 준비를 하라. 손실에 대한 강한 두려움 때문에 잘못된 결정을 했을 때는 충격이 더 심해진다. 오랜 세월 동안 손해를 피하려 수백만 달러를 놓쳐버릴 수도 있다.

⑤ 감정 조절 전략

부와 돈을 가진 사람들은 돈을 덜 감정적으로 대하거나, 최소한 버는 것 이상을 쓰지 않도록 감정, 욕구, 중독을 조절하는 법을 배웠다. 그들은 돈이나 사업에 높은 가치를 두거나, 돈을 벌고 부를 창출하는 방법이 자신들의 최고 가치에 어떻게 부합하고, 그것을 실현하는데 어떤 도움이 될지 연계해서 생각해봤다. 그래야 일시적인 감정에 사로잡히지 않고 자신의 본래 모습을 유지하며 장기적으로 이길 수 있다.

감정을 지배한다는 건 그것을 부인하거나 느끼지 않는 게 아니라, 그것을 관찰하고 이해하는 것이다. 감정이 어떤 목적에 도움이 되겠는가? 다음은 살면서 자신의 감정을 이해하고, 관리하고, 지배하기 위해 시험해볼 수 있는 전략들이다.

1. **감정을 관찰하라.** 감정에 휘말리지 말고, 당신 안에 있는 다른 목소리나 사람처럼 판단하지 말고 지켜보라.

2. 감정이나 반응이 생기게 된 배경은 무엇인가? 그들이 어디서 왔는가? 당신 안에 무엇이 그렇게 반응하게 만드는가?

3. 왜 특정 감정이 계속 지속되는가? 그것을 가라앉히기 위해 무엇을 하고 있는가?

4. 감정을 통해 성장하기 위해 받아야 할 피드백은 무엇인가? 감정을 지배하는 법을 개선하려면 어떻게 해야 하나?

5. 지금 느끼는 감정이 당신에게 어떤 도움이 되나?

6. 자신을 격리시켜라. 진정될 때까지 감정이 삶을 방해할 수 없는 공간으로 가서 혼자 있어라.

7. 당신을 판단하지 않고, 신중한 사람을 친구로 둬라. 그에게 "내가 소리를 좀 질러도 될까?"라고 물어라. 그리고 마음껏 소리를 질러라. 일단 뭉친 감정을 입 밖으로 빼내면 기분이 훨씬 더 나아질지 모른다. 강한 감정을 계속 마음에 담고서 억누르고 있다가는 수동적공격성인격(공격성을 수동적으로 표현하는 인격 장애로서 뾰로통하고, 고집부리고, 일을 수동적으로 방해하는 것을 특징으로 한다.–옮긴이) 행동을 하거나, 소위 '멘붕'이 오거나, 심지어 심

각한 병을 앓을 수 있다.

8. 대화할 수 있고, 현명한 조언을 해주는 멘토를 찾아라.

9. 성급하거나 감정적인 결정을 내리지 말고 한 박자 쉬어라.

10. 문제가 반복된다면 관련 분야의 최고 전문가들이 여는 교육을 수강하라.

11. 가치에 맞는 지출과 투자를 하라. 맞지 않으면 하지 말라.

감정에 반응하기보다는 인내심을 갖고서 명확하게 모든 면을 볼 수 있는 능력을 적극적으로 키워라. 듣고, 배우고, 정중하게 피드백을 받고, 신중하게 판단하고, 일시적이지 않은, 결과에 가장 적합한 일관된 감정을 찾아라. 부는 행복을 의미한다는 걸 기억한 채 감정을 조절하면 돈을 관리할 수 있게 될 것이다. 그래서 더 많은 돈을 벌고, 불리고, 나누게 될 것이다.

자존감이 순자산을 높인다

경제 분위기는 당신의 감정 상태보다 중요하지 않다. 경제의 펀더멘탈은 '당신의' 경제만큼 중요하지 않다. 경제라는 단어의 원래 의미는 '가정이나 국가를 관리하는 기술'이다. 이는 당신 자신을 관리하는 기술과 관련되어 있을 수 있다. 당신의 자존감이 낮다면 영원히 순자산이 적을 것이다. 당신은 신중한가, 아니면 절박한가? 당신은 일시적으로 가난한가, 아니면 영원히 가난한 사람의 사고방식을 가질 것인가? 자기 자신을 믿지 않는다면, 다른 사람은 왜 당신을 믿어야 할까?

순자산은 순재산이다. 자존감이나 자부심은 충분하다는 내적 느낌이다. 가치에 대한 대부분의 느낌은 당신이 자신에게 털어놓은 '이야기'와 당신이 자기 자신을 얼마나 잘, 그리고 얼마나 많이 사랑하고 있는

지와 연결된다. 당신은 다른 사람들과 당신 자신으로부터 사랑을 받을 자격이 있다. 누구 못지않게 부와 재물을 누릴 자격도 있다. 그러면 안 될 이유가 무엇이란 말인가? 결국 가치가 있는 사람이고, 없는 사람인 지를 결정하는 주체는 누구인가? 당신이 빠진 채로 가치를 부여하는 전능한 고차원적 존재는 없다.

다른 사람들이 당신의 가치에 대해 뭐라고 떠들건 상관없다. 그들은 당신의 가치가 아니라 그들 자신의 가치에 따라 당신을 판단하고 있는 것이기 때문이다. 과거에 저지른 실수는 중요하지 않다. 우리 모두가 실수를 한다. 과거가 미래를 좌우하게 만들 필요도 없다. 당신은 전진할 수 있다. 당신이 자신의 순자산을 높이고 싶다면, 자부심을 높여야 한다. 당신의 자부심을 높이기 위한 몇 가지 전략을 소개한다.

용서하라

다른 사람들이 당신에게 한 잘못을 용서하라. 자신이 저질렀다고 생각하는 실수를 스스로 용서하고 털어버려라. 처음에는 내키지 않고 어렵더라도 그 과정에서 몇 가지 이점을 발견하면 계속 자연스럽게 용서하기 시작할 것이다.

감사하라

당신이 가진 모든 것에 감사하고 축복하라. 감사한 마음이 드는 모든 것들을 형식에 관계없이 정리해보라. 적어놓을지, 시각화해놓을지, 기도로 표현할지는 전부 당신 마음이다. 나는 성공 철학의 전문가 나폴레온 힐의 『생각하라! 그러면 부자가 되리라』를 읽은 후 11년 동안 매일 밤 자기 전에 감사하다고 느끼는 크고 작은 일들을 모두 적어보며 감사하는 연습을 했다. 감사할 때는 자신이 무가치하다는 느낌을 받을 수 없다. 마음속으로 감사하는 연습을 열심히 할수록 의심, 두려움, 낮은 자존감이 줄어든다.

부자가 될 거라고 기대하라

기대 이론expectation theory에 따르면 사람은 겉으로 보기에 '공정한' 것이나 '마땅히 받을 자격이 있는' 것이 아니라, 기대하는 것을 얻는다. 앞에 나왔던 피카소의 냅킨 그림 일화처럼, 당신은 스스로 부자가 될 자격이 있다고 느껴야 한다. 당신은 수수료와 비용과 임금을 청구할 때 평생 들인 모든 노력과 수고의 가치를 생각하는가? 살면서 해온 모든 일들이 당신의 가치에 반영돼야 한다. 그것이 막대한 부를 만들 것이다.

지식을 쌓고 경험을 늘려라

많은 사람이 지식과 경험을 쌓게 되면 자신감이 향상될 거라고 느낀다. 사실이지만, 당신은 결코 완벽하게 모든 준비를 할 수 없다. 나중에 완벽해져라. 물론 경험이 당신의 자부심과 자신감을 올려주겠지만 그러려면 시간이 많이 걸린다.

지금 당장 자신의 가치를 믿으면서 동시에 지식과 경험을 얻는 속도를 높일 수 있다. 다른 어떤 것보다도 자신에게 공을 들이는 데 매진하라. 사업의 달인이 되고 싶다면 참을성을 길러라. 물질적 부를 원한다면 심리적 부를 쌓아라. 성장을 원하는 분야에서 평생 배우려는 학생임을 선언하라. 최고의 전문가들을 찾아서 그들이 쓴 모든 책을 읽고, 그들의 팟캐스트를 구독하고, 그들의 강의를 듣고, 그들이 여는 세미나와 행사에 참석하고, 그들이 나오는 유튜브 동영상을 시청하고, 그들로부터 조언을 얻고, 그들을 어떻게 도와줄지 살펴보라. 배우면 배울수록 얻는 것도 많아진다.

목표를 세워라

부와 성공을 거머쥐고 싶은가? 고무적인 목표를 세워서 매진하라. 결과에 신경 쓰지 말고 과정을 즐겨라. 최대한 벌 수 있는 한계를 늘려라.

당신은 시급, 월급, 연봉, 기술(제품 또는 서비스 제공) 수수료 또는 소극적 소득을 통해 돈을 번다. 최대한 벌 수 있는 한계는 실제로 돈을 벌 수 있는 능력의 한계이자 당신이 믿고 있는 자신의 가치에 대한 한계이기도 하다. 그리고 그것은 당신이 더 나아가지 못하게 막는 한계다. 그런 한계는 당신의 자부심과 직접적으로 연결되어 있다. 마음속으로 한계를 정해놓으면 거기서 한계가 늘어나지 못하고 고정된다.

당신의 가치가 당신의 재산이다

자기 자신을 더 소중히 여길수록 세상은 당신의 가치를 더 인정해준다. 당신이 가치 있는 존재라고 느낀다면 당신은 부자다. 아직 경제적으로 부유하지 않다면 부를 현금으로 바꾸는 방법을 배우거나 그것과 연결시킬 줄 몰라서 그런 것일 뿐이다. 전 세계적으로 수백만 명의 록밴드, 예술가, 요리사, 초콜릿 판매자, 디자이너, 발명가, 애견 트레이너, 인형 제작자, 레고 제작자, 다트 플레이어, 말 조련사 등은 자신만의 가치를 현실적인 부로 만들었다. 그들이 할 수 있다면 당신도 할 수 있다.

부와 멀어지는 행동 요인을 제거하라

비난, 불평, 변호, 정당화는 부와 돈을 빼앗아가는 가장 심각한 네 가지 행동이다. 그들은 모든 현금 흐름과 사람들을 무조건 내쫓는다. 이런 행동은 당신을 승자가 아닌 피해자로 만든다. 부와 멀어지는 행동 요인을 제거하는 것은 부를 만드는 필수적인 조건이다.

◆ 비난 ◆

당신은 정부, 시스템, 은행, 정치인, 정책 입안자, 부모, 혈액 검사 결과, 언론, 고객, 구매자와 판매자, 부유하지만 사악한 사람들을 모두 비난할 수 있다. 그러나 그래봤자 하나도 바뀌는 게 없다. 그들 중 누구도 전혀 신경을 안 쓰기 때문이다. 당신은 더 나아지지 않고 더 치졸해진다.

우리 모두 스스로 자초한 비난의 피해자들이다. 더 이상 자책하지 말고, 모든 사람과 모든 것을 비난하는 걸 중단하고, 인생에서 일어나는 모든 통제 가능한 일에 전적이고 궁극적인 책임을 지는 데 매진하라. 통제할 수 있는 모든 일들을 내버려두고 통제할 수 없는 일들에 대해 비난하는 게 얼마나 시간과 에너지를 낭비하는 것인지 차츰 깨달을 것이다.

◆ 불평 ◆

좌절, 분노, 불공정, 죄책감에 더해 기타 부정적인 감정들의 배출구는 불평이다. 이것저것 욕하고 불평한다면 어떨까? 불평을 듣는 사람들 중 누구라도 '나는 정말로 불평을 듣는 걸 즐깁니다. 계속 불평해주시겠어요?'라고 생각할까?

팀 페리스는 팟캐스트에서 '30일 동안 불평하지 않기'에 도전해보라는 제안을 받았다. 당신도 이런 도전을 해볼 필요가 있다. 30일은 새로운 습관을 만들기에 충분한 시간이다. 마지막 날이 됐을 때 당신은 불평하는 나쁜 습관을 버렸을 수 있다. 이런 변화는 당신의 바깥세상과 당신이 당신 삶에 끌어들이는 사람들과 부에 중대한 변화를 일으키고, 당신의 내적 행복과 안녕에도 긍정적인 영향을 줄 것이다.

◆ 변호 ◆

자신의 입장과 결정을 변호하는 건 완전히 에너지 낭비. 당신이 뭐라고 말하든 사람들은 자신이 하던 생각을 계속한다. 당신은 그냥 타인들에게 공정하고 유익한 결정을 내리고, 사람들은 하고 싶은 대로 말하고 행동하게 내버려두는 수밖에 없다. 사람들의 비판을 듣고, 미소를 짓고, 감사하는 법을 연습하는 게 낫다. 더 이상 말하지 말고 묵묵히 앞으로 나아가라. 입장을 변호하고 싶어 하는 자신을 붙잡고 함구하라. 그러면 대신 돈을 벌고 변화를 만드는 데 시간을 사용할 수 있다.

◆ 정당화 ◆

결정과 행동을 정당화하다간 괜한 의심만 산다. 변호처럼 정당화는 시간과 에너지의 낭비다. 군이 사람들로부터 승인을 받을 필요는 없다.

그들은 심지어 당신이 가장 존경하고 신경 쓰는 사람들도 아니다. 자신이 진실하게 행동하고 있는지를 본능적으로 알고 있기만 하면 된다. 최대한 저항을 줄이려면 당신의 계획, 당신의 일을 사람들에게 말하지 않는 게 최선일 때도 가끔 있다.

---

⑤   **부자가 절대 하지 않는 행동**

- 가난한 사람이 하는 말 듣기
- 타블로이드판 신문 읽기
- 다른 사람들의 의견이나 말을 무조건 받아들이기
- 군중 심리에 휩싸이기
- 변명하기
- 자신의 본모습을 드러내는 걸 두려워하기
- 자신에게 아주 중요하지도 않은 싸움하기

사람들은 열등해서가 아니라 죄책감, 수치심, 두려움을 가지고 있기 때문에 비난하고, 불평하고, 변호하고, 정당화한다. 어쩌면 미지의 것, 조롱, 실패, 성공, 비판, 변화, 손실, 압박을 두려워해서 그런지도 모른다. 우리 모두가 느끼는 두려움을 다루는 유일한 방법은 다른 사람들

을 마구 몰아세우는 것이다. 당신도 이런 두려움을 느끼나? 그것을 극복하고, 사랑하는 사람들을 괴롭히지 않으려고 애쓰고 있는가? 당신은 최선을 다하고 있으니 계속 그렇게 하면서 성장을 멈추지 말라. 통제 가능한 모든 일에 대해 책임을 지고, 비난, 불평, 정당화, 혹은 변호하지 말고, 나머지 일들은 내버려두거나 받아들이면 된다.

Know More,

Make More,

Give More.

5장

새로운
부의 법칙

더 많이, 더 빨리,
더 똑똑하게
부를 만드는 공식

부자가 사는 집에 걸어 들어가서 봤을 때
제일 먼저 눈에 들어오는 것 중 하나는
그들이 더 성공하기 위해서 공부할 때 읽은 책들로 꾸며진
아주 넓은 서재다.

- 스티브 시볼드

부를 불러오는 공식은 따로 있다

돈에 대해 더 많이 알고, 더 많은 돈을 벌고, 돈을 더 많이 기부하기 위해서는 V(비전), V(가치), K(핵심 결과 영역), I(소득 창출 업무), K(핵심 성과 지표) 시스템이 필요하다. 나는 이것을 VVKIK라고 부른다.

공상에 빠져 사는 사람도 있고 현실을 외면하고 사는 사람도 있다. 또 어떤 사람은 비전이 분명하지만 세부 사항을 관리하지 않는 반면, 어떤 사람은 뭔가 하긴 하는데 뭘 하려고 하는지 모른다. VVKIK 시스템은 명확한 비전을 갖고, 가장 큰 변화를 이끌어낼 최우선순위에 초점을 맞추게 도와주며, 당신의 위치를 확인할 평가 데이터를 제공한다.

이 시스템에 대해서 전작 『레버리지』에서도 언급한 적이 있다. 이번 장에서는 특히 VVKIK가 부와 어떻게 관련이 있는지에 초점을 맞춰 설명하려고 한다. VVKIK에 대해 제대로 알고 삶에 적용해보고 싶으면 이 부분에 주목해야 한다.

◆ 비전 *Vision* ◆

비전은 삶의 목적에 대한 분명한 그림이다. 우리는 매일 비전에 따라 산다. 또한 비전은 인생 말미에 불멸의 유산으로 남기도 한다. 그것은 가치의 궁극적인 표현이자 인생의 갈림길, 힘든 선택, 후퇴, 산만함, 그리고 혼란에 빠진 일시적인 시기를 안내하는 인생의 로드맵이다. 비전은 삶의 목적이다.

엄청난 부는 비전으로부터뿐만 아니라 비전이 있음으로 해서 생긴다. 역사상 최고 부자들의 공통점인 불멸의 유산은 웅장하거나 세계적인 비전이 낳은 자연스러운 결과다. 유산과 비전은 서로와 당신을 엄청나고 지속 가능한 부를 향해 이끌어주는 위대한 파트너들이다. 당신보다 더 크고 의미 있는 무언가를 하려는 욕구는 비전을 단지 지역적이고 개인적인 것이 아니라 국가적이고 세계적인 것이 되게 만든다. 큰 비전은 다른 사람들의 도움을 받아 당신보다 오래 남을 유산을 만들도록 한다.

◆ 가치 *Value* ◆

가치는 인생의 모든 분야에서 가장 중요한 삶의 개념이고 지침이 되는 원칙이다. 그것은 인식하고, 생각하고, 결정하고, 행동하는 모든 것을 여과한다. 당신은 가치를 통해 세상을 경험한다. 가치는 당신에게만 있는 고유한 것이다. 이미 당신 안에 있으면서 '수정'이 필요 없는 이런 멋진 가치를 찾아내기 위해선 먼저 자기 자신한테서 허락을 받아라. 그리고 두 번째로 간단한 절차를 따르면 된다.

다음 훈련은 당신에게 깨달음을 주고, 이해력과 집중력을 길러줄 것이다. 또 자신을 더 소중히 여기고, 부를 파괴하는 자기 패배적인 감정과 착각을 멈추도록 도와줄 것이다. 직관적이고 자연스럽게 이해력을 증진시키고, 돈을 벌 수 있는 쪽으로 당신의 삶과 행동을 유도할 것이다. 이제 당신의 인생을 바꾸고, 돈을 불릴 준비를 하라. 이 훈련을 적절하고 완벽하게 하기 위해 시간을 내야 한다.

---

⑤ 이상적인 미래를 만드는 방법

1. 인생에서 가장 중요하다고 느끼는 것을 적어라. 건강, 가족, 부, 자유, 행복, 학습, 성공, 성장, 여행, 교육 등과 같이 수준 높은 추상적인 개념에 대해 생각해보라. 더 생각나는 단어가 없거나

단어들을 보고 동기 부여가 되지 않을 때까지 계속하라.

2. 적어놓은 단어들 목록을 신중하게 평가한 다음, 바꿔보고 싶은 순서대로 단어들을 다시 정렬하라. 이때 아래 질문들에 대한 답을 생각해보면 도움이 될 것이다.

- 대부분의 시간을 무슨 일을 하면서 보내나?
- 외부의 압력이 전혀 없다면 하루 종일 무엇을 하고 싶은가?
- 집, 사무실, 자동차 등의 공간을 무엇으로 채우나?
- 계속 생각하고 있는 것은 무엇인가?
- 당신은 어떤 사람으로 잘 알려져 있나?
- 인생의 어느 부분에서 결과가 이미 나타났고 아직 나타나지 않았나?

훈련을 끝낸 당신은 이제 스스로가 누군지를 보여주는 단어 목록을 갖게 됐다. 그것은 당신을 보여주는 거울이자, 인생의 안내자이자, 당신의 모든 행동을 지배한다.

잠자리에 들기 바로 전과 아침에 깨자마자 가치 목록을 읽어라. 목록을 세 번 읽고, 그에 대해 생각하는 데 2분이면 충분할 것이다. 불과 몇 주 안에 당신은 무의식적이고 직관적으로 가치를 속속들이 파악하고, 하는 행동과 남들에게 맡기는 일에서 그것을 반영하기 시작할 것이다.

눈에 보이는 것이 마음에 들지 않고 인생의 변화를 원한다면, 의식적으로 가치들을 재배열하기로 결심하라. 살면서 더 많은 돈과 부를 끌어들이기 위해 아주 신속히 할 수 있는 일은, 돈이나 부와 관련된 가치를 목록 상단으로 옮기는 것이다. 가치는 살면서 하는 모든 일에 영향을 주기 때문이다.

가치는 종종 '빈 공간'에서 생긴다. 우리가 살면서 미처 이루거나 얻지 못한 것들을 중요시하기 때문이다. 돈이 많다고 느끼는 사람들은 더 이상 돈을 중요하게 생각하지 않을 것이다. 그들은 빈 공간을 메웠다. 그래서 건강, 자유, 나눔 같은 것들이 자연스럽게 그것의 가치 순위를 빼앗을 것이다.

6개월에서 12개월마다 다시 가치를 적어보는 것이 가장 좋다. 그러면 이후 몇 달 동안 삶에 몰입하며 영감을 받을 수 있다. 다음 질문들에 대해서도 답을 찾아보라. 자신의 비전과 목적에 대해 몇 가지 생각을 적어보라. 앞에서도 말했듯, 지금 시작하고 나중에 완벽해져라. 지금 그냥 질문들에 답을 잠시 생각해보라.

- 당신은 궁극적으로 어떤 목적에 이바지하고 싶은가?
- 다른 사람들을 돕고, 당신보다 더 오래 남을 삶의 비전은 무엇

인가?

- 비전은 왜 당신에게 그렇게 중요한가?
- 당신이 바라는 3년, 5년, 10년, 25년, 50년 후는 어떤 모습인가?
- 당신은 어떤 사람으로 기억되고 싶은가?

일단 비전에 대해 생각해봤다면 그것을 당신의 가치와 연결시킬 수 있다. 가치가 어떻게 비전에 도움을 주며, 그것에 더 가까이 접근하는 데 유용한가? 가치와 비전을 확실히 조정하라. 부가 상위 10대 가치 안에도 들지 못하는데 부자가 되고 싶다고 말하는 건 어불성설이다. 그러니 지금 시간을 내서 적절한 곳에서 당신이 중시하는 가치에 맞춰 비전을 조정하라. 필요하면 가치들을 수정하고 순서를 재배열해도 좋다.

VVKIK는 당신이 적절한 순간에 해야 할 적절한 일을 직관적이고 자연스럽게 알게 됨으로써 매 순간 적절한 일을 할 수 있게 해주면서 인생에서 명확한 비전과 부와 돈을 얻는 보장된 방법을 VVKIK 순서대로 선사한다.

◆ 핵심 결과 영역 *KRAs* (Key Result Areas) ◆

핵심 결과 영역은 비전을 성취하기 위해 집중하는 최고의 가치 영역이다. 핵심 결과 영역은 부, 소득, 회사, 유산에 최대한의 변화를 이끌어내기 위해 가진 대부분의 시간을 투자할 수 있는 3~7개 영역을 말한다.

핵심 결과 영역은 관계 개발과 유지, 놀라운 네트워크 구축, 리더 훈련, 시스템 개발, 금융 조달, 사업 계획과 전략 수립, 이사회, 지속적인 자기 교육 등과 같은 종종 전략적이면서 잘 활용되는 일이자 기능이다.

매일, 매주, 매달, 그리고 6개월과 1년 단위로 당신이 가장 중요하고, 돈이 되는 일을 하고 있는지, 혹은 최고의 가치에 따라 비전을 성취하며 큰 변화를 일으키며 살고 있는지 알아보기 위해 핵심 결과 영역을 확인하면 파악이 가능하다.

핵심 결과 영역을 기준으로 해야 할 일 목록, 과제, 그리고 다른 사람들의 요구 사항을 점검하라. 핵심 결과 영역에 적합한 일은 하고, 적합하지 않다면 다른 사람에게 위임하거나 하지 말라. 무자비하게 굴어라. 핵심 결과 영역은 분명 가능한 최고의 소득을 얻을 수 있는 최단 기간의 경로를 알려준다. 또한 즉각적으로 압도감, 좌절, 가치가 낮은 일을 없애주고, 엔도르핀을 흐르게 해준다. 당신이 단 한 가지 적절한 행동을 취하고 있다는 사실을 본능적으로 깨닫게 되기 때문이다. 진척과 모멘텀은 당신의 기분을 나아지게 한다. 자존감과 더 많이 벌고 창조할 수 있는 능력은 커진다.

사람을 고용할 경우 그들 각자의 역할에 맞는 핵심 결과 영역을 만들어야 한다. 다음은 직원들이 일을 싫어하게 만들거나 직장을 떠나게 만드는 주요 불만들이다.

- 인정받고 있다는 느낌이 들지 않는다.
- (개인적으로나 회사를 위한) 명확한 목적이 없다.
- 영향력이 있다고 느껴지지 않는다.
- 상사는 내게 무관심하다.
- 일에 대한 기대치가 비현실적이다.
- 한꺼번에 너무 많은 프로젝트가 쏟아진다.

논란이 될 수는 있겠지만 위 불만들 중 적어도 네 가지는 핵심 결과 영역과 연관된다. 직원들과 팀원들은 명확한 걸 원한다. 그들은 회사의 명확한 목적과 관련이 있는 역할적 명확성을 필요로 한다. 그들은 맡은 일이 가치가 높고 변화를 만들어 낸다는 것을 알고, 충족시켜야 할 현실적인 기대에 맞춰 무엇을 해야 하는지 알아야 한다. 또한 무엇의 우선순위를 정해야 하는지도 알아야 한다. 자기 경력과 당신 회사를 위해 할 수 있는 최고의 가치 기능을 수행하는 직원은 자신이 변화를 만들고 있다는 느낌을 받게 되고, 따라서 가치를 인정받고 동기 부여를 받는 것처럼 느낄 것이다. 그리고 그들은 자기 자신과 회사 둘 다를 위해 그들이 시간 내 벌 수 있는 한 최대한도로 벌어들일 것이다.

팀원들 및 당신을 위한 핵심 결과 영역이 직무표의 맨 위에 적혀있어야 한다. 넘쳐나는 일상적 업무와 과제 대신 한 문단으로 명확히 역할을 쓰고, 그 바로 아래에 그 역할을 수행할 3~7가지 핵심 결과 영역을 열거해두어야 한다. 이는 역할을 수행하기 위한 필수 요건이며, 개인과 기업에게 최대의 혜택과 만족도를 제공하는 방법에 대한 명확한 지침이기도 하다.

◆ 소득 창출 업무 *IGTs* (Income Generating Tasks) ◆

소득 창출 업무는 당신에게 최고의 가치가 있으며 핵심 결과 영역에 부합하고, 유용한 업무다. 그런 업무는 가능한 최고의 재정적 가치를 지렛대로 삼아 시간당 수입을 최대한도로 늘려준다. 또한 가장 적절한 양의 시간을 쓰면서 소득과 직접적으로 관련된 최고의 효과를 내주며, 최고의 혜택과 최소의 낭비를 선사한다. 그리고 더 짧은 시간 안에 더 많은 일을 하고, 더 많이 벌게 해준다.

점점 더 늘어나는 할 일 목록 때문에 느끼는 압도감과 혼란과 좌절은 소득 창출 업무에 대한 집중력 결여, 모든 업무에 똑같은 비중을 두는 실수, 혹은 소득 창출 업무의 우선순위 결핍 등의 이유로 생긴다. 모든 업무의 중요도는 다르다. 최단 기간 내에 최대한의 수입을 올리기 위해서도 우선순위가 높은 소득 창출 업무에 집중해야 한다. 남는 시간 동안 추가적 소득 창출 업무를 하거나 자신이 좋아하는 일을 더 많이 하는 데 써라.

당신은 현재 소득 창출 업무 중 어떤 것이 돈을 버는 데 가장 효과적인지 알게 된다. 또한 거의 순식간에 돈을 16배로 불리는 데 유용한 간단한 알고리즘도 배우게 된다. 높은 우선순위로 채워지지 않은 모든 시간이 낮은 우선순위와 당신을 지렛대로 이용해서 돈을 버는 다른 사람들의 우선순위로 자동적으로 채워질 것이다.

◆ 핵심 성과 지표 *KPIs* (Key Performance Indicators) ◆

핵심 성과 지표는 사업, 기업, 그리고 개인 목표에 중요하고 유의미한 지표이다. 또 현재 사업에서 일어나거나 실패하고 있는 일을 최대한 실시간으로 알려주는 중요한 데이터 세트다.

핵심 성과 지표는 핵심 결과 영역 설정에 필요하다. 핵심 결과 영역과 소득 창출 업무가 적절한 결과와 소득을 주는지 아닌지에 대한 피드백을 제공해주기 때문이다. 핵심 성과 지표를 통해서 피드백을 얻을 때 핵심 결과 영역과 소득 창출 업무를 검증, 조정, 혹은 수정할 수 있다. 누구나 자기가 뭘 모르고 있는지 모르는 법이므로 핵심 성과 지표가 없을 경우 잘못된 일을 하고, 손해를 보고, 열심히 일을 하는 데도 아무런 성과를 내지 못하기 십상이다.

개인적으로나 회사를 위해서 특히 소득과 관련된 핵심 성과 지표 정리를 시작하라. 특히 영업, 마케팅 및 재무 보고 기준에 맞춰 점검하겠다는 목표처럼 머릿속에 떠오르는 것부터 시작하면 된다. 이를 통해 시스템을 구축하고, 운영 효율성을 높이고, 더 적은 시간 안에 더 많이 벌어라.

---

⑤ **핵심 성과 지표의 발전**

1. 데이터와 사업 성장에 관한 책을 읽어라.
2. 대형 기업주들이 주로 무엇을 평가하는지 물어보라.
3. 사업 문제를 해결하라. 즉, 문제의 해결 방법을 찾아라.
4. 기존 핵심 성과 지표를 분석하라.
5. 팀원과 고객들을 대상으로 설문 조사를 실시하라.

이제 당신은 계속해서 목표를 향해 매진하고, 더 '몰입'하며, 자신만의 특별한 최고의 가치에서 '벗어나서' 미시적 평가기준에 집중하게 되는 문제를 줄일 수 있는 주기적 피드백 고리를 갖게 됐다. 또한 덜 일하고 더 많이 벌 수 있는 시스템도 갖게 됐다. 그리고 자신에게 가장 중요하고, 대부분의 사람들에게도 도움이 되며, 자신만의 독특한 유산과 부를 드러내주는 일들을 할 수 있게 분명한 비전과 방향을 알려주는 시스템과 위계질서를 만들어냈다. 당신은 단조로운 생활에서 벗어나서 약간의 조용한 시간을 갖기 위해 자신에게 시간을 투자할 자격이 있다.

모든 부자들이 따르는 공식

돈을 지배하는 법칙들이 있다. 부자들은 그들을 이해하고 활용하지만 가난한 사람들은 그들의 희생양이 된다. 돈은 그것을 소중하지 않게 생각하는 사람들로부터 가장 소중하게 생각하는 사람들로 이동하기 때문에 부는 언제나 지배 법칙들을 알고 있는 사람들에게로 이동할 것이다. 부의 공식은 경기 주기의 모든 부분에서 일관된 효과를 발휘했다. 그리고 이는 지난 600~700년 동안 모든 부자들이 따랐던 공식이다. 부자 공식은 사실 꽤 간단하다. 당신 역시 이 부자 공식을 마음껏 활용할 수 있다.

부Wealth = (가치 + 공정한 교환) × 레버리지

◆ 가치 *Value* ◆

가치는 다른 사람들에게 제공하는 서비스다. 당신이 사람들을 돕고, 그들의 문제를 해결해주고, 그들에게 관심과 성의를 보인다면, 그들은 가치와 혜택을 받고 있다고 생각하고 당신을 다른 사람들에게도 추천할 것이다. 사람들은 자신들의 문제가 해결되고, 고통이 완화되고, 일이 더 빠르고, 쉽고, 더 좋게 풀리기를 바란다. 시간이 부족한 자원이자 가장 가치 있는 상품인 이상 그것을 활용하거나 절약해주는 어떤 것도 현금으로 전환 가능한 가치를 갖게 된다.

◆ 공정한 교환 *Fair Exchange* ◆

돈과 부를 얻으려면 교환이나 거래가 이루어져야 한다. 당신은 누군가가 돈을 지불할 만큼 충분한 가치가 있다고 생각하는 제품, 서비스 또는 아이디어를 제공해야 하고, 개방적이고 공정한 보상을 받을 수 있다는 자부심을 충분히 가져야 한다. 감사하게도 재정적으로 공정한 보상을 받았다면 당신은 공정한 거래를 한 것이고, 재거래로 이어지고, 이 거래는 다른 추천을 받을 것이다.

또 다른 한편으로는 당신이 주는 가치에 비해 높은 가격을 매긴다면 당신은 불공정하고, 탐욕스럽고, 심지어는 사람들을 속이는 존재로 인식될 것이다. 높게 가격을 매겨 일시적으로 매출을 늘릴 수 있을지 모르지만 일단 가치가 부족하다는 사실이 인식되는 순간 상황이 뒤집히게 된다. 결국 균형이 다시 맞춰질 것이기 때문이다.

◆ 레버리지 *Leverage* ◆

레버리지는 서비스와 보수의 규모와 속도 및 그들이 가진 영향력을 말한다. 당신은 더 많은 사람들을 도와주고 그들의 문제를 풀어줄수록 더 많은 돈을 벌 수 있다. 중요한 문제일수록 비용이 커진다. 제공하는 제품이나 서비스의 가치가 클수록 그들의 확산 속도도 빨라진다.

가치를 제공하고, 공정한 거래를 해야 장기적으로 부의 레버리지를 늘릴 수 있다. 추천은 '(가치 + 공정한 거래) × 레버리지'가 효과적으로 작동하고 있다는 걸 보여주는 신호다. 당신의 제품이나 서비스를 추천하는 사람들은 동영상, TV, 어떤 매체라도 피드백에 이용할 수 있다. 새로운 기술 혁신의 시대에 당신의 '가치 + 공정한 교환'은 매우 빠른 레버리지 효과를 낼 수 있다. 당신의 사업과 서비스는 과거 어느 때보다 빠르게 성장할 수 있다. 그래서 내가 이제 지금이 거대하고 지속적인 부를 창출할 역사상 최적의 시기라고 믿는 것이다. 당신은 유튜브 조회

수 1천만 건을 달성할 수 있고, 다양한 소셜 미디어 플랫폼을 통해 제품이나 서비스에 대한 소문이 바이러스처럼 확산되게 만들 수도 있다. 또 페이스북이나 트위터에서 수백만 번 '좋아요'를 얻으며 공유되며, 국내외 TV의 취재 대상이 될 수 있다. 이런 '일대다one to many'의 관계는 상당한 레버리지 효과를 낼 수 있다.

MONEY

돈과 시간이 부족한 사람들

시간이 돈이라는 말이 있다. 돈과 시간은 서로를 지키고 서로에게 도움을 준다. 대부분의 사람들은 근근이 먹고살 약간의 돈이라도 벌기 위해서 쉬지 않고 일한다. 하지만 죽을 때가 되면 돈도 시간도 남지 않는다. 이 문제의 해결책이 있다. 시간과 돈의 관계를 이해하면 된다.

◆ 열심히 일하면 성공한다는 환상 ◆

정말로 열심히 일하면 성공할 수 있다는 말을 들어봤을 것이다. 누구보다도 열심히 오랫동안 일하면 최고가 될 수 있으니 희생을 감수하더라도 절대 포기하지 말라고 한다. 아파도 참고, 약한 척하지 말고, 용기를 내라고 한다. 과연 그럴까? 운동은 그렇게 열심히 하면 잘할 수 있게 될지 모르지만, 일에 투자할 때는 그렇게 열심히만 해서는 안 된다. 열심히 일하는 사람들은 "연습하면 완벽해진다"고 말하지만, 똑똑한 사람들은 "완벽한 연습을 해야 완벽해진다"라고 말한다.

무엇보다 적절한 시간 투자 경로를 선택해야 한다. 가시적 결과와 부를 가져다주기 힘든 일을 오랫동안 열심히만 하면서 엄청난 희생을 한다는 건 완전히 미친 짓이다. 3년에서 5년마다 승진할 걸로 기대하며 일주일에 60시간씩 일하지만 임금 상승률은 물가 상승률에도 미치지 못하고, 좋아하는 일을 뒤로 미뤄야 하고, 임금이 두 배 오르는 데 몇십 년이 걸릴 게 분명하다면 열심히 오랫동안 일하는 건 시간 낭비다. 일 외에 모든 다른 추가로 투자한 시간을 감안해봤을 때 다음 임금 인상 때 시간당 버는 돈은 실제로 낮아질 수도 있다.

깨어 있는 시간의 절반을 주기적 변화에 휘둘릴 기술을 배우는 데 투자하거나, 노후 생활을 국가의 도움을 받아야 한다면 열심히 오랫동안 일해봤자 반생산적이다. 또한 다른 누군가를 부유하게 만들어주는 일에 시간을 쓴다면 그 역시 반생산적이다.

대부분의 사람들은 더 열심히 오랫동안 일하면 더 부유해지고 성공할 거라고 생각한다. 또 그렇다고 가르친다. 잘못된 생각이다. 부를 쌓는 단계들이 있고, 처음 단계에서 열심히 오랫동안 일하면 나아갈 추진력을 얻게 되겠지만, 전략, 비전, 리더십, 더 큰 문제 해결 단계로 접어들 경우 거의 반대되는 결과가 나온다. 즉, 더 밀어붙일수록 결과가 더 나빠질 수 있다. 또 열심히 힘들게 일해도 생산성은 오히려 떨어지는 결과를 얻기도 한다.

◆ 더 많이 일하면 성공한다는 착각 ◆

초과 근무는 또 다른 오해의 소지가 있는 개념이다. 열심히 일하고, 초과 근무를 하는 게 맞다는 사고방식을 가진 일반 직원은 기업주에게 만 좋은 일을 해주는 것이다. 직원은 어차피 모기지 대출 같은 온갖 비용의 덫에서 헤어나지 못할 것이다. 현실적으로 '안전한 은퇴'도 착각에 불과하다. 국가는 언제라도 사전 경고 없이 퇴직 연금 액수를 바꿔놓을 수 있다. 단 하나의 규제를 변화시켜서 그가 하는 일을 불필요하게 만들 수 있다.

누군가의 직원이 된다는 게 반드시 나쁜 일만은 아니고, 당신의 적성에 맞을 수도 있다. 당신이 일반 직원이 아니라 기업가 정신을 가진 기업 내의 사내 기업가일 수도 있다. 시간뿐만 아니라 시간과 돈의 관계를 이해하고, 활용하는 것은 당신의 수익력을 극대화하기 위해 필수적이라는 사실은 꼭 말해두고 싶다.

◆ 다른 사람의 시간으로 돈을 버는 사람들 ◆

　물론 돈만 있다고 부자는 아니다. 행복해야 부자다. 행복하려면 자유로운 시간과 풍부한 현금 흐름 사이의 균형을 맞춰야 한다. 자기 시간을 투자해서 돈을 벌지, 아니면 다른 사람들의 시간을 활용해서 돈을 벌지, 선택은 당신의 몫이다. 또한 당신은 최대한 많이 벌려고 하거나 아니면 단지 좋아하는 일들을 더 많이 하는 시간을 더 많이 갖고 싶을 수도 있다. 분명한 건 제대로 선택을 해놓는 게 분명 더 좋다는 것이다. 선택은 당신이 인생의 어떤 단계에 있는지에 따라 달라질지 모른다. 사람들은 인생에선 돈과 관련해서 세 단계가 존재한다고 말한다. 돈에 대해 배우는 단계, 돈을 버는 단계, 그리고 돈을 갈망하는 단계이다. 우리는 이것을 돈에 대해 배우는 단계, 돈을 버는 단계, 그리고 돈을 불려서 잘 쓰는 단계로 나눌 수 있다.

◆ 시간 관리 모델 ◆

　다음은 당신의 시간을 보존하고 자유롭게 만들면서 부를 빠르게 늘리는 데 필수적인 시간 관리 모델을 설명하겠다. 모델을 설명하기 전에 일단 네 가지 종류의 시간에 대해 먼저 살펴보자.

낭비된 시간

경상소득이 있을 경우에만 시간 낭비를 감당할 수 있다. 일하느라 시간을 썼는데 경상소득은 없다면 당신은 시간과 삶을 헛되이 쓰는 것이며, 돈도 벌지 못하게 된다.

소비된 시간

소비된 시간은 경제적인 측면이나 정서적인 측면에서 지속적인 혜택을 주지 않는 시간을 의미한다. 시급으로 일하기, 영양가 없는 일을 하거나 타인에게 이용당하는 게 소비된 시간이다.

투자된 시간

투자된 시간은 업무가 완료된 이후에도 오랫동안 수입을 올리거나 레버리지 효과를 제공하는 시간이다. 이 시간은 장시간 혹은 평생 동안 유지될 수 있는 지속적이고 반복적인 혜택을 제공한다.

레버리지된 시간

레버리지된 시간은 투자된 시간을 잘 활용하는 시간이다. 사업이나 자산을 쌓는 일을 100퍼센트 외주를 주더라도 거기서 지속적으로 나오는 수익의 일정 부분을 소득으로 만든다.

소극적 소득은 배당금, 그림, 저작권 사용료처럼 투자된 시간과 레버리지된 시간에서 나온다. 임금은 소비된 시간에서 나온다. 돈을 투자할 비전이 있는 한 시간을 돈으로 바꿔도 문제 될 게 없다. **돈을 벌기 위해 열심히 일하거나, 돈이 당신을 위해 열심히 일하게 만들 수 있다.** 시간을 잘 관리하려면 그것을 평가하고 주시해야 한다. 엄격하고, 무자비하고, 원칙적으로 시간 투자 방법을 결정하라. 시간을 주도적으로 쓰고, 잘 관리하고, 레버리지 효과를 높여라. 당신이 얼마나 많이 버느냐가 아니라 세상이 당신을 위해 얼마나 많은 일을 해주느냐가 중요하다. "이 일이 내가 투자한 시간 대비 최고의 수익을 올려줄까?" 이런 질문은 개인 시간을 최소한 투자하여 최대한 많은 돈을 벌게 해준다. 또한 당신이 좋아하는 일들을 더 많이 할 수 있게 지속적인 소득을 창출하게도 해준다.

소득 창출 가치 모델

레버리지 효과를 제대로 내고 있는지, 즉 하고 있는 일이 자신에게 최고의 경제적 가치를 주는지를 확인하고 싶다면 당신이 시간당 얼마나 가치가 있는 일을 하고 있는지를 알아보면 된다.

먼저 소득 창출 가치 IGV(Income Generating Value)를 계산하라. 당신의 소득 창출 가치는 근로 시간당 당신의 가치를 말한다. 당신의 시간당 가치가 얼마나 되는지를 정확히 알면 어떤 일을 직접 하면 좋고, 어떤 일을 외주를 주면 좋을지를 정확하게 계산할 수 있다.

소득 창출 가치를 계산하려면 당신이 매주 일하는 총시간을 합산하라. 여기에는 시간제나 정규직으로 하는 모든 일, 자산을 불리고 돈을 버는 데 쓴 시간이 모두 포함된다. 당신이 일주일에 55시간 일했다고 가정해보자.

이제 일주일 안에 돈을 얼마나 버는지 계산하거나 대충 짐작해보라. 급여, 배당금, 이자, 그리고 혹시 있으면 부동산 소득까지 모든 소득을 포함시켜라. 선물이나 대출을 제외한 모든 소득을 더해라. 만약 일주일에 150만 원을 벌었다고 치자. 주 단위가 아니라 월 단위로 소득이 발생한다면 월 소득을 4.3으로 나누어서 주당 소득을 계산하라. 그다음에 소득 총액을 총 노동 시간으로 나눠라. 그러면 당신의 소득 창출 가치, 즉 시간당 당신이 평균적으로 일해서 얼마를 버는지가 나온다.

소득 창출 가치 = 1,500,000원 / 55시간 = 시간당 약 27,000원

(소득 창출 가치 = 주당 총소득 / 주당 일한 시간)

계산 결과가 무엇을 말해주는가? 시간당 2만 7천 원 이상을 벌 수 있는 일은 소득 창출 가치가 줄어들지 않는 이상 직접 해도 좋다. 하지만 그 이하로 다른 사람에게 맡길 수 있는 일은 맡기면 된다. 그렇게 하지 않으면 당신의 소득 창출 가치가 감소한다. 가치가 낮은 일을 하지

않아도 되는 시간을 가치가 높은 일을 하는 데 쓰면 더 많은 돈을 벌 수 있고, 당신의 소득 창출 가치도 올라가는 효과를 거둔다.

사람들이 장시간 일하거나 초과 근무를 해도 부자가 되지 못하는 이유가 바로 이것이다. 부자들은 가치가 낮은 일을 레버리지 하고, 돈을 주고 위탁을 주기 때문에 더 부자가 된다. 당신도 효과적으로 이렇게 하기 위해서는 이 '모델'을 믿고 훈련해야 한다. 소득 창출 가치보다 더 많은 소득을 올려주거나 올려줄 수 있을 거라고 느끼는 어떤 일이 생기면 직접 하라. 그렇게 하는 게 이익이기 때문이다. 계속 그 일을 하다 보면 당신의 소득 창출 가치는 '쑥쑥' 올라갈 것이다.

하지만 이보다 더 중요한 건, 당신의 소득 창출 가치보다 낮은 소득을 올려주거나 올려줄지 모른다고 느끼는 모든 일은 레버리지 하거나 외부에 위탁을 주는 것이다. 그렇게 하지 않으면 당신은 점점 더 가난해지면서 버는 돈보다 사실상 나가는 돈이 더 많을 것이다. 이 시스템을 고수하라. 그러면 당신의 인생과 재정 상황은 영원히 바뀔 것이다.

레버리지-관리-실행 모델

레버리지-관리-실행 모델은 돈과 관련된 시간을 최대로 늘리고, 최소한의 시간 안에 최대한 많은 일을 해서 최대한 많은 돈을 벌기 위해 일을 관리하기 위한 시스템이다.

먼저 레버리지 하라, 다음으로 관리하라, 마지막으로 행하라! 다음에 어떤 일들을 시작할 때는 레버리지 또는 외부에 위탁을 맡길 수 있는 일부터 시작하라. 당신이 하려고 했던 첫 번째 일을 누구에게 맡길 수 있을까? 그리고 두 번째와 세 번째 일은 어떤가? 하루 중 끝마쳐야 할 7가지 정도의 일 중에서 4가지만 맡기고, 3가지만 직접 한다면 당신은 절반도 안 되는 개인 시간을 투자해서 두 배 이상의 결과를 얻게 될 것이다.

'맡긴' 어떤 일도 끝날 때까지 관리가 필요하다. 레버리지 한 일들을 철저히 확인하고, 끝날 때까지 관리하거나 지도해야 한다. 이 두 단계를 모두 끝내고 나서야 직접 일을 '처리'하는 고민을 시작해야 한다. 직접 '할' 일을 '외주'를 통해 아낀 몇 시간은 상당히 큰 혜택을 선사한다. 당신은 3가지 일은 외주를 주고, 2가지 일은 '관리'만 하고, 나머지 2가지 일만 사실상 직접 처리하면 될지 모른다.

부자에게는 롤모델이 있다

부자들로부터 배우는 것보다 부를 쌓고 늘리는 더 좋은 방법은 없다. 어떤 사람들은 실수로부터 배우는 게 가장 좋다고 말한다. 나는 타인의 실수를 통해 대리 학습을 하는 게 가장 좋은 학습 방법이라고 말하고 싶다. 그들이 충돌 시험 인체 모형이 되게 하고, 그들의 실수를 반면교사로 삼으면 된다. 가장 빠르게 부자가 되는 실질적인 전략은 위대한 부자들의 특성들을 모델로 삼고 소유하는 것이다.

1874년과 1917년 사이에 총 27권의 책을 쓴 미국의 역사학자 허버트 하위 밴크로프트는 1896년에 『부에 대한 책』이란 제목의 10권짜리 전집을 냈다. 전집의 공통된 주제와 근 1900년도까지의 모든 역사를 통틀어 부자들 사이의 공통점을 요약해본다면 그들 중 다수는 인플레이션을 감안해봤을 때 오늘날 일부 억만장자들보다 많은 엄청난 부를 쌓았다. 그들은 또 대규모로 봉사했고, 물질직 풍요로움을 만끽했으며, 부와 돈에 대한 지혜가 있었다. 이 세 가지가 지난 600~700년 동안 최고 부자들의 세 가지 공통점이다. 『부에 대한 책』이 쓰인 이후 지난 120년 동안 최고 부자들 역시 이 세 가지 공통점을 갖고 있는 것 같다. 역사상 최고 부자들은 다음에 설명하는 믿음들을 공유하고 있다.

1. 수많은 사람들에게 봉사할 운명을 타고났다

최고의 부자들은 모두 계속해서 성장하고, 다가가고, 더 많은 사람들에게 봉사하고 싶다는 깊은 깨달음을 경험했다.

엄청난 부자들은 전 세계적 차원에서 부를 축적하면서 겪는 도전들을 견뎌낼 것이다. **비전은 다른 사람들의 저항보다 크다.** 그들은 세계에서 가장 중대한 문제들을 해결할 것이다. 그들의 임무를 이행하지 않는 게 불가능해 보인다. 그것이 그들의 운명처럼 보이며, 그들은 서비스, 규모, 문제 해결을 서로 연결한다.

인플레이션을 감안했을 때, 역사상 최고 부자 중 두 사람이 존 록펠러와 앤드류 카네기였다. 록펠러는 전 세계적으로 연결되어 있는 미국 석유 생산의 90퍼센트를 통제했다. 이것은 엄청난 규모였고, 미국 경제에도 큰 도움이 됐다. 카네기는 아마도 역사상 가장 부유한 미국인이지 않을까? 그는 1901년 약 4천8백억 원을 받고 JP모건에 US 스틸을 매각했는데, 당시 미국 전체 GDP의 2.1퍼센트를 넘는 액수였다. 카네기는 철강 생산에 혁신을 일으켰고, 미국 미식축구 경기장 80개를 합친 것보다 더 큰 거대한 철강 공장들을 세웠고, 20만 명의 직원을 고용했다. 1900년도가 되자 그 공장들은 매년 1천1백만 톤의 강철을 생산하고 있었다.

당신은 가지고 있을지 모르는 어떤 규모의 두려움보다도 비전을 더 크게 만듦으로써 부를 늘릴 수 있다. 이 거물들은 새로운 길을 열었고, 수천 명의 직원들을 고용했고, 수백만 명의 사람들을 도와줬으며, 세계적인 규모의 어려움을 극복했고, 계속해서 나아가고 성장했다. 그들은 각자의 방식으로 이기심과 균형을 이룬 채 인류에 대한 큰 관심과 격정을 보여줬다.

2. 고상하고, 위풍당당하고, 풍요롭게 살도록 운명 지워졌다

슈퍼리치들은 거의 모든 경우에 풍요로움을 즐긴다. 풍요로움은 자기애와 이타주의 사이에서 균형을 이루었을 때 가장 지속 가능하며, 자신과 다른 사람들 모두에게 도움을 준다. 고상하고 위풍당당한 생활 수준을 유지하면 인생에서 더 멋진 일들을 즐길 수 있다. 또한 그런 수준은 경제를 활성화시키는 수단이기도 하다. 당신에게 비서나 경호원이나 수행원이 있다면 당신이 어디를 가든 돈이 도는 속도는 빨라지고, 방문하거나 거주하는 모든 곳에 가치와 돈을 덧붙이게 된다. 당신은 풍요로움을 통해 생활 수준을 높이면서 더 많은 사람들에게 도움을 준다.

3. 돈의 본질을 인식한다

자동차의 작동 원리를 모르면 자동차 엔진을 수리할 수 없듯이 돈의 본질을 모르면 부의 규모를 엄청나게 늘릴 수 없다. 돈은 불확실한 미래에 대처하고 공정한 교환을 가능하게 해준다. 돈은 신뢰를 바탕으로 하는 신용이자 빚이다. 돈은 물질로 전환된 정신이기도 하다. 역사상 최고 부자들은 돈에 대한 감정적인 의미와 믿음을 초월했으며, 돈이 실제로 어떻게 작용하는지에 관한 지혜를 얻었다. 이것을 알고 있으면 당신은 죄책감이나 판단 대상이 된다는 두려움 없이도 풍요로움을 즐기도록 자신에게 허락할 수 있다. 그러면 아주 자유로워진다.

백만장자와 억만장자들이 가진 다른 공통점

백만장자, 억만장자, 재계 지도자, 혁신가와 선지자들은 국가, 성, 연령, 활동하는 시장, 추구하는 가치가 모두 다르고 다양한 각양각색의 사람들이다. 인구학적으로 전형적인 억만장자는 없다. 다만 그들은 당신의 잠재적인 부를 수백만 달러로 전환시켜 줄 수 있는 일관되고 지속적인 자질을 가지고 있다.

부자들은 거대한 시장 점유율을 가지고 있는 곳에서 정당한 독점을 통해 거대한 서비스 기반의 기업을 구축하려고 부단히 애쓴다. 어떤 기업이나 기업가가 권력을 남용할 경우에 대비해 사회는 고객 대량 이탈, 법규와 규정, 비방 운동 전개, 빌 게이츠가 겪은 것 같은 자선 활동 강요, 그리고 극단적인 경우 구속과 암살 같은 형태의 자체적인 통제 방식을 갖고 있다. 이것이 당신의 확장을 가로막지 못하게 만들되 이기심이 인도주의적인 관심사와 균형을 이루어야 한다.

지금까지 내가 만나거나 연구해본 적이 있는 부자들 중에서 그들 수준을 넘어선 다른 성공한 사람들과 많은 시간을 같이 보내지 않은 사람이 한 명도 없었다. 네트워크는 당신의 순자산이다. 다른 부자를 찾고, 그들을 만나고, 그들과 함께 시간을 보내는 데 한평생 매진하라. 당신은 당신이 자주 어울리는 사람들만큼만 성공한 것이니, 당신의 제국을 구축하듯이 네트워크를 구축하라. 동료, 전문가, 멘토를 찾아라. 다른 사람들의 실수로부터 배워라. 엄선한 최고 중 최고의 인재들과 어울려라. 성공한 사람들은 성공한 사람들을 알아보고, 돈이 있는 사람들은 돈이 있는 다른 사람들을 끌어당긴다.

◆ 현실적 낙관주의자 ◆

분명 가장 긍정적인 억만장자 중 한 사람인 리처드 브랜슨은 "당신의 본능을 믿어라. 하지만 불리한 상황에서 자신을 지켜라"라고 조언했다. 진취적으로 행동하더라도 위험에 대비하라는 의미다. 당신이 비관론자가 아니더라도 잘못될 수 있는 일이 일어나지 않을 거란 착각에 빠지거나 그 가능성을 외면해서는 안 된다. 거물들은 전반적으로 변화에 힘을 실어주고, 변화를 만드는 능력 중 하나인 긍정적인 시각을 가지고 있는 것 같지만, 필요할 때는 회의적인 태도를 취하는 능력도 역시 갖고 있다. 사람들에게 의지하되, 그들이 당신을 괴롭히게 해서는 안 된다. 공정하지만 단호하게 협상하라. 신뢰하되, 정말인지 확인하라. 신속하게 이런 극단적 행동을 하다 말다 할 수 있는 능력은 당신의 수익력을 높여줄 것이다. 아마도 당신은 자신을 '현실적 낙관론자'라고 부를 수 있을지 모른다.

◆ 반복적이고 효율적인 학습 ◆

1천2백 명이 넘는 백만장자를 연구한 스티브 시볼드는 "부자가 사는 집에 걸어 들어가서 봤을 때 제일 먼저 눈에 들어오는 것 중 하나는 그들이 더 성공하기 위해서 공부할 때 읽은 책들로 꾸며진 아주 넓은 서재다"라고 말했다. 그는 이어 "그런데 중산층은 소설, 타블로이드, 엔터테인먼트 잡지를 주로 읽는다"라고 덧붙였다.

비즈니스 인사이더에 따르면 워런 버핏은 일하는 시간의 80퍼센트를 독서에 매진하고 있다. 경제 분석가인 탐 콜리는 "백만장자들 중 85퍼센트는 매달 두 권 이상의 책을 읽는다"라고 주장했다. 그들이 읽는 책들 대부분은 진로, 실용, 역사, 성공한 사람들의 전기, 자기 계발, 건강, 기억력 향상과 학습, 심리학, 리더십, 과학, 새로운 시대, 영감 그리고 긍정적인 정신적 견해를 주제로 다루고 있다.

부자들을 연구한 사람들이 수행한 연구를 통해서 부자들은 책과 기사를 읽으면서 스스로 학습하고 있다는 사실이 분명히 드러났다. 그들은 다른 부자들로부터 배우고, 사업과 부와 돈을 포함해서 위에 열거된 주제들을 다루는 여러 가지 행사와 과정에 참가한다. 한 달에 두 권의 양서를 읽기는 어렵지 않다. 어떻게 생각하느냐에 따라서 당신의 삶이 달라진다. 또한 생각이 현실이 될 수 있기 때문에 부에 대해 읽고 스스로 공부하는 과정 속에서 당신은 머릿속에 갖고 있던 생각을 물질적 부로 전환시킬 방법을 찾게 된다.

◆ 다양한 소득 흐름 구축 ◆

탐 콜리에 따르면 65퍼센트의 백만장자들은 처음으로 100만 달러를 벌기 전에 적어도 세 가지 소득 흐름을 만들어서 가지고 있었다. 나는 지금까지 다양한 소득 흐름 없이 지속적인 부를 쌓은 사람을 만나본 적이 없다. 많은 사람들이 처음에는 한 가지 모델을 통해 돈을 모았지만, 나중에는 부동산, 주식, 다른 사업, 기술, 지적 재산권 및 기타 자산군 투자 등으로 소득원을 다변화했다. 아무리 깊고 방대하더라도 하나의 흐름에서 나오는 소득은 혼란과 시장 변화 위험에 노출된다. 자본과 소득, 주기적 및 반주기적 흐름, 그리고 고위험 고수익 및 꾸준하면서 안전한 소득 흐름 사이 등의 균형을 맞추는 것이 현명하다.

◆ 건강과 좋은 에너지의 유지 ◆

워런 버핏은 어떻게 그렇게 성공하고 많은 재산을 모을 수 있었느냐는 질문을 받자 이렇게 대답했다. "세 가지 요인 덕분이다. 미국에 살면서 아주 좋은 기회를 많이 얻었고, 좋은 유전자로 인해 장수했고, 복리이자의 효과를 누렸기 때문이다."

그의 이 말은 처음 보기보다 훨씬 더 통찰력이 있다. 1930년도 생인 워런 버핏은 50세 생일 이후로 재산의 99퍼센트를 만들었다. 그의 긴 일생은 그가 막대한 부를 축적하고 불리는 데 도움을 주었다. 그는 장수함으로써 장기간 돈을 모을 수 있었다. 뿐만 아니라, 그는 활력 있고, 건강하고, 좋은 에너지를 유지했다. 질병이나 피로는 나쁜 투자 결정만큼이나 당신의 재산 형성 속도를 더디게 만들 것이다. 탐 콜리가 연구한 백만장자들 중 66퍼센트는 매일 30분 이상 운동한다. 그들 중 다수는 장시간 걷는 걸로 유명하다. 운동이 에너지, 지적 능력, 수명 향상에 도움을 준다는 사실이 입증되어 왔다. 자수성가한 백만장자들 중 50퍼센트는 근무시간이 시작하기 최소 3시간 전에 기상한다. 그들처럼 당신도 일찍 일어나서 팟캐스트와 오디오북을 들으면서 운동하고, 시간을 세 배는 알뜰히 활용하라.

◆ 최적 수면 시간과 양 ◆

얼마나 일찍 일어나야 하고, 얼마나 많은 잠을 자야 하는지에 대한 충고들은 때때로 서로 상충된다. 부자들이 일찍 일어난다는 공통점이 있기 때문에 그렇게 해보는 게 어떨지 고려해보는 것도 좋다. 나는 내 팟캐스트에 출연한 몇몇 전문가들을 인터뷰하면서 우리 모두의 에너지 주기가 서로 다르고, 최고의 성과를 내는 시간대도 다르다는 걸 알아냈다. 대다수의 사업가들이 아침 일찍 일어나는 것을 좋아하는 반면, 창의적인 일을 하는 사람들은 늦게까지 일하는 것을 좋아한다. 어떤 사람들은 밤에 5시간만 자면 되지만 열심히 운동하는 사람들은 종종 8시간을 자야 한다. 따라서 무작정 아침 일찍 일어나서 오랜 시간 일하기보다는, 일어나는 시간과 당신에게 가장 잘 맞는 수면의 양을 테스트해보는 게 좋다.

◆ 자수성가한 1세대 부자들 ◆

대부분의 백만장자들은 1세대 백만장자들이다. 그들은 상속, 지원, 복권 당첨금 없이 스스로 부를 창출했다. 그들은 다른 모든 사람들과 같은 시기에 출발했다. 백만장자들 중 80퍼센트에서 86퍼센트가 자수성가한 사람들이다. 《포브스》에 따르면, 1984년 이후부터 억만장자의 비율은 부를 상속받은 사람보다 자수성가한 사람이 더 높아졌다. 2016년 1월 엔트러프레너닷컴에 실린 기사를 보면, 미국의 억만장자들 중 62퍼센트는 자수성가한 부자들이었다.

◆ 인맥이 자본이다 ◆

당신이 엄청나게 많은 돈과 부를 원한다면 주변에 많은 똑똑한 사람들이 필요할 것이다. 돈을 벌기 시작할 때는 당신 자신, 컴퓨터, 그리고 당신의 꿈밖에 없다. 일을 외주로 돌려 레버리지 할 수 있고, 몇 명의 가상 직원을 두고 자력으로 300만 달러를 벌 수 있을지 모른다. 그러다가 들어오는 일의 양이 너무 많아지면 한계점에 도달하게 된다. 이제 당신에겐 멘토, 조언자, 직원이 필요하다. 관리자, 개인 비서나 운영 관리자와 판매원의 도움을 받기 시작하고, 당신의 사업 규모는 더 커진다.

사업이 성장함에 따라 직원 수가 50명 안팎까지 늘면 경영자, 판매 담당자, 마케팅과 디자인 부서, 재무와 세무와 법률 고문, PR 전문가, 그리고 현장과 인사 관리자가 필요해진다. 매출이 올라갈수록 더 많은 사람이 필요할 가능성이 있다. 이럴 때 많은 사람들이 채용에 대해 걱정하거나 안 좋은 경험을 한다. 다시 말해서 그들은 규모의 문제가 그들의 비전을 압도하게 내버려두는데, 그렇게 하게 해서는 안 된다.

2015년 월마트의 직원 수는 220만 명이었다. 같은 해 페이스북의 직원 수는 이보다 적은 1만 2천여 명이었지만 여전히 큰 규모다. 어떤 기업이건 성과를 알아볼 수 있는 핵심 지표 중 하나는 직원 1인당 매출RPE(Revenue Per Employee)이다. 내가 이 부분을 면밀히 조사해본 결과, 직원 1인당 매출 평균이 5천만 원인 기업부터 18억 원이 넘는 애플까지 차이가 컸다. 링크드인, 야후, 아마존 등 기술 및 혁신 중심 기업들의 직원 1인당 매출 평균이 높고, 그들 중 다수는 지난 10년 동안 크게 성장했다.

⑤ 부자와 가난한 사람의 행동과 습관 차이

부자	가난한 사람
충분한 책임을 진다	비난하고 변명을 댄다
돈을 버는 데 매진한다	돈을 원하고 꿈만 꾼다
크게 생각한다	작게 생각한다
창조한다	소비하고 의존한다
기회를 본다	문제를 본다
돈을 공부한다	돈에 휘둘리는 게 나쁘다고 생각한다
부자를 존경한다	부자를 경멸한다
부자 인맥을 갖고 있다	비슷한 사람만으로 구성된 인맥을 갖고 있다
팔고, 마케팅하고, 홍보한다	팔거나 마케팅하거나 홍보하지 않는다
받는 데 능하다	받는 데 서툴다
레버리지에 적극적이다	레버리지 대상이다
꾸준히 지속한다	계속 새롭게 시작한다
돈을 나눈다	돈을 소진한다
돈이 일하는 환경을 만든다	돈을 벌려고 열심히 일한다
배우고 성장한다	더 알 게 없다고 생각한다
두려움을 조절한다	두려움에 휘둘린다
미래를 본다	과거에 안주한다
멘토의 말을 경청한다	친구의 말을 경청한다
감정의 균형을 잡는다	극단적인 감정으로 고생한다

당신의 신뢰도는 돈과 직결된다

　모든 경제는 무엇보다도 신뢰에 기반을 두고 있다. 돈은 신뢰에 의존한다. 거시, 미시, 국내 및 세계 경제는 기능하기 위해 전적으로 신뢰에 의존한다. 신뢰가 무너지면 시스템은 빠르게 붕괴된다. 은행에 맡겨둔 돈이 안전하다거나 은행이 지불 능력이 있다는 신뢰가 사라질 때 대규모 예금 인출 사태가 벌어진다. 폭동과 무정부 상태는 정부, 당국, 은행, 그리고 경찰에 대한 신뢰 부족으로 이어진다. 자본주의는 불확실한 미래에 대처하는 시스템이다. 미래가 불확실할수록 신뢰는 낮아진다.

　신뢰는 통화 정책과 사회 속에서 평가된다. 채권자, 개인 또는 은행이 당신의 상환 능력을 더 많이 신뢰할수록, 당신이 대출을 받을 수 있는 가능성이 높아진다. 평가는 훨씬 더 구체적으로 정량화된다. 은행이 당신을 더 많이 신뢰할수록, 당신에게 더 낮은 금리에 더 적은 담보로 더 많은 비용을 대출해줄 것이다. **은행이 당신을 더 많이 신뢰할수록 당신이 부담해야 할 비용과 둘 사이에 생길 수 있는 마찰은 줄어든다.** 대출은 불확실한 미래에 거는 도박이므로, 그런 위험과 미래의 인플레이션으로 인한 통화 가치 절하를 상쇄하기 위해서 이자가 부과된다.

'이자'를 뜻하는 영어 단어 interest는 라틴어 interesse에서 비롯됐다. interesse는 접두사 inter(~사이에)와 esse(있다)의 합성어로, 직역하면 '사이에 있는 것'이다. 이는 '많은 사람 사이에 있다'는 뜻인데, 그렇게 되면 당연히 주목과 관심을 받을 수밖에 없다. 그래서 interest는 '관심(흥미) → (관심을 갖는) 중요한 것 → (중요한) 이해관계 → 이권, 이익, 이자' 등 여러 뜻을 나타내게 됐다. 미래의 불확실성과 인플레이션의 위험을 피하기 위한 이자 부과는 대출자가 계속해서 대출금 상환에 '관심'을 갖게 만든다. 그리고 이자가 높을수록 대출자는 상환에 더 많은 '관심'을 가질 수밖에 없다. 한편 '대출' 또는 '신용'을 뜻하는 영어 단어 credit도 '신뢰하다, 믿다, 신용이 있다'는 뜻의 라틴어 credere에서 유래됐다.

당신이란 사람 자체가 담보 역할을 한다. 당신의 평판, 책임감 및 부채 상환 전력이 좋을수록 연체 등의 걱정이 줄어들기 때문에 당신에게 빌려줄 때 요구하는 담보와 이자도 줄어들 것이다. 가난한 사람들은 이 개념에 대해 전혀 잘 이해하지 못하는 반면, 부자들은 그것을 아주 경계하고 존중한다. 당신의 신용도는 돈에 대한 개인 기록이다. 당신에게 얼마만큼의 대출을 해줄 수 있을지는 그런 기록을 통해 확실하게 드러난 당신이란 사람에 대한 신용도에 따라 달라진다. 대출 가능 여부와 한도는 신용 등급을 통해 확인되는데, 등급이 낮을수록 금리가 올라가고 대개 담보가 요구된다. 높은 담보 대출 비율로 경솔하게 대출을 해주면서 신뢰를 바탕으로 한 대출 규칙이 무너지는 문제가 생기는 건 내일 상황이 여전히 확실하다는 믿음 때문이다. 이런 믿음은 가끔 과도한 오만이자 과장이기도 하지만, 항상 그런 잘못된 믿음이 존재한다.

◆ 당신 자신을 신뢰하라 ◆

돈은 불신에서 신뢰로 빠르게 흘러간다. 신뢰는 계절처럼 주기적으로 흘러간다. 신뢰는 낙관적인 것에서 부정적인 것으로, 확신에서 두려움으로 변하다가 다시 거꾸로 돌아온다. 모든 호황과 불황, 성장과 몰락, 기복, 주기적 변화, 자금 계획과 사기에 대한 모든 이야기는 개인이나 기관의 신뢰도와 얽혀있다. 오늘 돈의 가치 저장 기능이 내일 똑같을 거라고 믿어라. 내일 빌려준 돈이 상환될 거라고 믿어라. 전체 시스템을 믿어라. 사람을 믿어라. 당신 자신을 믿어라.

◆ 평판을 관리하라 ◆

당신에 대한 신뢰가 돈을 끌어들이기 때문에 당신이 돈이다. 돈은 속도를 사랑하고, 신뢰는 마찰을 줄여서 속도를 끌어올린다. 당신 개인의 '신용 경제'를 관리하고, 유지하고, 통달하기 위해서 평판, 브랜드, 신용도를 높이는 노력에 계속 매진하라.

신용 조회 서비스를 이용해서 신용 점수를 확인하라. 모든 신용카드 결제 대금을 자동이체 시키고, 절대 연체하지 말아라. 혹시 돈을 빌린다면 아무리 힘들어도 최선을 다해 갚아라. 대출 만기 연장이나 금리 인하 협상이 필요하다면 그에 필요한 조치를 취하라.

채무 불이행은 혹독한 대가를 치른다. 그것은 전 세계에 당신은 대출을 받을 자격이 안 되고, 신뢰할 수 없는 사람이라는 메시지를 보낸다. 그것은 당신이 질 수 있는 가장 큰 빚이며, 자칫 이후 수십 년 동안 계속해서 짊어지고 가야 할 수도 있다.

하지만 오늘부터 시작해서 상황을 반전시킬 수 있다. 당신의 신뢰 경제 상태를 개선하고 장기적인 이익을 도모하는 데 필요한 모든 결정을 내려라. 이것은 당신이 돈을 빌릴 때뿐만 아니라 빌려줄 때도 해당되는 문제다. 돈을 빌려줄 때도 항상 공정한 교환을 하라. 욕심을 부린다면 당신의 신뢰 경제는 약화될 것이고, 사람들은 당신으로부터 돈을 빌리지 않을 것이다.

당신의 평판은 '증거 + 신뢰 × 레버리지'다. 평판은 항상 도처에 존재한다. 신뢰도가 높은 경제는 마찰을 줄여준다. 마찰이 줄어들면 비용은 감소하고 이윤은 증가한다.

당신은 마케팅 비용을 줄일 수 있는 신뢰도 높은 추천과 소개를 받을 것이다. 당신의 가장 좋은 자산은 신뢰다. 언행일치가 중요하다. 말로만 빚을 갚겠다고 하지 말고 항상 진짜로 갚아라. 직관적으로 옳다고 판단되는 일을 하라. 다른 누구보다 장기적인 안목을 가져라. 가능한 곳에서 사람들을 도와라. 아무도 보지 않더라도 옳은 일을 해라. **신뢰는 돈이고, 돈은 신뢰다.**

잠재적인 부를 현금화하는 기술

'연금술'이란 단어의 정의는 물질의 변형, 특히 비금속을 금으로 바꾸거나 보편적인 묘약을 찾으려는 시도와 관련이 있다. 사전적 정의에도 나와 있고, 중세 화학자들의 일차적인 용도가 그랬던 것처럼 연금술은 금속을 금으로 바꾸려는 것과 주로 관련되어 있다는 사실이 흥미롭다. 우리 모두 신화적 연금술, 즉 물을 포도주로 바꾸고 납을 금으로 바꾸는 것처럼 기적 같은 성공의 지름길을 찾고 있다.

당신 안에 있는 가치를 창조해내는 연금술사로서의 재능을 포용하라. 당신은 망하지 않았다. 그리고 부족한 게 하나도 없다. 모든 게 있다. 당신은 '연금술'을 통해 잠재적인 부를 현금으로 바꿀 수 있다.

◆ 당신의 개인 GDP ◆

GDP는 한 나라의 국경 내에서 가계, 기업, 정부 등 모든 경제 주체가 일정기간 동안 생산 활동에 참여하여 창출한 부가가치 또는 최종 생산물을 시장 가격으로 평가한 합계다. GDP는 국적을 불문하고 이루어진 생산 활동을 모두 포함하는 개념이다. GDP를 경제의 규모라고 생각할 수도 있다.

당신의 생산 활동이 GDP에 포함되는 이상 나는 당신이 당신 자신의 개인 GDP를 의식하고, 평가하고, 목표로 삼고, 창조해야 한다고 믿는다.

순자산을 평가하는 것도 중요하지만 절약의 역설 개념에 따르면 부를 비축만 해둬서는 개인과 국가 경제 모두가 위축된다. 따라서 부의 진정한 척도는 돈이 도는 속도, 거래량, 혹은 통화량과 총수입과 지출이다. 돈이 역동적이고 항상 흐르고 일회성 거래로 끝나는 법이 없는 이상 돈의 가치는 영원히 높아진다. 돈은 저장되면 한 가지 가치 단위밖에 갖지 못하지만 공유되면 수백에서 수천 가지 가치 단위를 갖게 된다.

기업을 성장시키기 위해서 이윤은 재투자되어야 한다. 신규 고객을 확보하기 위해선 마케팅비를 써야 한다. 당신과 함께 직원들을 성장시키기 위해선 그들의 훈련과 개발에 대한 투자가 필수적이다. 배당금을 재투자하면 주가 상승 속도가 빨라진다. GDP와 개인 GDP도 역시 마찬가지다.

6개월마다 당신의 비전, 순자산, 그리고 기타 핵심 성과 지표를 검토하면서 지출, 투자, 유입되는 현금 흐름을 살펴봐야 한다.

◆ 당신의 최고 자산은 당신이다 ◆

당신 안에 있는 연금술사를 소생시키기 위해선 자신을 발전시키고 향상시킬 필요가 있다. 당신은 당신의 최고 자산이다. 현명하게 자신에게 투자하고, 자신에게 가장 큰 이익을 선사하라. 배우면 배울수록 얻는 것도 많아진다. 당신의 돈은 당신이 성장하는 속도로만 늘어날 수 있다. 자신에 대한 투자에 매진하라. 당신은 그럴 만한 가치가 있다. 자신을 소중히 여기지 않는다면 왜 다른 누군가가 당신을 소중히 여기겠는가? 다음은 최고의 자산인 당신에게 투자하는 몇 가지 방법이다.

자기 인식

자신의 장점과 단점을 얼마나 잘 알고 있는가? 그들을 지나치게 중요하게 생각하거나 무시하는가? 다른 사람들이 당신을 어떻게 보는지 얼마나 알고 있는가? 그들은 당신의 장점과 단점을 어떻게 보는가? 당신의 에너지가 올라가고 내려가는 때를 알고 있는가? 감정의 계기와 반응에 대해서 파악하고 있는가? 가치와 무엇을 참지 못하는지 알고 있는가? 직접 하고 싶은 일과 남들에게 맡기고 싶은 일은 무엇인가? 실수를 반복하고 있는가? 자기 인식은 계속 이어지는 여정이지만, 자신에 대해 더 많이 알면 알수록, 부를 더 성장시킬 수 있다. 6개월마다 1점에서 10점까지 점수를 매겨 위와 같은 질문들에 대한 답변하고 그 내용을 평가해 보기를 추천한다.

자기 교육

자신에게 얼마나 많이 투자하고 있는가? 약점을 극복하기 위해서 다른 사람들의 도움을 받는가? 본인 생각 위주의 행동을 자제하기 위해서 균형을 잡아줄 적절한 팀원들에게 둘러싸여 있는가? 스스로를 채찍질하는가, 아니면 무조건 "네"라고 답할 사람들에게 둘러싸인 채 안주하고 있는가? 당신보다 더 수준 높은 멘토의 도움을 받는가? 매일 당신의 성장에 도움이 될 오디오를 듣는가? 당신의 뇌를 사업을 성장시키는 데 필요한 음식으로 채우고 있는가? 앞과 마찬가지로 이러한 질문들을 검토하고, 각 질문의 답변에 대해 1점에서 10점까지 점수를 매겨보라. **읽은 책들과 만나본 사람들 영역을 확장하면 부도 늘어나게 된다.**

- 책과 오디오 프로그램

- 강연, 워크숍, 세미나

- 코치와 멘토

- 똑똑한 사람들과 인맥 쌓기, 주도적으로 협업하기

- 전기, 다큐멘터리, 유튜브 동영상 시청, 팟캐스트 청취

- 사실에 기반을 둔 정보가 많은 발행물을 읽기

- 전문가들의 블로그, 웹사이트, 소셜 미디어를 구독하기

- 관행에 의문을 제기하고, 집중하며 청취하기

극기

당신의 에너지 수준을 토대로 하루 일과를 계획하는가? 자신의 나쁜 습관을 알고 있는가? 성장하기 위해 정기적으로 자신을 채찍질하는가? 계속해서 자기 자신에게 공을 들이는가? 감사의 마음으로 피드백을 받고, 모든 사람들로부터 배우는가? 팀원들에게 일을 맡기고 위임하면서 비전을 통해 그들에게 동기를 부여하고, 성장을 도와주는가?

경험하기

말할 필요도 없이 당신이 게으름을 피운다면 도서관에 있는 모든 책들은 당신에게 아무런 도움도 되지 않을 것이다. 교육과 경험은 다르다. 경험은 배우고, 배운 걸 효과적으로 응용하고, 응용한 걸 완벽히 가다듬는 시간이다. 그리고 그것은 결코 끝나는 법이 없다.

처음에 지금 당장은 빠르게 충분히 일을 잘하는 걸 목표로 삼아라. 완벽함보다 뛰어남을 추구하라. 그러다가 보면 경험이 쌓이고, 시간이 지나면서 일이 더 쉬워지고, 더 좋은 결과를 낼 것이다.

---

⑤ 상호의존적 관계와 자수성가의 신화

아무도 혼자서는 성공할 수 없다. 나는 추진력, 노력, 행운에 힘입어 스스로 성공, 다시 말해서 자수성가할 수 있다고 생각하곤 했다. 우리가 모든 걸 전부 혼자서 할 수는 없다. 또 혼자서 모든 곳에 있을 수도 없다. 당신에겐 훌륭한 사람, 친구, 팀원, 확장된 비즈니스 네트워크, 현명한 조언자와 파트너, 지원, 책임, 공동체가 필요하다. 우리는 이기심과 인도주의적인 관심 사이에서 균형을 잡는 종족으로서 상호의존적인 성격을 갖고 있다. 다른 사람을 도우면 기분이 좋아지고, 보답으로 뭔가를 얻는다. 우리는 공동체 속에서 일하도록 만들어진 것 같다. 자수성가한 사람들은 사실 그들을 그렇게 '성공시킨' 다른 많은 위대한 사람들의 도움을 받았다.

자기 마음대로 하지 말라. 책임을 지고, 비전을 만들고, 문제를 해결함으로써 스스로 창조한 억만장자가 되고, 함께 위대한 정상에 오를 팀을 만들 수 있게 모든 최고의 인재들을 끌어들이는 걸 임무로 삼아라.

인맥 네트워크

대부분의 사람들이 부자가 되기 위해 너무 열심히 일하고 있다. 그들은 더 많은 일을 더 열심히만 하면 조기 퇴직을 해서 아무 일도 안 할 거라고 생각한다. 사회에서 가장 성공했다고 간주돼서 일대기를 다룬 영화도 제작되고, 추모 동상이 세워지기도 하는 사람들을 조사해보면 그들 대부분은 선지자와 전략가들이었다. 단 한 명의 예외도 없이 그들 모두에겐 한 가지 공통점이 있었다. 그들 주변에 훌륭한 사람들이 많았다. 권력을 쥔 사람 옆에는 훌륭한 배우자가 있었고, 성공한 기업가 옆에는 훌륭한 직원들이 있었다.

당신의 네트워크는 당신의 순자산이다. 그리고 그런 네트워크와의 관계에 따라서 당신이 그 네트워크를 통해 벌 수 있는 돈의 양이 달라진다. 당신의 성공에 가장 큰 영향을 미치는 요인들 중 하나는 당신이 네트워크와 맺은 장기적인 관계와 그 안에서 쌓은 신뢰와 호의이다. 당신은 네트워크를 기반으로 부를 늘리는 레버리지 효과를 창출할 수 있다. 네트워크를 위해 더 많은 사업을 창출하고, 고용이나 계약 서비스를 제공하며 네트워크 내 사람들이 더 많은 돈을 벌게 도와줄수록 당신도 더 많은 돈을 벌게 된다.

내 회사의 주요 투자처는 부동산이다. 부동산을 구매하고 관리하기 위해서는 중개인, 부동산 양도 전문 변호사, 사무 변호사, 은행, 사채업자, 합작 벤처 파트너, 출자자, 대리인, 건설업자, 임대 대리인, 토지 중개인, 인테리어팀, 홍보 전문가, 사업 자문가, 세금 전문가, 회계사, 사업 파트너, 직원, 전문 컨설턴트(마케팅, 홍보, 영업, 디자인, 기술 분야 등) 등을 잘 활용해야 한다.

혼자서 모든 답과 모든 지식을 갖고 있을 수는 없다. 가능한 한 최고의 네트워크를 구축하라. 그것이 저항을 최소화하고, 최소한의 노력으로 최대한의 결과를 얻는 길이기 때문이다. 자신이 좋아하는 사람들을 모아서 네트워크를 구축하라. 네트워크를 구축하고 관리하는 데 일하는 시간의 3분의 1까지 할애할 수 있으며, 그것은 시간 낭비가 아니다. 최고의 인재들은 모든 문제와 고통을 겪어보고 해결하면서 더 높은 수준으로 성장한 사람들이다. 당신이 똑똑하다면, 그런 거인들을 십분 활용하고, 그들의 어깨 위에 올라가 더 넓은 세상을 볼 수 있다. '직업 학습'이나 '학습 과정과 멘토에 쓸 비용 절약'이란 명목으로 혼자서 그런 과정을 밟으려고 하는 건 전적으로 시간 낭비일 뿐만 아니라 밟는 속도도 아주 더뎌진다. 동료, 코치, 멘토, 전문가들로 이루어진 네트워크를 구축하는 일, 구축에 대한 투자가 당신의 최고 핵심 결과 영역 중 하나가 되게 하라.

멘토

우리 모두에겐 멘토가 있다. 단지 우리들 중 일부는 아무런 경험도 없이 조언을 해주는 무자격 멘토들에 둘러싸여 있다. 당신은 좋은 멘토와 나쁜 멘토 중 누구를 원하는가? 물론 자신의 길은 자신이 개척해야 하겠지만, 이미 가보고 경험해본 누군가로부터 배우고 그들이 새로 열어놓은 길을 따라가면 시간, 실수, 문제의 80퍼센트 이상을 경험하지 않을 수 있다.

계획하고, 보고, 행하고, 검토하고, 반복하라

당신이 물질적으로 만들고 싶은 것에 대해 명확한 계획이 필요하다. 나는 계획 실행과 반복, 그리고 목표 설정을 통해 많은 사람들이 말하는 소위 '끌어당김의 법칙 Law of Attraction'을 아주 잘 활용할 수 있다는 사실을 알아냈다. 끌어당김의 법칙이란 쉽게 말해서 내가 생각한 대로 된다는 뜻이다. 처음에 나는 몇 가지 일반적인 재정 목표만 갖고 있었지만, 지난 10년 동안 매년 내 평생 목표와 계획을 세워왔다. 내 계획은 모든 삶의 영역에 걸쳐 더욱 구체적이고 집중적이며 종합적으로 변했다.

계획, 비전, 목표를 세울 때는 자신이 다른 사람들에게 어떻게 인식되고 기억되길 원하는지 여부와 남기고 싶은 유산, 보여주고 싶은 모든 분야의 물질적 재산, 자선 활동 명분, 부모와 가족의 목표, 사업과 개인적 금융 목표, 망한 모든 것 등 당신 삶의 주요 영역을 모두 세분화해야 한다. 또 구입을 원하는 자동차 모양이나 모델, 휴가 장소를 보다 구체적으로 정할수록 더 많은 다른 사람들과 당신의 잠재의식이 당신을 돕는다.

---

⑤ 목표와 비전 문서

내 목표와 비전 문서를 이용해서 당신 자신의 버전을 만들어라. 원하는 형식으로 만든 후 매일 아침 기상할 때와 매일 저녁 잠자리에 들기 전 잠재의식이 명령에 개방적이고 쉽게 영향을 받을 때 그것을 읽어라. 6개월마다 전체 계획을 검토하라. 진척이 더디다고 느낄 때 정기적으로 확인하고, 보다 분명하게 만들 필요가 있으면 수정하라. 작은 이정표를 달성할 때 해당 이정표를 체크하거나 목표 옆에 진척 정도를 적어라. 단기 목표는 현실적으로 실현 가능성이 높은 걸로, 장기 목표는 보다 낙관적인 걸로 정하라. 동시에 같이 추진하게 항상 평생 목표를 기준으로 연간 목표를 정하라. 목표를 생생하게 그려보는 연습을 하면 표현력이 개선될 것이다. 그리고 물론 일관된 조치를 취하고, 의식적인 노력과 무의식적인 시스템 모두가 당신이 생각하고 있는 걸 실현시키기 시작해줄 것이다.

목표와 비전 문서

건강과 웰빙

장수하라. 인생을 즐겨라. 당신의 가장 좋은 자산인 자기 자신을 잘 돌봐라. 운동하라. 잘 먹어라. 정기적으로 건강을 확인하고, 결과에 맞춰 생활 방식을 조절하라. '건강이 재산이다'라는 말은 단연코 사실이다. 당신이 유전자를 통제할 순 없을지 몰라도 책임감을 가진다면 자기 건강에 큰 변화를 만들 수 있다.

열정과 직업, 직업과 휴가

당신이 좋아하는 일을 하고, 당신이 하는 일을 사랑하라. 나는 지속적인 부, 웰빙, 그리고 행복의 비밀은 당신이 좋아하는 취미와 싫어하는 일을 하는 게 아니라 열정과 직업, 직업과 휴가를 합치는 것이라고 믿는다.

1. 가장 스트레스 없이 할 수 있고, 통제 가능한 일을 선택하라.
2. 휴가 같은 직업과 열정적으로 할 수 있는 일을 선택하라.
3. 당신이 존경하는 가장 성공한 사람들이 하는 일을 연구하고, 그들을 모방하라.
4. 계속 밀어붙일 일과 포기해야 할 일이 무엇인지 파악하라.

일과 삶 모두를 걱정하지 않고도 진정 열정적으로 두 가지를 모두 잘할 수 있다. 당신은 열정을 돈으로 전환시킴으로써 할 수 없이 일할 때보다 훨씬 더 지속적인 부를 만들 수 있다.

부자는 네트워크를 만든다

대부분의 사람들은 지출하거나, 저축하거나, 투자하거나, 빌릴 수 있는 능력을 계좌에 넣어놓은 '현금 담보'로 측정한다. 하지만 누구나 돈을 다 써버린다. 심지어 부자들도 그렇다. 대부분의 사람은 한 달 생활비조차 저축해놓지 않고 있다. 오늘 은행에 평생 남은 삶을 살 수 있을 만큼의 돈을 저축해놓았다고 해도 평균 인플레이션을 감안했을 때 약 14년 정도 후에는 그 돈의 두 배가 필요하다.

당신의 은행 계좌는 '세계'다. 장소불문하고 누구로부터 송금된 돈이라도 당신이 인출할 수 있다. 당신은 어떤 사람을 통해서 어떤 출처로부터 나온 돈도 주무를 수 있는 연금술사다. 당신의 진짜 은행 계좌는 현금 저축이나 계좌 예금의 자리 수가 아니라 사람들과 그들을 서로 연결해주는 시스템에 대한 네트워크화된 접근이다. 그것은 당신의 레버리지된 네트워크를 거쳐 들어온 돈의 총계다. 더 많은 사람들을 알수록 더 많은 돈이 흘러들어올 수 있다. 사람들과 더 좋은 관계와 신뢰를 유지할수록 개인 GDP의 마찰이 줄어든다. 사람들이 네트워크에 더 많은 돈을 갖고 있을수록 돈은 그들을 통해 당신에게로 더 자유롭고 빠르게 흐른다.

돈이 필요할 때 쓰는 은행 마이너스 통장에는 대출 한도가 설정되어 있다. 한도를 늘려서 돈을 많이 빌려 쓸수록 수수료와 이자 부담도 그만큼 커진다. 확장된 네트워크는 이러한 한도를 없애주고, 돈을 무제한 쓸 수 있게 해준다. 유동성이 레버리지된다.

물질적 자산에 투자하듯이 네트워크 구축에 투자해야 한다. 적절한 사람들을 찾아서 연결하고 관심을 갖고, 관계를 구축하고, 가치를 교환하고, 관계를 키워나가야 한다. 아주 훌륭한 네트워크를 만들어라. 사람들은 그들이 신뢰하는 네트워크에 당신을 추천할 것이다. 당신보다 수준 높은 사람들과 같이 있으면 당신과 같거나 당신보다 낮은 수준의 사람들과 같이 있을 때보다 훨씬 더 빠르게 수준이 올라갈 것이다.

◆ 멘토의 중요성 ◆

빌 게이츠는 승자들과 파트너십을 맺는 걸 아주 좋아했다. 그는 보좌하는 역할을 하는 데 만족했는데, 그 이유는 그런 역할이 그에게 새로운 기회와 더불어 그에게 뭔가를 가르쳐줄 수 있는 다른 성공한 기업인들로부터 배울 수 있는 잠재력을 제공해줬기 때문이다.

세계 최고 부자 중 한 명인 빌 게이츠는 그가 이룬 성공의 일부를 멘토인 워런 버핏의 덕으로 돌린다. CBC와의 인터뷰에서 그는 버핏이 그에게 힘든 상황에 대처하는 방법과 장기적으로 사고하는 방법을 가르쳐줬다며 치켜세웠다. 그는 자신이 겪은 모든 경험으로부터 도움을 받을 수 있게 복잡한 것들을 단순한 형태로 바꿔서 가르치고 싶어 하는 버핏을 존경한다. 빌 게이츠의 경우 네트워크로부터 배우고, 그것을 잘 활용하려는 노력은 충분한 성공을 거둔 것 같다. 그가 하루에 10억 원씩 써도 가진 돈을 모두 쓰는 데 218년이 걸리기 때문이다.

워런 버핏에게도 멘토가 있다. 1949년 벤저민 그레이엄의 책 『현명한 투자자』를 읽은 후 버핏은 그레이엄을 존경하기 시작했다. 이 책은 버핏의 투자 철학뿐만 아니라 그의 인생 경로를 바꿔놓았다. 버핏은 그레이엄이 교수로 있던 컬럼비아 경영대학원에 들어가서 그와 개인적인 친분을 쌓았다. 훗날 그레이엄은 버핏을 그가 세운 회사에 취직시켰고, 두 사람은 우정을 굳건히 다졌다. 그레이엄과의 만남은 버핏이 오늘날 억만장자 투자자로 성공하는 데 큰 영향을 미쳤다.

마찬가지로, 마크 저커버그는 찰리 로즈가 진행하는 토크쇼에 출연해서 그에게 영감을 준 멘토 스티브 잡스에 대해 말했다. 저커버그는 "그는 놀라운 사람이다. 그에게 궁금한 게 많았다"라고 말했다. 그는 잡스가 '고품질의 우량 물건들'을 만드는 데 집중하는 팀을 만드는 방법에 대해 어떤 조언을 해줬는지를 설명했다. 리처드 브랜슨은 "성공한 기업가들에게 물어보면 그들은 항상 사업을 하면서 어느 시점에 위대한 멘토를 만났다고 말할 것이다"라고 말했다. 브랜슨은 한 영국 신문에 기고한 글에 이렇게 썼다. "처음부터 조력자가 있다는 건 항상 좋은 일이다. 프레디 레이커 경의 현명하고 성실한 조언이 없었다면 나는 항공 업계에서 아무런 성과도 거두지 못했을 것이다." 브랜슨은 위대한 멘토를 찾는 첫 번째 단계는 멘토로부터 도움을 받을 수 있다는 사실을 인정하는 것이라고 믿는다. 그는 "한두 명이 세운 스타트업에선 에고, 불안한 에너지, 부모의 자부심 등이 많이 묻어나는 게 당연한 일이다. 혼자서 일하는 건 존경할 만하지만 그것은 세상과 맞서기엔 무모하면서도 많은 결함이 있는 전략이다"라고 말했다.

혹자는 우리가 살고 있는 시대를 '추천의 시대'라고 말한다. 우리는 우리가 믿고, 우리의 핵심 사업과 재정 결정을 위해 좋은 조언을 해줄 사람들에게 의지하려고 애쓴다. 우리에게는 더 이상 모든 걸 전부 직접 할 시간이 없다. 또 어떤 사람들은 똑같은 이유로 현재 우리 경제를 '연결 경제'라고 부른다. 사람들 사이의 연결은 '지금 당장' 실질적이고 가시적인 가치를 선사한다. 그것은 시간이 부족한 사람들에게 가치를 더해주고, 그런 가치는 당신에게 영향을 미친다. 그것이 무형 자산이지만 당신에겐 가장 소중한 자원일지도 모른다. 하지만 모든 돈도 당신이 그것을 현금으로 전환시키기 전까지는 정신 속에 있는 무형 자산이다. 돈이 흐르는 곳으로 가면 그중 일부는 당신이 있는 곳으로 흐를 것이다. 순자산이 높고 유동성이 풍부한 네트워크를 만들면 들어오는 돈이 늘어날 것이다.

어떤 순간에도 감사하라

인정appreciation은 성장력을 가지고 있다. 영어로 '인정'을 의미하는 단어 appreciation은 '가격을 책정하다'라는 뜻의 라틴어 appretiare에서 유래됐다. 당신이 인정하는 것은 가치가 올라가고, 그렇게 인정함으로써 당신의 가치도 상승한다.

감사gratitude는 인정에서 비롯되는 의도적으로 갖는 감정이다. 처음에는 감사하기가 쉽지 않지만, 감사할 때만 성장을 경험할 수 있다. 이제부터 새로운 메시지를 보내기로 결심하라. 청구서나 송장을 받을 때마다 누군가가 당신의 가치를 너무나 인정해줘서 당신에게 미리 돈이나 제품이나 서비스를 보내줬다는 사실을 떠올리며 감사하라. 그들은 당신에게 투자할 수 있는 자신감과 신뢰를 가졌고, 당신은 이제 그들에게 감사하는 마음으로 결제를 해주고 있는 것이다. 당신은 그들의 경제에 연료를 공급하고 있고, 당신 개인의 GDP를 확대하고 있다. 당신은 나중에 현금화할 수 있는 미래의 호의를 저장하고 있다. 비용에 대해 투덜대기보다는 지불한 것이 당신에게 어떻게 도움을 줬는지를 기억하고, 감사와 인정의 표시로 청구서를 결제하라. 당신이 이미 받은 것과 그것에 대한 대가를 지불할 수 있는 자신의 능력에 감사하고, 그것이 당신과 부의 관계를 얼마나 돈독하게 만들지를 지켜봐라.

당신의 가치를 인정하는 아주 좋은 방법은 매일 감사를 실천하는 것이다. 하루 종일 하던 일을 중단하고, 자연스럽게 일어나는 어떤 순간이라도 감사하라. 아이가 사랑스럽게 다리에 매달리거나, 커피를 마시거나, 낯선 사람으로부터 미소를 받거나, 혹은 누군가가 당신이 줄을 서게 안내해줄 때도 감사하라. 큰일들뿐만 아니라 작은 일들에도 감사하라. 감사는 당신의 부를 늘려주는 습관이 되는 연습이다. 매일 밤 잠자리에서 눈을 감을 때, 마음속으로 감사하는 모든 것들을 시각적으로 상세하게 나열해보라. 이는 당신의 잠재의식을 프로그래밍하고, 수면 문제를 극복하게 해주고, 당신이 더 빨리 잠들 수 있게 해줄지도 모르기 때문에 세 가지의 효과를 낸다고 말할 수 있겠다.

하루 종일 가능한 한 많이 "감사합니다"라고 말하라. 당신은 다른 사람들에게 감사하는 걸 얻게 된다. 감사의 에너지를 쏟아붓고, 그것이 당신에게 전례 없이 많은 금전적 가치로 다시 흘러오게 하라.

부자가 지불하는 가난 비용

마하트마 간디의 친한 친구였던 시인 사로지니 나이두는 간디에게 "당신이 가난하게 사는 데 매일 얼마가 드는지 알고 있습니까?"라고 물었다. 간디의 대답은 알려지지 않았지만, 그가 이 질문을 불쾌하게 느끼지 않았을 게 분명하다. 그런 비난이 사실이라고 생각했을 가능성이 있기 때문이다. 간디는 그를 보기 위해 몰려든 그를 숭배하는 수백만 명의 사람들의 기차 여행과 만남 주선 준비가 국가에 얼마나 많은 부담을 주는지 알고 있었다. 국가는 특별 기차 일정을 짜고, 간디를 위해 객실 한 칸을 예약해야 했다.

미국의 금융 사기꾼인 찰스 키팅은 테레사 수녀에게 1억 원이 넘게 기부했고, 그녀의 주요 후원자 중 한 사람이었다. 로버트 맥스웰도 테레사 수녀가 하는 일에 상당한 액수의 돈을 기부했다. 테레사 수녀는 주저하지 않고 그런 사기꾼들이 보내온 돈을 받았다. "그 돈을 좋은 일에 쓸 수 있다"는 게 그녀가 돈을 받은 이유였다.

여기서 중요한 점은, 모든 자선과 박애 활동과 기부는 자본주의 체제와 그것을 통달한 사람들이 만든 결과라는 사실이다. 세계에서 가장 위대한 자선가들은 그들 자신이 모두 엄청난 부자들이거나, 간디나 테레사 수녀처럼 본인들의 선택에 의해 가난에 찌든 삶을 사는 다른 자선가들을 경제적으로 후원해주었다. 국가가 기부하는 부는 막대한 부자들이 자금을 대는 민간 부문으로부터 후원과 지원을 받는다. 예를 들어보면 다음과 같다.

- 칭기즈칸은 역사상 가장 큰 제국들 중의 하나로 알려진 몽골제국에서 광대한 영토를 소유했다. 위대한 힘을 갖고 있었지만 역사는 칭기즈칸이 결코 재산을 비축해두지 않고, 그것을 군인들과 공유했다는 걸 보여준다.

- 존 록펠러는 다양한 교육적, 종교적, 과학적 명분들에 5천억 원 이상을 기부했다. 그가 한 활동들을 살펴보면, 그는 시카고 대학의 설립과 록펠러 의료 연구소(현재 록펠러 대학교) 설립에 자금을 댔다. 그는 또한 1907년 금융위기 당시 JP모건이 지급불능 위기

에 빠진 은행들에게 불과 12분 만에 은행 업계 역사상 최대 구제금융을 지원하게 함으로써 현재 최종 대출자로의 역할을 하는 중앙은행들만이 하는 금융 구세주 역할을 하게 도왔다.

- 앤드류 카네기는 자선가로서 미국과 대영 제국을 위해 지도자 역할을 했다. 죽기 전 18년 동안 그는 특히 지역 도서관, 세계 평화, 교육 과학 연구 분야를 중심으로 자선 단체, 재단, 대학들에게 약 3,500억 원을 기부했다. 그는 사업에서 벌어들인 자금으로 카네기홀을 지었고, 뉴욕 카네기 재단, 카네기 국제 평화 기금, 카네기 과학 연구소, 스코틀랜드 대학 카네기 재단, 카네기 히어로 펀드를 세웠다.

- 부동산, 호텔, 공항, 건설, 전화, 철강 생산, 전기, 쇼핑 분야에서 부를 이룬 청쿵그룹의 회장 리자청은 개인 재단에 사비 1조 5천억 원을 기부했고, 보유한 전체 순자산의 최소 3분의 1을 자선 단체에 기부하겠다고 약속했다.

- 마크 저커버그는 페이스북의 주식 99퍼센트를 공적 명분을 위해 쓰겠다고 약속한 후 가치가 9조 원이 넘는 페이스북 주식을 매각하기 시작했다. 2015년, 저커버그와 그의 배우자 프리실라

챈은 '질병 치료, 사람들을 연결해서 강력한 공동체를 건설하는 작업'에 집중하는 자선 단체인 챈 저커버그 이니셔티브를 출범했다. 저커버그는 교육과 건강관리 분야에 기부했다.

나는 국제 빈민 구제 기관인 옥스팜에 한 달에 1만 원을 자동이체 해주겠다는 약속도 할 수 없는 시절을 보냈다. 당시의 나는 사회의 부담스런 짐이었다. 나는 방금 언급한 억만장자들과 같은 거대한 생산자들이 간접적으로 제공하는 대출과 신용으로 살아가고 있던 소비자였다. 나는 부와 돈을 거머쥔 후에야 비로소 중요한 대의명분을 위해 기부할 수 있었다.

◆ 가장 가치 있게 부를 나누는 사람 ◆

많은 대의와 자선 단체들은 빈 공간에 의해 이끌리는 누군가에게 가치를 준다. 오프라 윈프리는 어렸을 때 학대를 당했고, 조지 소로스는 나치의 독일 점령을 경험했으며 부다페스트에서 포위된 상태에서도 살아남았다. 이러한 빈 공간과 고통은 균형 잡힌 자본주의와 자선 활동들로 채워진다. 당신은 세상을 변화시킬 수 있는 중요한 대의를 촉진해줄 수 있는 어떤 빈 공간을 가지고 있는가? 당신이 무엇을 위한 싸움에 열정을 느끼는지 시간을 갖고 생각해보라. 당신의 대의는 무엇인가? 당신과 밀접한 의미가 있는 대의를 가지는 게 현명하다. 왜 당신에게 들어오는 부가 당신과 당신이 봉사하는 세계에게 혜택을 줄지 최대한 많은 이유를 들어보라. 다음 세대에도 유산으로 남을 목표들을 세워라.

결과적으로 당신은 이러한 사람들과 상업적으로 협력하고, 자기 이익을 공공의 이익과 합치하도록 노력하는 '계몽화된 이기심enlightened self-interest'을 통해 돈을 벌 수 있게 된다. 위대한 목적은 당신에게 자신의 한계를 초월하고 막대한 부를 성취할 수 있는 용기와 풍부한 자원을 제공해준다.

'계몽화된 이기심'은 타인들의 이익(혹은 소속 집단의 이익)을 도모하기 위해 행동하는 자는 궁극적으로 자신의 이기심을 충족시키게 된다는 의미의 윤리 철학이다. 이 철학을 이용해서 점점 더 늘어나는 주고받기 속에서 균형을 잡아라.

당신의 유산을 교육과 지원의 형태로 전달하는 게 더 가치가 있을 수도 있다. 돈을 관리하는 방법을 모르는 사람에게 돈을 주는 건 그가 깨달음과 지식을 얻게 해주는 것만큼 유용하지 않다. 위대한 자선가들이 기부금만큼이나 교육에 투자하고, 재단을 세우는 이유가 이것이다. 당신은 유산으로 수십 세대를 교육시키고 그들에게 영감을 줄 수 있다. 당장 이렇게 시작해볼 수 있다. 지금 다른 사람들을 돌보고 교육시키는 데 시간을 투자할 수 있기 때문이다.

자선 활동을 시작하고, 당신을 향해(그리고 당신을 통해) 부가 흐
르게 만드는 아주 좋은 방법은 '무작위적 기부 활동Random Acts of
Giving'을 수행하는 것이다. 나는 이것을 영어 단어 앞 글자들을 따
서 RAOG라고 줄여서 부르겠다. 잘 생각해서 쓴 개인적인 감사
메모를 보내서 사람들에게 감사의 마음을 전하라. 생일이나 결혼
식 같은 중요한 기념일을 챙겨라. 아는 사람과 모르는 사람 모두에
게 무작위로 선물을 줘라. 아는 사람과 모르는 사람 모두를 친절
하게 대하라. 작은 일이 큰일이 된다. 매일 누군가의 하루를 위해
애써라.

부를 주고받는 사람이 되는 건 당신의 권리이자 책임이다. 선진국 세
계에서 생기는 가난은 이기적이고 인류를 돌보지 않은 결과로 인식될
수 있다. 당신이 인간을 배려한다면 소비하는 수준 이상으로 생산하고,
받는 만큼 되돌려줄 것이다. 위대한 사람들은 막대한 재산을 만들고
기부한다. 주위의 기준을 올리고, 당신 안의 부를 늘려라.

Know More,

Make More,

Give More.

6장

자수성가
부자의
도구들

더 적은 것으로
더 많은 것을
성취하는 방법

뜨거운 열정이 느껴지는 것을 찾고,
그것으로 사람들의 삶을 개선하는 방법을 찾은 다음,
얼굴에 당신의 따뜻한 미소가 그려진 거대한 송장을 작성하라.

- 롭 무어

레버리지는 필수 요소다

레버리지는 더 적은 것으로 더 많은 것을 성취하고, 더 적은 돈(혹은 타인의 돈)으로 더 많은 돈을 벌고, 더 적은 시간(혹은 개인 시간을 덜 들여서)으로 더 많은 시간을 얻고, 더 적은 노력(혹은 개인적 노력을 덜 들여서)으로 더 많은 성과를 내는 것이다.

대부분의 사람은 더 열심히만 일하면 더 많은 돈을 벌게 될 거라고 믿는다. 당신은 생계를 유지하기 위해서 열심히 일하고 희생한다. 사는 건 당신의 권리지만 가치 있는 삶을 살아야지, 돈을 벌기 위해서만 살아서는 안 된다. 하인이나 주인, 고용주나 직원, 리더나 추종자, 채권자나 채무자, 소비자나 생산자 등 누구든지 레버리지를 경험한다. 각자 다른 사람을 도와주더라도 한쪽이 레버리지를 하면 다른 한쪽은 레버리지를 당한다. 당신은 레버리지를 활용하고, 꿈꾸던 비전을 향해 나아가고, 다른 사람들의 시간, 돈, 자원, 네트워크, 시스템, 경험, 기술을 토대로 돈을 벌어야 한다. 그게 아니라면 다른 누군가의 원대한 비전 달성을 돕도록 레버리지를 당한다.

영국 최고의 부자 25명 중에 누구도 고용된 직원이 아니다. 그들 모두는 창업주거나 회사를 물려받았다. 그들 모두 고용주이자 기업가이고 투자자인 셈이다. 전 세계적으로 모든 선지자들은 부의 창조자이자 변화의 생산자이자 위험을 감수한 사람들이다. 백만장자와 억만장자들은 돈을 벌고, 다른 사람들의 시간, 자원, 지식, 인맥을 이용함으로써 자신의 시간을 아낀다.

억만장자의 생활방식을 살펴보자. 그들이 정말 광부와 하인과 청소부보다 '더 열심히' 일하고 있는가? 아니다. 레버리지는 학습할 수 있으며, 당신은 그들이 알고 있고, 배워왔고, 돈을 벌고 시간을 아끼고 변화를 창조하기 위해서 사용하고 있는 것과 똑같은 전략을 사용할 수 있다.

인터넷, 광섬유, 그리고 이 두 가지를 활용하는 모든 앱과 시스템 덕분에 레버리지가 전례 없이 쉬워졌다. 당신은 많은 일을 외부에 위탁할 수 있다. 그리고 소득 창출 업무에 보다 집중할 수 있는 시간을 위해 가상의 개인 비서를 채용할 수 있다. 비소득 창출 업무를 5시간 동안 외부에 위탁할 경우 4만 원이 들지 모르지만, 그로 인해서 자유로워진

5시간을 당신의 사업을 구축하거나 순식간에 3천만 원의 수익을 올릴 부동산을 매입하는 데 투자함으로써 평생 동안 매년 수천억 원의 잔여소득을 올릴 수 있다.

◆ 레버리지된 자산 ◆

내 열정이 깃든 벤처 사업 중 하나이자 슈퍼리치들이 공통적으로 관심을 갖는 사업 모델인 부동산 투자 사례로 설명해보겠다. 부동산 업계에는 기업가·투자자 유형과 집주인 유형의 사람들이 있다. 투자자들에겐 집주인으로서 해야 할 규제, 관리, 유지 등의 의무가 있지만 그런 의무를 직접 수행하지는 않는다. 투자자들은 시간을 때우는 부업으로 집주인의 의무를 수행한다. 그들은 종종 수리, 도색, 장식, 임대료 취합과 기타 운영상 일들에 관여하곤 한다. 물론 이런 일들이 중요하고 필요하며, 하지 않을 경우 부동산에서 현금이 새거나 세입자로부터 비난받을 것이다. 하지만 기업가·투자자는 더 원대한 비전을 가지고, 전략을 고수하고, 이런 모든 규제, 관리, 유지 관련 일들을 다른 사람들을 고용해서 맡긴다. 그럼으로써 얻게 된 자유 시간을 더 수준 높은 소득 창출 업무에 쓸 수 있다. 그러면 그들은 부의 규모를 키울 수 있다. 이런 사례와 사고 과정은 모든 업계에서 공통적으로 나타난다.

부동산 업계에 첫발을 내디뎠을 때 나는 부동산을 살펴보고, 구매 과정을 밟고, 모기지 대출 중개인을 상대하고, 보수하고, 임대를 내주고, 세입자를 관리하는 일이 내 일상적인 삶의 소명이 될 거라고 생각했다. 우리 대부분 새로운 일을 하게 될 때 그렇듯 나도 처음부터 에너지와 열정과 동기가 넘쳤다. 하지만 그것은 내게 고되고 따분한 일로 드러났다.

첫해에 10여 차례 부동산을 매입한 후 재정적인 안정을 찾는 과정에서 내 마음에 계속 중대한 물음이 맴돌았다. 나는 "이것이 진정 내가 평생 동안 하고 싶은 일인가?"라고 자문해봤다. 나는 부동산과 현금 흐름을 원했지만 부동산 관리와 유지 경영을 즐기지는 않았다. 하지만 나는 이미 부동산 분야에 발을 깊숙이 들여놓은 상태였다. 나는 돈을 벌고 있었지만, 나의 일은 두려운 덫이 되어가고 있었다.

비전과 레버리지가 없다면 부동산 사업도 다른 어떤 일만큼 힘든 일이 될 수 있다. 처리해야 할 복잡한 일들과 항상 당신을 존중해주는 건 아닌 사람들을 모두 상대해야 하기 때문이다. 하지만 부동산은 사람들이 부자 명단에 정기적으로 이름을 올릴 수 있게 해준다. 그리고 대부분의 다른 사업들과 마찬가지로 레버리지를 했을 때 보상을 받지만, 지나치게 전략적이었을 때는 패배를 맛본다.

1년 정도 만에 나는 부동산 사업을 직접 하면 안 되겠다는 결론을 내렸다. 그래서 다른 사람들이 나 대신 부동산을 보고, 가격을 제시하고, 매수하고, 임대하고, 수리하고, 관리하고 유지하면서도 올린 소득에 대해서는 공정하게 내 몫을 챙길 수 있는 방법들을 찾아냈다. 내 경우 레버리지를 올리거나 빠져나오거나 두 가지 선택의 기로에 서 있었다. 그것은 남에게 책임을 떠넘기거나 책임을 회피하려는 시도가 아니라, 내가 진정 내 삶에서 원하는 게 뭔지를 명확히 깨달은 순간이었다.

나는 마크 호머와 사업 제휴를 하면서 내가 힘들다고(혹은 싫다고) 생각하는 일들을 소중하게 생각하는 사람들이 있다는 걸 발견했다. 어떤 사람들은 심지어 그런 일을 사랑하고, 그런 일을 잘함으로써 생계를 꾸려나간다. 내가 할 수 없는 일을 할 수 있는 누군가뿐만 아니라 내가 완전히 서툰 모든 일들을 실제로 사랑한 누군가도 있었다. 나는 세상에 그런 사람들이 존재한다는 사실조차 모르고 있었다. 내가 이 모든 사람들을 레버리지 할 수 있었다면 나는 성장하고, 더 많이 벌고, 내가 좋아하는 일을 더 많이 하고, 상거래와 일자리와 경제를 창조할 수 있었을 것이다. 그런데 이전의 26년 동안 그런 생각을 전혀 하지 못했거나 어디서 배운 적도 없었다.

◆ 가장 빨리 부자가 되는 전략 ◆

레버리지는 사업, 돈, 삶을 위해 빠른 시간 내에 부자가 될 수 있는 전략이다. 성공, 자유, 시간 보존을 위한 실질적인 지름길이다. 많은 사람을 활용해서 조금씩 벌면 당신 혼자서 많이 벌 때보다 훨씬 더 액수와 규모를 늘릴 수 있다. 1만 명의 사람에게서 시간당 1만 5천 원을 버는 게 당신 혼자서 시간당 150만 원을 버는 것보다 훨씬 더 낫다.

내가 처음으로 진짜 사업다운 사업을 시작했을 때(예술가 시절은 제외하겠다. 그때는 진짜 사업에 대해 완전히 무지했기 때문이다.) 사업 동업자와 나는 모든 일을 직접 처리했다. 우리는 활기차게 일했다. 우리는 비용을 빠듯하게 유지하고, 나쁜 일이 일어나지 않게 막으면서 위험을 줄였다. 우리가 막 사무실을 열었을 때 역사상 가장 큰 불경기와 부동산 시장 폭락이 일어났다. 하지만 되돌아보면, 우리가 우리 방식에서 벗어났더라면 지나치게 위험을 감수하지 않고서도 더 빠르고 똑똑하게 더 많은 걸 성취했을 수 있었다. 다시 말해서 우리는 더 많이, 그리고 더 일찍 레버리지를 해야 했지만 하지 않았다. 나는 "롭, 지금의 지식을 가지고 다시 (사업을) 시작할 수 있다면 어떻게 다르게 하시겠습니까?"라는 질문을 자주 받는다. 더 많이 레버리지 하고, 구할 수 있는 최고의 인재를 구하라. 우리는 지루하고 어려운 일 대부분을 기술적인 측면에서 우리보다 훨씬 더 낫고 더 좋은 자격을 갖춘 사람들에게 위탁함으로써 얻게 된 시간적 여유를 전략과 비전과 팀 건설에 더 많이 쏟아부을 수 있었을 것이다. 다른 사람들을 채용하는 게 우리가 모든 일을 직접 하는 것보다 비용면에서 훨씬 효율적이었을 수 있다. 우리는 아낄 수 있었던 모든 돈을 생각해봤다. 우리가 낭비하거나 제대로 쓰지 못한 돈이 수천만 원이 넘었다.

◆ 당신 앞에 놓인 두 가지 현실 ◆

당신이 얻는 결과와 당신이 버는 돈은 당신이 하는 일이 아니라 하지 않는 일과 밀접하게 관련되어 있다.

나는 서른살에서 서른한 살 사이에 백만장자가 되었다. 그런데 어느 날 밤 일을 마치고 늦게 귀가했을 때 약혼자가 나를 앉혀놓고 "당신이 해온 일과 당신이 이뤄놓은 사업이 자랑스러워. 하지만 당신이 계속해서 아들이 일어나기 전에 일하러 나가서 잠든 후에 귀가한다면 애는 성인이 되어서 아버지 얼굴을 못 알아볼 거야"라고 말했다. 아들 바비가 태어난 지 9개월이 됐던 때였는데, 그때는 내 일이 가장 힘들고 고된 시기였다.

당시에 나는 이 문제 해결에 소극적이었다. 나는 우리 가족을 위해 정말 열심히 일하고 있다고 생각했기 때문이다. 하지만 이런 자기본위적인 생각을 내려놓자 두 가지 미래의 현실이 보였다. 하나는 내가 고된 일을 명예 훈장처럼 생각하면서 사회가 보기에 많은 돈을 벌면서 일주일에 80시간 일하지만, 과로에 시달리고, 내 가족과 시간을 보내지 못하고, 살려고만 일하고, 끝없는 목표를 좇는 비전이었다. 다른 하나는 내가 집이나 전 세계 어디서든 일할 수 있고, 원하면 어디로나 떠날 수 있고, 가족들과 오히려 너무 많은 시간을 보내는 나머지 가족들이 나를 집 밖으로 내쫓아 버리고 싶어 하고, 이런 생활 방식을 영위하는 데 필요한 수입을 꾸준히 올리는 비전이었다. 내 이런 깨달음은 레버리지, 시스템, 사람, 과정에 대해 관심을 갖기 시작한 계기가 됐다. 그때 이후로 목표로서가 아니라 결과로서 돈을 벌기가 더 쉬워졌다.

이제 다시 현재로 돌아와 보자. 우리 회사의 사업들은 훌륭하게 레버리지가 되고 있다. 완벽하지는 않고, 가끔은 혼란스럽고, 언제나 혁신적이면서 어느 때보다 더 변하고 있지만 우리가 예전에 부동산을 직접 관리했던 곳에서 이제는 관리 업무를 임차 전문 부동산 관리인들에게 맡긴 다음에 사업 동업자와 임차 전문 회사를 차렸다. 내가 예전에 직접 연간 최대 250차례 교육 행사들을 열었던 곳에서 이제는 우리가 세운 교육 회사들에 100명이 넘는 강사들을 고용해놓고 있다. 우리가 예전에 부동산을 둘러보고 구해줬던 곳에서 이제는 매입 전문팀을 만들어놓았다. 예전에 작은 단독주택만 샀던 곳에서 이제 우리는 더 큰 상가 건물을 사고 있다. 예전에 지역 단위로 가르쳤던 곳에서 우리는 지금 전 세계적으로 가르치고 있다. 예전에 직원이 없었던 곳에 우리는 이제 수백 명의 직원을 두고 있고, 외부에도 일을 위탁하고 있다. 우리가 예전에 주당 10만 원을 벌던 곳에서 이제는 10억 원을 벌 수 있다.

우리가 예전에 모든 일을 직접 했던 곳에서 이제 우리는 멘토, 마스터마인드(각자의 분야에서 발휘하는 능력을 상호 보완하고 통합함으로써 서로를 발전시키는 현명한 사람들의 집단), 전문가들을 두고 있다. 그리고 당신도 그렇게 할 수 있다.

레버리지는 하나의 과정이다. 이 지구상에서 내가 이 모든 일을 혼자서 전부 하거나 단순히 그냥 열심히만 노력한다고 할 수 있는 건 아니다. 완성이란 건 없다. 항상 배워야 한다. 그리고 내가 미래에 이 부분을 읽고서 '지금과 비교했을 때 우리가 정말로 작은 기업들을 경영했구나'라고 생각할 수 있기를 바란다. 내가 스스로에게 방해가 된다면 그런 일은 성사되지 못할 것이다.

◆ 다섯 가지 레버리지 수단 ◆

다음은 당신이 레버리지 할 수 있는 다섯 가지 수단이다.

1. 시간 (인생)

시간을 관리한다는 건 불가능하다. 시간은 통제할 수도 없고, 변경할 수도 없기 때문에 관리할 수도 없다. 당신이 어떻게 시간을 보내고, 절약하고, 투자하고, 낭비하는지를 관리할 수는 있다. 시간 관리는 인생 관리로 불러야 한다. 시간을 절약하고 가능한 한 낭비를 최소화하여 시간을 '확보'하는 것을 목표로 삼아야 한다. 시간은 당신의 가장 가치 있지만, 부족하고, 점점 줄어드는 상품이다. 시간은 당신이 태어난 날부터 시작하는 카운트다운 시계이고, 당신이 더 많이 투자하고 덜 낭비할수록 좋아하는 일을 할 더 많은 시간을 가질 수 있기 때문이다.

항상 시간을 소중히 여기고 측정하라. 시간을 지키고 활용할 수 있는 좋은 기회를 결코 낭비해서는 안 된다. 사업가들은 매일 일만 하지 않는다. 그들은 수천 명의 사람을 고용한다. 그들은 시간의 가치를 알고 있다. 그들은 종종 "시간이 아깝다"라거나 "그 일 때문에 잠자리에서 일어나지 않겠다"라고 말한다. 이제 그들이 왜 그렇게 말하는지 알 것이다. 그들과 똑같은 태도를 취하고, 시간을 소중한 상품이자 투자처로 간주하는 게 현명하다.

다음은 세 가지 가장 중요한 시간 활용 모델이다.

투자 시간 수익률

투자 시간 수익률RoTI(Return on Time Invested)은 모델과 방식을 하나로 합쳐놓은 것이다. 이것은 당신이 자신의 시간을 어떻게 사용하고 있는지를 분석하기 위해 따라야 할 시스템이다. 항상 "이것이 내게 최고의 투자 시간 수익률을 올려줄까?" 자문해라.

이 간단한 질문은 당신이 시간을 잘 활용하고 있고, 올바른 작업을 수행하고 있고, 최대한의 레버리지 효과를 얻고 있는지를 계속해서 확인하게 해줄 것이다. 확인 과정을 거쳐 당신이 최소한의 시간에 최대한의 돈을 벌고, 모든 잠재적인 일에서 최대한의 반복적인 혜택과 소득을 창출하기 위해 모든 시간이 아까운 일들을 위임하거나 포기하게 해준다.

시간 기회 비용

시간 기회 비용Time Opportunity Cost은 당신이 현재 하고 있는 일이나 소비한 시간 때문에 지불해야 할 비용을 말한다. 대부분의 사람들이 시간 기회 비용이 얼마나 되는지를 모른다. 그들은 현재 하고 있는 일이 주는 이익이나 손실만을 보지, 그 일을 하느라 하지 못하거나 그 일 대신에 할 수 있는 일이 주는 이익이나 손실을 보지는 못하기 때문이다. 기회 비용의 액수가 얼마나 되는지를 간단히 계산해볼 수 있다. 당신이 시간당 2만 원에 맡길 수 있는 행정 업무를 하느라 하루에 3시간을 쓰고 있고, 그 3시간 동안에 시간당 2만 원 이상을 벌 수 있는 제품 판매 일을 할 수 없다고 가정해보자. 또는 당신이 하루에 3시간 동안 부동산 서류업무를 해야 하느라 그 3시간 동안에 수천만 원을 벌어줄 수 있는 신규 부동산 계약을 찾는 일을 하지 못한다고 가정해보자.

항상 지금 그냥 하고 있는 일 말고, 그로 인해 하지 못하고 있거나 그 일 대신에 할 수 있는 일을 생각해보라. 투자 시간 수익률을 염두에

두고, 내가 내 시간을 어떻게 투자하고 있는지와 그 시간에 대신 할 수 있는 다른 일을 계속해서 주시하고 평가해보라.

별도의 시간을 내지 말기

한 번에 지나치게 많은 일을 하려다가 혼란에 빠질 수 있다. 너무 많은 접시를 한꺼번에 돌리거나 이 일 저 일 건너뛰며 하는 식의 멀티태스킹은 시간과 지력의 낭비이다. 별도의 시간 내지 말기 NeTime, (No Extra Time)는 멀티태스킹을 하는 것 같지 않게 멀티태스킹을 할 수 있는 방법이다. 별도의 시간을 내지 말고 정해진 시간 내에 여러 가지 일을 동시에 해보자. 예를 들어 당신은 여행하거나 체육관에서 운동하거나 걸을 때 오디오북을 듣거나, 기차나 자동차로 이동하면서 전화를 걸거나, 기차나 자동차 안에서 콘텐츠를 만들거나, 정원사와 청소부와 요리사와 운전사와 베이비시터 일을 동시에 하거나, 멘토나 기업인과 식사를 할 수 있다.

2. 돈 (자산)

당신은 자산을 만들고 자산에 투자함으로써 소득과 부의 창조에 레버리지를 활용한다. 당신은 잔여소득을 안겨주는 자산에 시간과 자본과 자원을 투자한다. 당신은 자산을 설정하고, 사람들이나 시스템에게 관리를 맡긴 뒤에 관리에서 손을 뗀다. 자산의 지속적인 유지 업무는 외부에 위탁을 주고, 남는 시간을 더 많은 자산을 불리는 데 재투자한다. 당신은 사업(물리적, 온라인, 전자상거래), 부동산, 지적 재산권(아이디어, 특허, 라이선스, 정보, 음악), 투자(주식, 채권, 서류), 대출, 현물(귀금속, 예술품, 시계, 와인, 고전 자동차), 파트너십(프랜차이즈, 합동 벤처) 등 여러 종류의 자산을 세울 수 있다.

3. 시스템 (절차)

효율적 시스템 구축을 위해선 다음 세 가지를 유의해야 한다.

자동화

시스템은 자동화의 밑거름이다. 자동화는 당신을 의존이 아닌 정리의 대상으로 만든다. 시스템의 자동화는 숙련되고 몸값이 비싼 직원들에 의존할 필요성과 업무 병목 현상을 없애준다. 자동화는 자율과 자유를 창조한다. 자동화는 가장 짧은 시간 내에 가장 단순하고 쉽게 생산성과 효율성을 최대한도로 높일 수 있는 방법을 모색한다.

당신은 회사와 생활 속에서 행해지는 거의 모든 단일 행동과 기능을 보다 효율적으로 수행함으로써 시간을 아낄 수 있다.

1단계 당신이나 당신의 지식을 필요로 하는 모든 일들을 메모해라. 그 일들을 글머리기호 형식으로 표시해두거나 마인드맵mind map(마음속에 지도를 그리듯이 줄거리를 이해하며 정리하는 방법-옮긴이)으로 옮겨놓아라.

2단계 당신이 하는 모든 말(영업, 마케팅, 비전, 절차 등)을 녹음하거나 영상화해라.

3단계 메모나 저장 기록을 매주 화요일마다 가상의 비서나 개인 비서에게 보내서 확실한 페이지 참조사항, 이미지, 인덱스를 곁들인 매뉴얼로 문서화해 정리해놓게 하라.

4단계 개인 비서 혹은 가상 비서가 금요일 오후 3시까지 당신에게 메모를 다시 돌려보내게 하라. 당신은 누구나 메모 내용을 확실히 이해하고 따를 수 있는지 확인할 수 있다. 주말 동안 비서에게 메모 내용 보강을 위한 피드백을 보내라.

5단계 일주일에 한 번씩은 각 부분별로, 그리고 한 달에 한 번씩은 전체적으로 매뉴얼을 읽어라. 이 매뉴얼에 따라 누군가가 끼어들어서 당신 역할을 수행할 수 있을지 생각해봐야 한다. 매뉴얼을 체계적이고, 질서정연하고, 간단명료하게 유지하게 해주는 모든 수정 사항에 대해서도 피드백을 하라.

6단계 당신이 성장하면서 팀원들에게 당신과 똑같이 하라고 지시하라. 부하 관리자들에게 각자 맡은 팀의 매뉴얼을 만드는 일을 위임하라. 최고의 레버리지 효과를 얻기 위해서 개인 비서가 책임을 지고 당신의 매뉴얼을 만들게 하라. 그것은 레버리지를 레버리지 하는 게 된다.

누구나 공감할 것 같지만 이런 절차의 중요한 핵심은 '지금 당장 시작해야'한다는 것이다. 당신이 채용이나 영업을 준비할 때 시작하는 건 적절하지 않다. 그때 하면 시간이 훨씬 더 많이 걸리고, 더 힘들어지고, 기존 사업 기능에 혼란이 일어나고, 판매도 타격을 받을 수도 있기 때문이다. 달력과 다이어리, 드롭박스 또는 구글 드라이브 같은 다른 파일 공유 시스템, 소셜 미디어, 고객관계관리 CRM(Customer Relationship Management) 시스템, 은행 앱과 온라인 은행, 애플 페이, 페이팔, 모든 신용카드 앱 같은 전자상거래 앱들, 오디오와 전자책 등의 간단한 시스템과

앱들을 실행함으로써 자동화와 전 세계적 이동성을 높이고 더 많은 돈을 벌고, 더 많은 자유를 누릴 수 있게 된다.

절차 = 효율화

절차는 시스템을 효율적으로 실행하기 위한 '모범 경영 best practice' 방법이다. 절차는 적절한 순서에 따라 A to Z나 1~15단계의 과정이 포함된 점검표다. 이런 점검표는 지속적인 분석, 반복, 문제 해결을 위해서 필요하다. 당신은 어떻게 업무 절차를 효율화 또는 단축시킬 수 있는가? 그것을 어떻게 간소화시킬 수 있겠는가? 레버리지를 만들 수 있는 방법은?

적어도 한 달에 하루 정도는 사업에서 완전히 손을 떼는 방안을 검토해보라. 이때는 '아무 일도' 하지 말아야 한다. 대신, 사업, 관리계좌, 손익 등 모든 핵심 성과 지표를 수집해서 분석하라. 평범해 보이는 곳에 더 많은 돈이 숨겨져 있다. 당신보다 더 사업을 크게 하는 사람에게 당신 회사 '이사회'에 참석(결정권은 없는)해서 핵심 성과 지표를 같이 살펴보게 하라. 비용을 줄이고, 이윤과 매출을 늘리는 방법에 대해 난상 토론을 실시하라.

결정

성장하고 싶다면 독단적 방식에서 빠져나와야 한다. 그렇게 하기는 쉽지 않다. 만약 당신 사업에 대한 많은 지식이 당신 머릿속에 들어 있고, 당신이 사업의 중심이라면 더욱더 그렇다. 하지만 당신은 레버리지 동시에 주요 팀원들에게 의사 결정을 위임해야 한다. 그들이 주요한 결정을 내리지 못하게 한다면, 그들은 항상 당신을 찾아올 것이다. 그러느니 차라리 그냥 혼자서 사업하는 편이 더 낫다.

훌륭한 사람들을 채용하고, 그들에게 당신의 비전을 알려줘라. 그들이 실수하게 내버려둬라. 그들을 돕더라도 통제해서는 안 된다.

4. 사람/기술

사람들을 레버리지 한다는 것은 모든 사람을 당신의 개인 비서처럼 활용하라는 의미가 아니다. 오랫동안 나 자신을 포함해서 많은 기업인들이 갖고 있는 특징적 문제는, 사람들이 우리를 위해 일한다고 잘못 생각하고 있다는 점이다. 사업가는 그들에게 임금을 주기 때문에 직원이 내가 시키는 대로 해야 한다고 생각한다.

사람들을 레버리지 하는 것은 임금 지급이나 고용 구조와 상관없이 연대감, 소속감, 관계의 문제와 연관되어 있다. 모든 사람을 잠재적인 파트너나 접촉 상대로 간주하라. 당신이 그들의 기술과 역할을 통해 혜택을 받고, 그들도 당신으로부터 받는 현물과 임금으로부터 혜택을 받는 곳에서 레버리지를 교환하라.

사람들을 레버리지 한다는 것은, 당신의 지도력을 통해 그들을 돕고, 그들에게 희망과 믿음 및 소득과 안전을 제공하고, 그들이 자신이 가치 있고 중요한 존재라고 느끼게 만드는 명확한 비전을 갖는다는 뜻이다. 서로를 위해 일하는 것이다. 그러니 서로의 관계를 상하 관계가 아니라 동반자 관계로 봐야 한다. 사람의 시간과 기술을 통해 얻을 수 있는 최고의 레버리지는 호의적인 관계이다.

다른 사람들의 기술과 시간을 레버리지 할 수 있는 간단한 시스템은 이것이다. '해야 할 일들' 중에 당신의 소득 창출 가치에 미치지 못하는 '어떤' 일이라도 다른 누군가에게 돈을 주고 위탁하라. 그래서 아낀 시간 동안 당신은 더 부가가치가 높은 일에 매진하라.

5. 아이디어와 정보 (레버리지)

모든 혁신은 문제를 해결하기 위한 창의적인 아이디어에서 출발한다. 현금이 없는 사람은 가치와 해결책을 만들어서 돈으로 전환하기를 원한다. 모든 돈은 아이디어에서 나오기 때문에 모든 레버리지도 아이디어에서 나온다. 따라서 레버리지를 제한하는 유일한 것들은 돈이 아니라 창의력과 풍부한 자원이다.

사라 블레이클리는 체형보정 속옷이라는 아이디어로 2000년에 스팽스란 회사를 차렸다. 처음 석 달 동안 그녀는 아파트 구석에서 무려 5만 벌이 넘는 속옷을 팔았다. 이제 그녀의 이 끝내주는 아이디어는 전 세계에서 온갖 종류의 제품들을 파는 수준으로 성장했다. 블레이클리는 2012년《포브스》선정 억만장자 명단에 이름을 올렸다.

조엘 글릭만은 50세 때 가족이 경영하는 플라스틱 회사에서 일하다가 다량의 빨대를 자르고 연결해보기 시작했다. 그렇게 해서 그가 만든 빨대 창작물은 케이넥스 조립 블록을 낳았다. 하스브로와 마텔 같은 회사로부터 거절을 당한 글릭만은 자신이 직접 완구를 제작하기 위해서 가족이 경영하던 플라스틱 공장 일부의 경영을 중단했다. 케이넥스가 출시된 지 얼마 안 된 1993년에 장난감 전문업체인 토이저러스의 창업자는 그것이 자신이 수년 만에 본 최고의 장난감이라고 말했다. 그리고 4년 뒤에 케이넥스의 매출은 1천억 원으로 성장했다.

---

⑤ 아이디어 레버리지 시스템

1. *문제를 찾고 진술하라.*
2. *문제를 도전 과제로 만들어라.*
3. *난상토론 후 해결 아이디어를 결정하라.*
4. *아이디어를 해결책으로 만들어라.*
5. *해결책을 돈으로 만들어라.*

1단계에서 접하는 문제의 크기가 클수록 5단계에서 얻게 되는 현금

액수가 커진다. 나머지 세계는 문제의 규모를 보고 한탄하지만 이 책의 철학을 활용할 줄 아는 혁신가는 팔을 걷어붙이고, 도전 과제에 다가간다.

정보 마케팅

세상 어디에서든, 세상 누구에게나 아주 짧은 시간 안에 훨씬 더 빠르고 쉽게 배우고 가르칠 수 있게 됐다. 아마도 정보의 가장 강력한 통화는 정보 마케팅일 것이다. 정보 판매는 가장 큰 규모의 혁신 산업 중 하나로 자리잡았다. 이 현대 산업은 전 세계적으로 매해 32.7퍼센트 성장하고 있다. 모든 정보의 98퍼센트는 이제 디지털 정보다. 매분마다 4만 7천개의 앱이 다운로드 되고, 6만 1천 시간의 오디오가 다운로드 되고, 10만 개의 새로운 트윗이 생성되고, 600만 개의 페이스북 페이지들이 보이고, 30시간의 동영상이 업로드되며, 130만 개의 동영상이 시청된다.

생산할 수 있는 양에는 제한이 없기 때문에 이 모든 정보를 최대한의 레버리지와 최소한의 비용을 들여 현금화할 수 있다.

비전의 크기가 부의 크기다

　수련은 매일 크기가 두 배로 늘어나기 때문에 30일이 지나면 크기에 상관없이 어떤 연못의 표면도 뒤덮을 것이다. 하지만 29일이 될 때까지는 연못의 절반만 덮는다. 그리고 마지막 하루 동안에 나머지 절반을 덮는다.

　우리들 중 많은 사람들이 은밀하고 순진하게도 첫째 날 수련이 마지막 날 크기로 자라고, 골프를 시작하자마자 18번 홀에 걸린 돈을 따기를 원한다. 돈과 삶은 그런 식으로 되지는 않는다. 막판에 항상 가장 많은 관성과 가속도가 붙는다. 레버리지 했을 때 얻을 수 있는 혜택도 끝으로 가까이 갈수록 커진다. 거대하고 지속적인 부를 원한다면 장기적인 관점의 접근이 반드시 필요하다.

시간 단위로 생각하는 사람들은 시간당 임금을 받고 그 돈을 소비한다. 일 단위로 생각하는 사람들은 주 단위로 생각하는 관리자에게 고용되어 그가 부여한 역할을 수행한다. 월 단위로 생각하는 관리자들은 최고경영자들이 기획한 연 단위 계획을 수행한다. 최고경영자들은 기업주가 3, 4년 이후를 생각하며 만들어 낸 비전을 수행한다. 기업주들은 수십 년 앞을 내다보는 선견지명이 있는 사회적 리더들에게 영감을 받고, 사회적 리더들은 다음 세대를 내다보는 현자들에게서 영감을 받는다. 이처럼 비전의 규모와 범위는 시간을 조망하는 시선과 비례한다.

◆ 배수의 효과 ◆

이처럼 장기적인 관점과 비전이 중요한데도 불구하고 단기적인 성과에 집착해서 좋은 성과를 내지 못했다고 곧바로 포기한다면 '배수의 법칙'이 주는 혜택을 누리지 못한다. 포기를 비롯해서 초기의 변화가 당신에게 나중에 아무런 혜택도 주지 않을 수 있다.

에디슨이 9,998번째 시도 만에 전구 실험을 포기했다고 상상해보자. 위대해질 수 있었지만 돈은 벌지 못하고 많은 일만 하고 보낸 시간을, 일을 하지 않아도 많은 돈을 벌 수 있는 시간으로 '뒤바꿔놓을 수' 있는 배수의 효과를 누리기 직전에 멈춰버리고 만 사람들에 대한 이야기가 허다하다.

　대부분의 백만장자와 억만장자들은 처음 1억 원을 벌기까지 엄청나게 긴 시간과 고된 노력이 필요하다고 말해줄 것이다. 나는 사업을 시작한 뒤에 약 4년이 지나서야 백만장자가 됐다. 중요한 사실은, 내가 백만장자가 되고 나서 다음 해에는 그보다 훨씬 더 많은 돈을 벌었다는 점이다. 그런데 그때 나는 최대한의 경제적 성과를 거두기까지 내가 일해왔던 모든 시간 중에서 '가장 게으르거나 가장 쉬운' 시간을 보냈다. 그리고 다음 해에 나는 다시 전년도의 두 배 가까운 돈을 더 벌었다. 하지만 나도 나보다 60년이나 더 오랫동안 이런 식의 '배수의 법칙'을 누려온 워런 버핏에 비하면 피라미에 불과하다.

◆ 악순환하는 인스턴트 만족 ◆

　우리는 순간적으로 만족감을 주는 것이 점점 더 늘어나는 세상에 살고 있다. 우리는 천만 번의 조회수를 기록한 유튜브 동영상들을 보고서 하룻밤 사이에 이룬 것 같은 성공, 유명한 사람들의 모습에 매료된다. 복근, 즉 식스팩 전후의 사진과 기적적인 치료법 등은 모두 지름길을 걷고 싶은 우리의 욕구를 자극한다. 하지만 그들은 비현실적인 판타지에 불과하다. 명확한 비전이 없다면 우리는 밖에서 쉬워 보이고 혹하게 만드는 것들의 유혹에 빠질 뿐이다.

당신이 처음부터 다시 파종하고, 심고, 비료를 주는 과정을 거쳐야 한다면 '배수의' 부를 창출할 수 있는 능력에 대한 자신감을 더 잃게 되고, 여기저기서 기회만 엿보게 된다. 그리고 자신의 능력을 의심하게 되기 때문에 더 지름길들만을 찾게 된다. 그래서 악순환이 이어진다.

◆ 부의 가속도를 누려라 ◆

뿌리가 깊을수록 나무는 더 높게 자라고, 잎이 넓게 퍼질수록 나무는 미래의 숲을 위해 더 많은 씨앗을 생산해낸다. 배수의 법칙의 기본은 가속도이다. 계속 늘어나는 빚은 계속 더 늘어나는 빚을 끌어당긴다. 계속 늘어나는 돈은 계속 더 늘어나는 돈을 끌어당긴다.

사실 부자들은 종종 너무 돈이 많아서 문제다. 그들은 돈을 충분히 빠르게 재투자할 수가 없다. 돈이 두 배, 네 배, 여덟 배 식으로 늘어나고, 그렇게 급격히 늘어난 돈을 재투자하면 더 많은 돈이 들어오기 때문이다. 그렇다. 부자들은 더 부자가 된다. 당신에게도 '배수의 법칙'이 통하게 하라. 항상 바꾸려고만 하지 말아라. 처음에는 아주 적은 돈이라도 벌려고 많이 일하더라도 오래 버티면서 아주 적게 일하고도 많은 돈을 벌 수 있는 쪽으로 상황을 전환시켜라.

파레토의 법칙

1906년에 이탈리아의 경제학자인 빌프레도 파레토는 이탈리아 국민 20퍼센트 정도가 전체 국가 부의 80퍼센트를 소유하고 있다는 사실을 알아낸 후 이탈리아 내 부의 불평등한 분배를 설명하기 위한 수학 공식을 만들었다. 1940년대 후반 품질경영 전문가인 조지프 주란 박사는 "기업 경영에서도 20퍼센트의 문제가 해결되면 나머지 80퍼센트의 문제는 저절로 해결된다"고 주장하며, 그것을 '파레토의 법칙Pareto Principle'이나 80/20의 법칙이라고 부르며 이 법칙을 보다 일반화시켰다. 더 일반적으로 말해서 '파레토의 법칙'은 우리의 삶에서 대부분의 일들이 균등하게 분배되지 않는다는 걸 보여주는 관찰 결과다. 이 법칙은 90/10의 법칙처럼 보다 극단적으로 변할 수도 있고, 혹은 가끔은 부의 분배나 상대적 성공과 관련된 사례에서는 95/5의 법칙 혹은 99/1의 법칙도 될 수 있다. 80/20의 법칙이 적용되는 몇 가지 사례를 들어보면 다음과 같다.

- 20퍼센트의 투입량input이 80퍼센트의 산출량outcome을 만든다.
- 20퍼센트의 근로자들이 80퍼센트의 일을 처리한다.
- 20퍼센트의 고객들이 80퍼센트의 매출을 창출한다.
- 20퍼센트의 기계적 오류들이 80퍼센트의 비행기 추락을 유발한다.
- 20퍼센트의 기능들이 80퍼센트의 사용을 유발한다.
- 80퍼센트의 가치가 20퍼센트의 노력으로 생성된다.
- 80퍼센트의 부를 20퍼센트의 사람들이 소유한다.
- 80퍼센트의 불만이 20퍼센트의 고객들로부터 나온다.
- 80퍼센트의 매출이 20퍼센트의 제품이나 고객들로부터 나온다.
- 80퍼센트의 비용이 20퍼센트의 간접비에서 나온다.

훗날 기업가이자 컨설턴트인 리처드 코치는 저서 『80/20 법칙』에서 "80/20의 법칙은 고도로 효율적인 사람들과 조직이 갖고 있는 위대한 비밀들 중 하나다"라고 말했다. 그는 과로와 비생산성을 특징으로 하는 현대 사회 속에 80/20 법칙이 적용될 수 있는 무수히 많은 현상을 설명하고, 개인과 기업 그리고 사회 편에도 이용할 수 있는 사례와 방법론을 제시했다. 다음은 그가 든 몇 가지 사례들이다.

- 소수의 투입량이 다수의 산출량으로 이어진다.
- 최대한의 만족감을 낳는 몇 가지 행동에 집중하라.
- 우리가 하는 대부분의 일들의 가치가 낮다. 부진한 결과를 생산하는 80퍼센트의 일을 없애거나 줄여라.
- 소수의 원인들이 다수의 결과를 낳는다.
- 결정적인 소수: 80퍼센트의 결과를 생산하는 20퍼센트의 노력을 찾아내서 강화하라.
- 기업 경영에선 가장 많은 돈을 벌어주는 제품과 고객들에 집중하고, 나머지는 최소화하거나 없애라.
- 소수의 결정들이 다수의 결과를 낳는다. 따라서 일, 부채, 투자, 관계의 선택이 중요하다.
- 노력을 많이 한다고 해서 보상이 늘어나지는 않는다. 중요한 일에만 집중하고, 나머지 일들은 무시하라.

나는 이 원칙이 기분 나쁠 정도로 정확하다는 걸 알아냈다. 어떤 두 개의 시간 단위도 똑같은 가치를 가지지 않는다. 파레토는 부의 분배에 대해 연구하면서 돈, 사업, 삶의 레버리지 모두에 적용될 수 있는 보편적인 법칙을 찾아냈다. 당신은 이 원칙을 수용함으로써 최소한의 시간과 돈의 투자로 최대한의 부를, 그리고 최소한의 노력으로 최대한의 결과를 얻을 수 있을 것이다. 대부분의 사람들은 중노동, 소모, 좌절, 고통스러울 정도로 더딘 결과를 경험하는 잘못된 쪽에 서 있다. 80/20의 법칙과 그 반대인 20/80 법칙은 동전의 양면이다.

몇 가지 사례로 정말로 그렇다는 것을 알 수 있다.

- 당신은 20퍼센트의 앱을 80퍼센트의 시간 동안 사용한다.
- 당신은 80퍼센트의 옷을 20퍼센트의 시간 동안 입는다.
- 머리카락의 80퍼센트가 20퍼센트의 부분에서 자란다.
- 당신은 80퍼센트의 행복을 하는 일의 20퍼센트로부터 얻는다.
- 카펫의 닳은 부분 80퍼센트는 표면의 20퍼센트에서 목격된다.
- 자동차 엔진 마모의 80퍼센트는 전체 엔진의 20퍼센트에서 일어난다.
- 키보드 마모의 80퍼센트는 전체 키의 20퍼센트에서 일어난다.
- 주식 투자 수익의 80퍼센트는 운용 포트폴리오 내 20퍼센트 주식에서 올리게 된다.

80/20의 법칙은 더 열심히 일하라는 게 아니라 선택적이고 무자비할 정도로 효율적으로 일하라는 뜻이다. 최대한의 시간을 보존하고, 최

고의 시간당 가치를 얻으며, 최대한도로 부를 늘려라.

다음은 주간 55시간 동안 일해서 총 150만 원을 벌었을 때의 소득 창출 가치를 계산해본 결과이다.

$$1,500,000원 ÷ 55시간 = 시간당 약 27,000원$$

위 계산에 80/20 법칙을 적용해서 당신이 번 소득의 80퍼센트를 일한 시간의 20퍼센트 동안 올린 것이라고 가정(반대의 경우도 성립)해보면 소득 창출 가치는 다음과 같이 크게 바뀐다.

$$1,200,000원(소득 × 0.8 (80\%)) ÷ 11시간(일한 시간 × 0.2 (20\%))$$
$$= 시간당 약 109,000원$$

두 번째 계산 결과를 보면, 첫 번째 계산 때에 비해서 시간당 소득이 네 배, 즉 400퍼센트가 늘어났다. 하지만 20/80 법칙을 80/20법칙과 비교해봤을 때 좀 더 흥미로운 결과가 나온다. 다음은 비효율적인 20/80 법칙에 따라 위 계산을 역으로 계산해본 결과다.

$$300,000원(소득 × 0.2 (20\%)) ÷ 44시간(일한 시간 × 0.8 (80\%))$$
$$= 시간당 약 6,800원$$

결과적으로 첫 번째 계산 때 결과인 시간당 2만 7천 원에 비해서 약 4배 정도 낮은 시간당 6천8백 원이 나왔다. 이 결과를 두 번째 계산 결과인 시간당 10만 9천 원과 비교하면 무려 16배의 차이가 난다. 이 계산 결과들은 일한 시간의 20퍼센트 동안 나머지 80퍼센트 시간에 비해서 시간당 16배 이상의 소득을 올리고 있을 가능성이 있다는 걸 보여준다.

80/20의 법칙은 부가 지금처럼 분배되고 결코 균등하게 재분배되지 않는 이유와 당신이 자신에게 일방적으로 유리하게 그것을 분배할 수 있는 방법에 대해 통찰력을 제공해준다. 돈이 도는 속도를 빠르게 하고 당신의 개인 GDP와 돈의 흐름을 늘림으로써 그렇게 할 수가 있다. 최고의 핵심 결과 영역과 소득 창출 가치에 집중하고, 적어도 6개월마다 한 번씩 그들을 평가하는 게 엄청난 속도로 부를 늘릴 수 있는 열쇠다. 당신은 돈이나 부와 관련된 모든 영역에서 80/20의 법칙을 활용할 수 있다.

돈이 당신을 돌보게 하라

부를 지속적으로 늘려나가기 위해서 관심을 가져야 할 세 가지 요소가 존재한다. 나는 그들을 '관심의 삼위일체 Trinity of Care'라고 부르겠다.

1. 인류에 대한 관심

가치가 없으면 우리는 아무런 목적에도 기여하지 못한다. 인류에게 특별한 가치를 부여하는 방법은 우리 자신만의 방식으로 다른 사람들을 위해 봉사하고, 그들의 문제를 해결해주는 것이다.

'계몽화된 이기심'을 발휘해야 한다. 다른 사람들을 위해 더 많이 봉사하고, 더 많은 더 어려운 문제를 해결해줄수록 당신에게 더 많은 돈과 자부심과 가치가 들어온다. 빌 게이츠의 비전은 '내 책상 위의 개인용 컴퓨터'와 '한 사람만을 위한 소아마비 퇴치'가 아니라 더 거대하고 전 세계적인 차원의 것이었다.

판매selling는 구매자가 원하는 것을 '공정한 교환'을 통해 제공하는 다른 사람들에 대한 봉사다. 판매는 누군가로부터 돈이나 다른 보수를 받는 대신에 그에게 뭔가 쓸모 있고 가치 있는 것을 줄 수 있을 만큼 충분히 관심을 쏟는 것이다. 그럼으로써 당연히 돈을 벌게 되겠지만, 공정한 교환하에서 거래의 일환으로 보수를 받는 것도 다른 사람들을 돕는 것이 된다. 그들이 당신에게 돈을 줄 때, 그들은 결국 돈을 가치 있게 여기고 그들의 개인 GDP를 증가시키기 때문이다. 축구 선수가 골을 넣거나, 골을 막거나, 어시시트를 함으로써 팀에 가장 잘 기여한다면 그에 상응하는 보상을 받게 될 것이다. 모든 선수의 연봉은 임의로 정해지지 않는다. 그의 급여, 후원 계약, 초상권은 그의 팀, 구단주, 팬들에 대한 기여와 직접적으로 비례한다. 그의 팀 공헌도는 팀의 성공에 직접적으로 영향을 미치고, 그의 연봉에 반영된다. 그가 아무런 도움도 주지 않는다면 팀 내에서 입지가 약화되고 결국 계약은 파기된다. 그의 팀 공헌도가 올라가면 다른 팀들도 그를 영입하고 싶어 하고, 높은 수수료와 더 높은 급여를 지불할 것이다.

축구 선수는 인도주의적인 판매 거래를 통해 다른 선수들에 미친 공헌도의 가치와 비례해서 돈을 번다. 따라서 그들은 최선을 다해서 경기에 임한다. 최고의 축구 선수가 가장 많은 돈을 번다. 최고의 축구 선수들은 대부분의 사람들에게 열정과 목적과 희망과 즐거움을 선사하면서, 그들을 즐겁게 해준다. 2015년에는 전 세계적으로 7억 명의 사람들이 맨체스터 유나이티드와 리버풀의 경기를 보기 위해 채널을 맞추었다. 최고의 축구 선수들은 대부분의 사람들이 축구를 하고 싶어 하고 언젠가 그들처럼 잘할 수 있게 동기를 부여한다.

모든 봉사 행위는 다른 사람들이 보답으로 봉사할 수 있는 더 큰 경제와 수단을 창조한다. 일방적인 봉사란 없다. 판매자, 직원, 부모만 일방적으로 구매자, 고용주, 자녀에게 봉사하는 것이 아니다. 경제와 발전을 강화하거나 방해하는 것은 상호 연결되어 있는 봉사망이다.

모든 사람은 봉사하는 사람들의 수, 제공하는 서비스의 규모, 해결하는 문제의 수, 그리고 그러한 문제들의 규모와 정비례하게 보상을 받는다. 그리고 다른 사람들을 위해 더 많은 돈을 벌어줄수록 당신 자신도 더 많은 돈을 번다. 다른 사람들이 겪는 큰 문제를 회피하는 대신, 그것을 공략하고 해결하면 가치는 높아질 것이다. 당신의 실제 소득 창출 가치가 증가하면서 당신의 자부심도 높아지고, 당신은 당연히 더 높은 수준의 보상, 서비스, 규모로 이동하게 된다.

2. 자신에 대한 관심

자신을 소중히 여기지 않으면서 다른 사람들을 돕는 데만 열중한다면, 비용은 늘어나고, 이윤은 줄어들며, 지속이 불가능할 것이다. 사람들은 더 많은 비용이 청구됐을 때 그것의 가치를 더 인정한다. 가치는 공정한 교환과 관련되어 있는 인식이기 때문이다. 가격과 가치가 모두 오르면, 판매도 증가한다. 고객들이 더 좋은 품질에 끌리면, 당신의 제품이나 서비스를 더 많이 추천할 것이고, 당신의 자부심은 올라가게 된다.

자신에게 투자하라. 높은 가격을 공정하게 부과하라. 계속적으로 자기 발전에 힘쓰고, 더 큰 문제를 해결하고, 당신의 가치를 높게 평가하는 사람들 곁에 머물러라. 앞으로 되고 싶은 사람이 아니라 현재 자신의 모습 그대로를 사랑하라. 그저 미래에 약간의 신뢰를 얻기 위해서 지금 모든 것을 기부함으로써 모든 가치를 미래로 미루면 안 된다. 진정한 당신을 세상에 보여주고, 다른 사람들이 당신의 특별함으로 인해 큰 혜택을 얻게 해줘라.

3. 돈에 대한 관심

당신 자신에게 돈과 사랑에 빠지는 것을 허락하라.

순자산을 추적하고 평가하라. 돈, 마진, 이익과 손실을 예의 주시하라. 당신 회사에 적합한 구체적인 재무 핵심 성과 지표를 준비해둬라.

돈에 대해서만 생각하라. 돈과의 연애와 관련된 모든 죄책감, 수치심, 두려움을 털어버려야 한다.

돈은 그야말로 현재 우리의 보편적인 가치 교환 메커니즘이다. 돈이 당신과 다른 사람들에게 주는 것을 사랑하라. 돈을 좋은 일을 하는 데 필요한 힘으로 사용하라. 돈이 당신을 돌볼 수 있게 투자와 자금 관리 시스템에 대해 공부하라. 돈에 대한 지식을 키우고, 돈과 관계를 발전시켜라. 당신의 자식들과 당신보다 잘 모르는 다른 사람들에게 관리법을 알려주라. 받아야 될 돈을 잘 추적하고, 공정하고 신속하게 징수할 수 있는 좋은 시스템을 확실히 마련해둬라. 자신을 과소평가하지 말라.

⑤ 8단계 판매 전략

1단계 미소를 지으면서 자신을 소개하라. 사람들은 당신을 만난 뒤 첫 3~5초 동안 당신이 어떤 사람인지를 판단한다.

2단계 공통점을 찾아라. 공통점은 판매자와 구매자 사이의 유대감을 강화시킨다.

3단계 구매자의 욕구를 파악하라. 그의 1차적 욕구는 무엇인가? 그에게 어떤 해결책이 가장 중요한가? 구매자의 삶에서 빠졌거나 문제가 되는 것처럼 보이는 게 무엇인지를 찾아내라.

4단계　구매자의 욕구를 다시 확인하라. 추측은 금물이다. 확인 차원에서 구매자에게 당신에게 말해준, 그에게 필요하거나 없는 것을 다시 알려달라고 하라.

5단계　가치를 창조하고 제공하라. 구매자가 원하는 것을 제공함으로써 그가 거절할 수 없는 제안을 하라.

6단계　팔아라. 그리고 돈을 요구하라. 모호한 요구를 하거나 요구를 말하지 않아서는 안 된다. 조건을 분명히 밝혀라.

7단계　서비스, 관심, 가치를 제공하라. 약속한 서비스를 제공하라. 그런 다음에 추가 서비스를 제공하라. 돈이 은행에 입금되고 오랜 시간이 지나서도 공정한 교환 과정을 지속하라.

8단계　추천과 피드백을 요청하라. 제품 품질을 개선하고 더 나은 서비스를 제공할 수 있게 솔직하게 피드백을 줄 것을 요청하라.

기술과 과학을 아우르는 마케팅

당신이 운영 중인 매장에서 고객들을 상대로 물건을 팔아야 한다면 마케팅을 해야 그들이 매장으로 온다. 당신이 파는 것을 알리기 위한 마케팅을 하지 않으면 누구에게도 아무것도 팔 수 없기 때문에 마케팅은 사업에서 가장 중요한 기능을 하는 한 가지이다. 마케팅을 해야 돈을 번다.

아무도 사지 않는 최고의 제품은 모두가 구매하는 평범한 제품보다도 쓸모가 없다. 일단 제품이나 서비스를 디자인하고, 크라우드소싱하고, 갱신했다면 마케팅을 통해 주도적으로 고객에게 알려야 한다. 그러면 굶주린 구매자들이 관심을 쏟고, 열광하고, 마침내 다른 사람들에게도 추천한다. 당신이 파는 것을 고객이 더 많이 원하고, 그가 당신에게 이상적인 고객 집단에 속할수록 더 쉽고 비용이 안 드는 마케팅이 가능하다.

훌륭한 마케팅은 기술과 과학 모두를 아우른다. 기술은 시장이 원하는 것, 당신의 경험, 바람직함, 아름다움, 그리고 입소문을 내주는 미지의 변수들을 알아보는 직관이다. 과학은 투자 결정의 근거가 되는 마케팅 핵심 성과 지표 데이터 분석이다. 마케팅 기술과 과학을 결합하면 경쟁에서 우위를 점할 수 있다.

마케팅 덕분에 수요는 늘어나지만 공급이 부족하다면 당신이 파는 제품이나 서비스의 가격은 자연스럽게 올라갈 것이다. 브랜드 호감도가 높다면, 돈은 많은데 공급이 제한된 많은 충성스러운 추종자들이 등장함으로써 제품이나 서비스의 가격이 엄청나게 올라가게 된다. 나이키와 같은 브랜드들은 고가의 희귀 제품(나이키 에어 조단 한정판처럼)을 만들어서 구매 열기를 유발하며, 이는 다시 저렴한 가격의 제품들을 위한 마케팅의 역할을 한다.

◆ 정보와 인터넷에 빠진 사람들 ◆

이메일, 소셜 미디어, 블로그, 팟캐스트 등의 사용이 폭발적으로 늘고 있다. 이런 기술들의 덕분에 이제 공략 대상 고객들에 다가가는 데

드는 비용이 줄어들었다. 컴퓨터와 와이파이 신호만 있으면 과거 어느 때보다 더 빠르고 쉽게 사업을 시작하고 사업 규모도 늘릴 수 있다. 비용은 낮추고, 속도는 높이면서 '당신의 사업이나 열정과 관련된 정보'를 마케팅하기가 더 쉬워졌다.

정보에 대한 수요는 크게 늘어났다. 2010년 기준 정보 마케팅 산업 규모는 50조 원에 달했다.《월스트리트저널》에 따르면 2013년에 62조 원으로 더 늘어났다. 정보에 접근하기가 과거 어느 때보다 쉬워져서 '스스로 학습'이 가능해지자, 무료와 유료 정보 업계 모두가 호황을 누렸다. 구글은 현재 15엑사바이트(엑사는 10의 18제곱 - 옮긴이)의 데이터를 저장하고 있다. 이 같은 엄청난 분량의 데이터를 저장하기 위해서는 500기가바이트 용량의 개인용 컴퓨터 약 3천만 대가 필요하다. 사실상 비축이나 재고 확보가 필요 없고, 창업비용도 들지 않기 때문에 누구나 지식을 포장해서 낮은 마찰을 겪으며 전 세계 고객들에게 접근할 수 있다.

당신은 똑같거나 유사한 저비용 정보를 수백만 회 팔 수 있고, 사실상 '다운로드 양의 제한'도 없다. 당신은 온라인상에서 그 정보를 다시 포장해서 다른 목적으로 팔 수 있다. 종이책, CD, DVD, 전자책, 오디오북, 킨들, 아이튠즈, 오더블, 아이북스, 뉴스레터, 팟캐스트, 페이스북, 대학, 유료 회원제 사이트 플랫폼, 세미나, 멘토십, 교육 프로그램 등에서 파는 것도 가능하다.

당신은 전례 없이 성장하고 있는 온라인 플랫폼 등을 통해 당신만이 천재성을 발휘할 수 있고, 경험을 쌓아온 분야에서 사람들이 겪고 있는 고통을 신속하게 해결해줄 수 있다. 무료 계정을 통해서 수백만 명의 고객들에게 접근해서 레버리지 효과를 발휘할 수 있는 새로운 소셜 미디어 플랫폼이 거의 하루에 하나씩 등장하고 있다. 당신은 자신의 가치를 존중하고, 그것을 생산해낼 때 많은 사람들에게 봉사하고 그들이 겪는 문제를 해결해줄 수 있다. 당신만이 가진 독특한 정보로 더 많은 사람들에게 도움을 줘라. 그리고 그에 대한 대가로 꾸준한 수입을 올릴 수 있다.

지금 레버리지를 시작하라

　경제 활동을 위한 합법적이고 지속 가능한 참여 방법에는 세 가지가 있다. 이 방법들은 시간이 지나면서 진화하고, 변형된 방법들도 등장한다. 그들은 직원, 기업가(자영업자), 사내 기업가(사내에서 사업의 자율성을 보장받는 직원)다.

　그들에게는 각기 장단점이 존재한다. 시간을 내서 자신이 어떤 유형의 사람이며, 어떤 지식과 경험을 갖고 있고, 위험 성향은 어떤지를 검토해본 다음에 가장 적합한 유형을 가장 잘 활용하면서 가장 많은 돈을 벌어라. 또한 한 가지 유형에서 시작한 다음에 다른 유형으로 전환하는 걸 목표로 해서 쌓는 데만 20년이 걸린 경력이 중단되는 위험을 줄일 수 있다.

◆ 직원 ◆

직원이 되면 얻을 수 있는 이점으로는 다음과 같은 것들이 있다.

- 상대적인 안정을 느낄 수 있다.
- 간접비를 회사에서 지속적으로 지불해준다.
- 교육 및 지원을 받는다.
- 경력을 쌓기 위한 명백히 검증된 방법을 배운다.
- 팀제 근무 환경에서 일할 수 있다.
- 대학 졸업 후 돈을 벌 수 있는 검증된 길을 걷는다.
- 퇴직할 때까지 일하고 퇴직 후 연금을 받는다.
- 병가와 육아휴직이 있고, 다른 사내 복지혜택을 누린다.

당신이 혁신적인 회사나 규모가 큰 회사에서 일한다면 이러한 모든 혜택을 누릴 수 있고, 많이 배울 수 있으며, 고위직으로 올라가면 더 많은 돈을 받을 수 있다. 주식도 받고, 수백만 원을 벌 수도 있다. 하지만 그렇게 고위직까지 승진하기 위해 수십 년 동안 일해야 할 수도 있다.

또한 특히 저임금 일자리들을 중심으로 고용 안정이 약화됐다. 일부 직업에서 직원이 됨으로써 누릴 수 있는 장점이 줄어들었지만, 단점은 여전히 단점으로 존재한다. 이런 높아진 위험을 상쇄할 수 있을 만큼 임금이 30퍼센트씩 크게 올라가는 일은 일어나지 않는다. 어떤 경우 직원이 마침내 기업가가 되려고 결심한 것도 이런 이유 때문이었다.

당신이 조직에 꼭 필요한 사람이라면 항상 임금 인상과 승진 대상이 될 것이다. 조직이 당신의 가치를 몰라본다면 당신은 헤드헌터들의 스카우트 대상이 될 것이다. 다음은 당신의 경력을 빠르게 성장시키면서, 직원으로서 최단 기간 내에 최대한의 돈을 벌 수 있는 매우 효과적인 방법들이다.

---

⑤ 직원의 레버리지 방법

- 매니저, 상사, 고용주의 가치를 찾아라.
- 회사의 비전에 최대한의 혜택을 제공하는 핵심 결과 영역을 우선순위에 두라.
- 해야 할 일이 아니라 하고 싶은 일을 하라.
- 회사를 위해 한 일을 보여주고, 성장할 수 있는 피드백을 받을 수 있게 매달 성과 평가 시간을 정하라.
- 회사의 이익 창출에 도움이 되는 아이디어를 내고, 그것에 대한 보상을 나눠줄 것을 요구하라.
- 비용 절감에 유용한 아이디어를 내고, 아낀 비용을 보상으로 달라고 요구하라.

- 핵심 결과 영역을 충족시키기 위한 확실한 목표와 기간을 설정할 때 당신의 몫을 요구하라.
- 기대 이상의 성과를 내라.
- 고효율적으로 시간을 관리하라.
- 항상 고객들에게 관심을 갖고, 그들을 열심히 도와라.

◆ 기업가(자영업자) ◆

기업가는 자신을 위해 일하는 사람이다. 기업가의 주요 단점은 위험이 크다는 것이다. 대신 보상도 크다. 당신이 '모든' 책임을 져야 하고, 기업의 위계질서에 숨을 수도 없다.

하지만 기업가가 되려는 계획을 세우고 싶거나 이미 기업가로서 계속해서 나아가고 성장하길 원하는 많은 매력적인 이유들이 존재한다. 어떤 이유들은 비교적 일관되고 지속적이며, 어떤 이유들은 혁신적이다. 특히 전자상거래와 인터넷 판매를 성장시키고, 가상 현실과 인공 지능과 사물 인터넷 같은 미래 기술의 성장 속도를 높이고 싶고, 하루에 20만 명씩 늘어나는 전 세계 사람들에게 봉사하고 싶고, 사람들을 드론과 자동화로 대체하고 싶은 욕구가 대표적인 혁신적인 이유다.

- 회사의 비전, 가치, 목적을 분명히 밝혀라.
- 작은 규모건 시간제건 지금 당장 시작하라. 목표 날짜를 정하고, 안내문을 나눠줘라.
- 시스템을 실행함으로써 조기부터 레버리지를 하라.
- 처음부터 최고의 자질을 가진 사람들을 끌어모을 방법을 모색하라.
- 습관을 들이기 위해 시간제로 일하라.
- 사람들이 소속되길 원하는 훌륭한 문화를 창조하라.
- 8단계 판매 전략을 따라라.
- 제품과 서비스를 크라우드소싱하고 피드백을 통해 그들을 개선하라.
- 모든 팀원들을 위해 확실한 직무분석표와 핵심 결과 영역을 만들어라.
- 변화와 성장과 혁신을 통해 그들에게 계속 영감을 줘라.
- 돈을 잘 관리하고, 핵심 성과 지표를 면밀히 주시하라.
- 이윤을 내고 그것을 재투자하라.
- 일부 운영과 업무를 외부에 위탁하고, 비전과 전략 수립에 매진하라.

- 스스로 학습하라. 다른 성공한 기업과 기업가들을 공부하고, 틈새시장으로부터 새로운 아이디어를 차입하라.
- 브랜드를 개발하고 홍보하며, 평판을 관리하라.
- 놀라운 '확장적' 네트워크를 개발하고 육성하라.
- 자선 활동에 참여하라.

성장하면서 팀을 이끌고 경영할 때 가장 높은 순위에 있는 핵심 결과 영역 중 하나이자 가장 좋은 경영 전략은 보상과 처벌이 아니라 영감을 주는 것이다. 성격과 보유 기술은 다양하지만 비전과 문화가 유사한 사람들로 팀을 만들어라. 사람들이 가진 최고의 장점을 찾으면, 그들은 당신에게 그것을 보여줄 것이다.

최고 인재들의 피드백을 수용하고, 그들을 전략과 비전에 참여시키고, 그들에게 선물을 주고 친절한 행동을 보여주며, 그들의 생일과 업무 기념일을 축하하고, 직업적으로뿐만 아니라 개인적으로 그들을 자세히 알 수 있을 만큼 충분히 관심을 쏟아라. 그들이 당신이나 당신의 감정을 상하게 하지 않고서 자신이 느끼는 좌절감을 표출할 수 있게 그들에 대해 충분히 신경을 써라. 그러면 그들은 당신을 소중히 여길 것이다. 그들의 욕구와 가치를 충족시키도록 도와주면 그들은 당신에 대한 충성을 유지할 것이다.

◆ 사내 기업가 ◆

기업가의 시대인 요즘 기업가를 살짝 변형시킨 상태가 사내 기업가다. 사내 기업가는 기업 내에서 자유와 자율성과 고용 안정과 보호를 보장받는다. 근무시간이 엄격히 제한적이지도 않고, 재택근무를 할 수도 있다. 일상 업무보다는 주어진 프로젝트를 추진한다. 리더로서 활약할 기회도 부여받고, 리더처럼 대우와 존경을 받는다.

기업 혁신이 중요시되는 최근에는 진보적이고 혁신적인 기업들이 성장하고 사업 규모를 늘릴 수 있는 방법으로 사내 기업가 제도를 포용하고 있다. 인재를 끌어들여와야 하는 입장에서 인재들에게 사내 기업가로 일할 수 있는 기회 제공으로 최고의 인재를 구할 수 있을지 모른다. 사내 기업가는 수익을 내는 데 회사를 이용하고, 고용주는 사내 기업가가 잠재된 기업가적 바람을 개발하게 도우면서 동시에 수익을 나눈다. 사내 기업가는 백지 상태에서 시작하는 위험을 무릅쓰지 않고서도 자기가 하려는 일이 정말로 자기가 원하는 일인지를 시험해볼 수 있다. 기업가가 자유를 부여하는 사람들 중 일부는 직접 회사를 차릴지도 모른다. 우리도 처음에는 이런 일을 받아들이기 힘들었지만 지금은 우리가 그렇게 많은 성공적인 기업가들을 길러낼 수 있는 위대한 재능을 갖고 있다는 사실을 중요시한다. 그들이 나중에 우리를 찾아와서 사업을 시작할 수 있게 해준 데 대해 우리에게 고마움을 표시할지도 모른다.

- 매니저, 상사 그리고 고용주의 가치를 찾아보라.
- 기업 비전에 가장 큰 이점을 제공하는 최고 수준의 핵심 결과 영역이 무엇인지 질문하라.
- 프로젝트를 당신의 회사처럼 이끌어보라.
- 고용주에게 새로운 기회나 모험을 제시하고, 당신이 보상으로 가져갈 몫과 함께 제안서를 제출하라.
- 회사에 비용 절감 아이디어를 내고, 보상을 요구하라.
- 매달 평가 시간을 가져라. 이때 당신은 회사를 위해 한 일을 보여주고 피드백을 받을 수 있다.
- 핵심 결과 영역을 충족시키기 위한 확실한 목표와 기간과 함께 당신이 받을 몫을 요구하라.
- 기대 이상의 성과를 내라.
- 경영, 리더십, 채용, 마케팅 등 기업가 정신이 발휘되는 모든 영역에 대해 알아보라.
- 최대한의 영향을 미치기 위해 고효율적으로 시간을 관리하라.
- 일하는 시간 내 휴식 시간을 벌기 위해 시간외 일을 하라
- 항상 고객들에게 관심을 갖고, 그들을 열심히 도와라.

아이디어를 공유하고, 함께 제안서를 내고, 회사를 성장시킬 수 있는 방법을 찾는 걸 결코 두려워해서는 안 된다. 그것이 두렵다면 당신에겐 또 다른 고용주나 파트너가 필요할지 모른다.

돈을 더 많이 벌고 기부하는 방법으로 세 가지 참여 방법 중 어느 방법을 선택하건 당신은 그것이 당신에게 도움이 되도록 만들 수 있다. 시간을 내서, 어떤 방법이 당신과 당신의 가족에게 올바른 길인지를 생각해보라. 간혹 가족의 역학 관계에서 균형을 잡은 채 장기간 그 길을 따라서 가족이 함께 정진하는 게 좋을 때도 있기 때문이다.

이 각각의 세 분야에는 다수의 백만장자들이나 성공적으로 균형을 이룬 사람들이 있지만, 억만장자는 모두 기업가 범주에 속한다.

열정과 일과 휴식을 통합하라

열정적으로 일하고, 일하면서 쉬는 삶을 살 수 있을까? 좋아하는 일을 하고, 하는 일을 좋아할 수 있을까? 그렇다고 말할 수 있지만 항상 그럴 수 있는 것만은 아니다. 당신이 그럴 수 있는 모델과 시스템을 따랐을 때만 그렇다고 말할 수 있다.

소셜 네트워킹 사이트인 케어투가 정리한 '불행한 사람들의 10가지 공통점' 중 첫 번째는 그들이 하고 있는 일을 싫어한다는 사실이다. 수십 년 동안 싫어하는 일을 한다는 건 무가치하다. 대부분의 사람은 먹고살려고 일하지만, 변화를 가져오거나, 세상을 바꾸거나 성취감 있는 삶을 사는 사람들은 일과 생활 모두에서 만족감을 느낀다.

당신이 지나치게 많이 일하는 스타일이라면 집에 있으면 불안한 느껌을 받는다. 집에 너무 오랫동안 머물면 충분한 돈을 벌 수 없거나 경력을 발전시키지 못하거나 우주에 족적을 남길 수 없다. 일과 생활 중 어느 한쪽의 희생은 적어도 다른 쪽에서 내적 갈등과 후회를 유발하고, 가끔은 양쪽 모두에게 영향을 준다. 그렇다면 왜 이렇게 일과 생활이 울타리를 둘러친 것처럼 별도로 나눠진 생활을 하게 되는 걸까?

가운데 '균형'이 잡히지 않아서다. 한쪽 끝에서 다른 쪽 끝으로 움직이는 시계추처럼 모든 것의 '정가운데'에 완벽하게 균형을 잡기가 좀처럼 힘들다. 따라서 우리가 일과 생활 사이에 균형을 잡으며 살 수 있다는 생각은 무용지물이다. 따라서 '균형'을 잡고 희생해야 할 필요 없이 가능한 곳에서 일, 가정, 그리고 '삶'을 동시에 살아라. 아기를 안고 있으면서 이메일을 보내라고 말하는 게 아니다. 하지만 당신은 가족과 같이 휴가를 가서 아이들이 직업 체험 테마파크에서 노는 아침 시간 동안에 비즈니스 회의를 열 수 있다. 당신이 업무차 다른 나라에 출장을 갈 때 가족들을 데리고 갈 수도 있다.

가족 모두가 중시하는 가치가 다르기 때문에, 그들 모두를 행복하게 해주는 것이 항상 쉽지만은 않다. 나는 당신이 가족 구성원들이 중시하는 가치를 반드시 알고 있어야 한다고 믿는다. 배우자와 아이들에게 그들 인생에서 가장 중요한 것은 무엇인지 물어라. 그들의 대답을 들어보면, 그들을 어떻게 사랑하고, 그들에게 어떻게 봉사하고, 그들과 어떻게 살면 되고, 또한 당신이 특히 자신에게 중요한 뭔가를 원하고 있을 때 그들에게 영향을 어떻게 영향을 미칠 수 있을지에 관한 청사진을 얻게 될 것이다. 당신은 대부분의 사람들이 모르고 있는, 그들이 좋아하는 것들이 뭔지 알게 될 것이다. 또한 당신의 모든 욕구와 가치를 충족시키는 가족을 위한 삶을 만들 수도 있다. 우리 가족이 '출장'과 '휴가'를 합쳤을 때 그렇게 할 수 있었다. 우리 가족 모두가 그들의 가치를 만족시켰다. 이 한 가지 행동만으로도 장소를 불문하고 본인의 삶에서 가장 큰 변화가 일어났다고 말하는 사람이 수백 명에 이른다.

가족 외에도 가까이서 당신의 비전에 도움을 주고 당신의 삶에서 큰 부분을 차지하는 중요한 사람들, 즉 사업 파트너, 가장 친한 친구, 상사, 주요 팀원들의 가치에 대해서도 알아보라. 각자 가치를 존중 받을 때 지속 가능한 관계가 이어진다. 가족과 주요 파트너들을 당신의 사업 계획, 목표 설정 및 비전에 참여시켜라. 또한 매년 각 가족 구성원이 전체 가족의 가치와 비전에 기여할 수 있는 가족 비전 모임을 열어라. 아이들이 가치 있는 목표를 달성하고 만족감을 느낄 수 있게 그들이 어렸을 때부터 함께 목표를 세워라. 그들의 삶에 도움이 될 만한 기술을 가르쳐라. 다시 말하지만, 당신은 이런 일을 노는 휴가 기간 동안 할 수 있다.

일과 생활을 분리하지 않고, 열정과 일과 휴식을 통합하는 방법을 찾을수록 당신은 오랫동안 일을 하면서 더 중대한 유산을 남길 수 있다.

적어도 1년에 한 번씩은 다음 6가지 질문에 대한 답을 찾아보면서 당신이 어떤 상태에 있는지를 확인해보라. 각 질문들을 서로 합쳐서 묻고 답해보라.

- 내가 지금 하고 있는 일을 좋아하는가?
- 10년 뒤에도 이 일이 하고 싶을까?
- 시련이 닥쳐도 이 일을 계속 좋아할까?
- 일을 하는 데 필요한 기술과 경험과 지식을 배우고 싶다는 욕구가 있는가?
- 내 일에 맞는 큰 시장이 있는가?
- 내가 하는 일로부터 꾸준한 수익을 낼 수 있을까?

최고의 회사들이 적용하는 수익 모델

다음은 내가 목격한 어떤 모델보다 효과적이고 간단한 4단계 수익 창출 모델이다. 이것은 기회를 봐서 일시적으로 쓰고 버리기보다는 규모 확장과 반복적 사용이 가능한 시스템이다.

1. 조사하라

타깃 시장으로 아디디어, 시스템, 해결책을 크라우드소싱하라. 고객들을 제품이나 서비스 생산 과정에 참여시켜라. 그러기 위해 잠재 및 기존 고객들을 대상으로 조사를 실시하라. 그들이 원하는 것과 원하지 않는 것을 구체적으로 물어라. 시작-중단-유지라는 3단계 질문 공식을 활용하라.

- 당신은 우리가 하고 있지 않는 어떤 일을 시작하기를 바라는가?
- 당신은 우리가 (잘못) 하고 있는 어떤 일을 중단하기를 바라는가?
- 당신은 우리가 (잘) 하고 있는 어떤 일을 계속 유지하기를 바라는가?

어느 정도 테스트를 하지 않고서 무작정 새로운 사업이나 모델이나 틈새시장에 곧바로 뛰어드는 건 상당히 위험하면서 아주 큰 비용이 소요될 수 있다. 이런 위험을 줄일 수 있는 최선의 방법은 고객이 원하는 게 뭔지를 미리 파악해놓는 것이다.

가장 빠르고 저렴하게 그렇게 할 수 있는 방법은 기존 고객들을 대상으로 설문 조사를 실시하는 것이다. 당신이 만든 제품이나 서비스를 소비하기를 간절히 원하는 구매자들을 대상으로 미리 청사진을 만들어보라. 크라우드소싱은 마케팅 과정의 일부가 되는 마력을 발휘할 수도 있다. 당신이 만일 어떤 제품이나 서비스 개발 단계에 개입했다면 출시되기 전에 무엇인지를 잘 알 것이다. 나는 커뮤니티로부터 영감이 깃든 아이디어를 얻는다. 나는 묻고, 검증하고, 수정하고, 피드백을 받고, 통합하고, 재차 묻는다.

2. 해결하라

고객들이 묻는 질문과 겪는 문제들을 해결하기 위해 매진하라. 제품, 서비스, 시스템, 앱, 아이디어, 정보, 지적 재산권, 라이선스, 프랜차이즈, 컨설팅, 치료법 등이 모두 해결책이 될 수 있다. 온라인, 동영상, 매뉴얼, 책, DVD, 개인 서비스, 라이브 스트리밍, 온라인 회의, 클라우드, 점자點字, 원고, 번역본, 1:1 대화 등 해결 양식들을 크라우드소싱할 수 있다. 고객은 자신이 바라는 제품과 서비스를 선호하는 양식에 따라 얻게 된다.

3. 봉사하라

제품이나 서비스를 만들고, 테스트하고, 반복하고, 규모를 키워라. 최소 기능 제품MVP(Minimum Viable Product)을 가지고 시장으로 가서 소수의 기존 고객들을 대상으로 테스트해보라. 제품을 테스트하고, 개정판에 대한 피드백을 얻기 위해 그것을 먼저 사는 사람들에게는 가격을 할인해줘라. 완벽한 제품은 나중에 탄생한다. 위험을 줄이기 위해 테스트 참가자들에게 솔직하게 피드백을 달라고 요구하고, 친구에게 제품을 추천하려면 당신이 어떻게 하면 좋을지를 물어라. 이후 3판이나 7판 등 뒤에 나오는 개정판은 시장 피드백이나 변화를 반영해서 성능을 점진적으로 개선했거나 전면 혁신된 발전된 제품일 것이다. 첫 제품 출시 이후로도 고객들과 계속해서 소통하라.

4. 규모를 키워라

편견 없는 피드백과 시험 출시 데이터로 확실한 제품을 개발하게 됐다면 규모를 키울 때다. 신제품을 출시할 때마다 이전 제품 출시 때 받았던 호의적 피드백이 전부 반영되어 있다. 이제 당신은 더 안전하고도 쉽게 신제품과 파생 상품, 더 늘어난 수요에 맞는 견고한 시스템과 공정 절차를 창조할 수 있다.

이런 시스템과 수익 창출 모델을 통해서 당신은 여러 가지 도전을 뚫고 성장하면서 비전에 더 가깝게 다가가고, 모든 재고를 매립지에 파묻어버리는 위험을 줄이면서 전례가 없는 부를 창출할 수 있다. 이 모델은 내가 연구해본 모든 제품이나 서비스나 아이디어에 적용된다. 고객들이 원하는 걸 알고 있다고 믿고, 증명해 보인 선지자는 극소수에 불과하다. 자동차의 왕 헨리 포드는 "사람들에게 원하는 게 뭔지를 물어봤다면 더 빠른 말을 원한다고 대답했을 것이다"라는 유명한 말을 남겼다. 하지만 이렇게 말할 수 있는 사람은 정말로 드물다. 심지어 최고의 회사들도 실패할 수 있다.

지금 당장 가격을 10퍼센트 올려라

가격 책정과 가치는 닭이 먼저냐 달걀이 먼저냐의 문제로 보일 수 있다. 당신이 제공하는 제품이나 서비스에 대한 자부심이 낮다면 가격도 덩달아 낮아질 가능성이 있다. 자부심이 너무 높다면 판매량이 떨어질 수 있다. 가격은 그대로 두고 제품이나 서비스의 가치를 올릴 경우 마진이 줄어들 수 있다. 가격을 올린다면 고객들이 지각하는 제품이나 서비스의 가치perceived value가 떨어질 수 있고, 일부 기존 고객들이 등을 돌릴 수 있다. 어떻게 해야 할까?

◆ 가격 탄력성 테스트 ◆

제품과 서비스에 대한 수요는 가격이 상승하면 감소하고, 하락하면 증가하는 가격 탄력성을 보인다. 그런데 공급자 입장에서 수요를 줄이지 않고서도 최고의 마진을 올릴 수 있는 최적의 가격이 존재한다. 다만 어떤 제품이나 서비스에나 최적 가격이 변수로 작용할 수 있다.

가격 탄력성을 고려하여 모든 가격 변수들로 최적 가격을 테스트해보라. 수요와 마진 사이의 최적의 지점을 찾아내게 제품 가격을 테스트해보라.

가격을 올려라

모든 간접비를 충당하고도 상당한 이윤을 올릴 수 있는 수준에서 지속적 유지가 가능한 가격을 정해야 한다. 수요가 적을 때, 보통일 때, 많을 때 각각 마진은 40퍼센트, 20퍼센트, 5퍼센트로 정할 수 있다. 총이익률과 순이익률을 파악하기 위해 모든 핵심 성과 지표를 예의 주시해야 한다.

가격 테스트는 당신이 이기심과 인도주의적 관심 사이에서 균형을 잡게 도와줄 것이다. 이런 테스트를 하지 않고도 지금 당장 가격을 올릴 수 있다. 나는 당신에게 가격을 5~20퍼센트 정도 올리라고 강하게 권고하고 싶다. 5퍼센트를 올리면 인플레이션을 충당하게 되고, 10퍼센트를 올리면 약간의 이익을 내게 되며, 20퍼센트를 올리면 늘어난 이익을 더 나은 서비스를 위해 재투자할 수 있다. 또 당신과 주주들은 상당한 마진을 얻게 된다. 사업 규모가 작은 신생 기업이고, 시장 분위기가 더 혁신적으로 흐를수록 이렇게 하기가 더 쉬워진다.

대부분의 사람들은 어떤 가격의 10퍼센트 상승이나 하락에 큰 반응을 보이지 않는다. 당신은 보유한 주식이 10퍼센트 상승했다고 기뻐서 미친 듯이 날뛰지 않는다. 반대로 10퍼센트 하락했다고 해서 심각한 우울증에 빠지지도 않는다. 이처럼 누구나 대부분 가격과 순익과 손실이 10퍼센트 정도 움직인다고 해도 강렬한 감정적 동요 없이 그것을 받아들인다. 따라서 '지금 당장' 가격을 10퍼센트 올려라. 당신의 고객들은 10퍼센트 가격 인상에 대해 강렬한 감정적 동요를 느끼지 않을 것이다!

가치를 높여라

고객들을 잃거나 고객들이 불만을 터뜨릴까 봐 혹은 다른 사람들의 눈치가 보여서 가격을 올리지 못하고 있는가? 이것은 누구나 공통적으로 느끼는 걱정이다. 그렇지 않다면 모두가 그냥 쉽게 가격을 올릴 것이다.

두려움에 가격 인상을 주저한다면 가격 탄력성 테스트를 해보라. 아니면 가격을 천천히 올리면 된다. 소비자들의 신뢰를 쌓으면서 가격을 조금씩 꾸준히 올려보는 것이다. 그래도 여전히 가격 인상 문제로 내적 갈등을 겪고 있다면 당신이 제공하는 제품이나 서비스의 가치를 높여라.

- 더 나은 서비스를 제공해라. 가격을 올리기 위해선 더 많은 걸 제공해야 한다. 비용을 2~5퍼센트만 더 들여서 10퍼센트가 넘는 가치를 더 제공하면, 거의 피해를 보지 않고 10퍼센트 이상의 가격 인상을 쉽게 지속할 수 있다.

- 더 빠르고 쉽고 낫게 전달하라. 해결책이나 처방이 더 크고, 빠르고, 쉽다면 그들은 더 많은 돈을 지불할 것이다. 속도를 늘리고, 마찰을 줄이고, 효율성을 높여라. 그리고 이런 모든 상승 궤적을 감안해서 가격을 높여라.

- 별도의 간접비 부담을 지지 않은 채 더 높게 인식되는 가치를 제공함으로써 당신의 제품이나 서비스에 대해 갖게 되는 가치를 높여라. 당신이 비용 부담을 지지 않지만, 소비자들은 더 가치가 늘어난 것으로 인식되게 만들면서 제품이나 서비스에 가치를 첨가할 수 있는 많은 방법이 있다. 호텔들이 베개 위에 작은 초콜릿을 올려놓는다거나 자동차 제조회사들이 자동차 구입자들

에게 공짜 매트를 제공하는 것 등이 하나의 예시다.

- 기존 제품을 재포장하거나 매력적으로 만들어라. 애플 제품은
포장이 제품 자체에 못지않게 관심을 받을 만큼 멋지다. 항상 갖
기를 고대해왔던 아름답게 포장된 크리스마스 선물을 개봉하는
느낌이다. 어떤 제품이나 서비스의 포장도 고객에게 관심과 가치
를 높여주는 인상을 준다. 따라서 제품이나 서비스의 가치를 끌
어올릴 수 있게 재포장하는 방법을 찾아낸 다음에 그에 맞게 가
격도 올려라. 최대한 사람들이 차별적인 가치를 느낄 수 있게 제
품이나 서비스를 독특하고 개성 있게 만들어라.

- 먼저 가치를 제공하라. 당신이 무료로 빠르고 쉽게 접근한 정보
의 양이 많을수록 무료로 많은 정보를 나눠야 한다. 처음에 더
많이 주면 나중에 더 많이 얻는 법이다. 당신의 제품에 대한 신
뢰를 얻기 위해 먼저 더 많은 가치를 줘라. 당신이 먼저 줌으로써
신뢰를 쌓고, 소비자들이 먼저 사용해보고 품질을 입증하게 만
들어줄 제품이나 서비스가 존재하는가? 이것은 '평생 고객 가치
LCV(Lifetime Client Value)'를 확대할 수 있는 좋은 반응 쌓기로 이어질
수 있다. 공짜로 과즙이 풍부한 딸기를 나눠주는 과일장사가 한
예가 될 수 있다. 인터넷과 정보 마케팅을 특징으로 하는 지금은

PDF 형식의 전자책, 보고서, 오디오, 유튜브 동영상을 나눠주면 모두 미래 매매 때 마찰을 줄이는 신뢰를 쌓게 된다. 신규 고객들은 "이 무료 물건의 성능이 이 정도로 좋다면 나중에 돈을 주고 사는 물건은 엄청나게 좋을 것이다"라고 생각할 것이다.

고객들이 지각하는 가치를 높일 수 있는 이 다섯 가지 방법들을 모두 썼다고 상상해보라. 각각의 방법을 4퍼센트씩만 점진적으로 개선하더라도 당신은 총 20퍼센트의 가격을 올릴 수 있다.

◆ 가격을 정할 때 잊지 말아야 할 사실 ◆

대부분의 사람들은 가격을 인상했을 때 잃을 가능성이 있는 고객, 사업, 돈 때문에 고민하지만 그 반대의 사실을 직시하지 못한다. 가격 책정은 원하는 유형의 고객과 사업을 끌어들일 주요 관문이다. "연봉을 쥐꼬리만큼만 주면 멍청한 사람들만 당신을 위해 일할 것이다"라는 말이 있다. 가격을 정할 때도 이 말을 명심해야 한다.

많은 사람들이 시장에 가격 상한선이 정해져 있다는 이유로 가격 인상을 거부한다. 그들은 그들이 활동하는 시장에 초과되면 안 되는 명확한 가격 상한선이 정해져 있고, 그들의 시장은 성숙했거나, 포화 상태이거나, 범용화되어 있어 가격이 표준화되어 있다고 느낀다. 당신이 속한 시장이 범용화되어 있다고 느낀다면 다음과 같이 세 가지 분명한 선택을 하면 된다.

시장을 혁신하고, 가격과 서비스를 올려라

휴대 전화가 단순히 통화 기능만 하던 시절을 기억하는가? 그러다가 문자 메시지가 가능해졌고, 이어 아이폰이 등장하며 시장에 일대 변화가 일어났다. 그러면서 휴대 전화 사용법에 대한 인식도 변했다. 이제 음악, 앱 등 모든 것들을 상상할 수 있게 됐다. 이런 혁신 덕에 전례가 없이 높은 가격 인상의 물꼬가 터졌다. 당신이 부자에게 100만 원을 주면 그는 그것을 하루 만에 10억 원으로 바꿔놓겠지만, 가난한 사람에게 100만 원을 주면 그는 그 돈으로 아이폰을 살 거란 말이 있다. 애플은 게임의 판도를 전면 재편했다. 애플은 패턴을 파괴하면서 사람들 사이에서 인식된 가격 상한선을 무너뜨렸다.

자칫 평범해 보일 수 있는 휴대 전화에 인체공학적 기술과 우아한 디자인이 접목됐다. 애플은 사람들이 원하는 것을 주고, 제품을 자존심을 높이는 액세서리 역할을 할 수 있게 만드는 데도 관심을 쏟았다. 애플이 스티브 잡스 시절처럼 계속 빠르게 성장할 수 있을지, 그리고 과거에 얻었던 좋은 반응을 미래 판매에 어떻게 연결시킬 수 있을지가 향후 겪게 될 다음 리스크일지 모른다. 제품이 지나치게 고가거나 충분히 혁신적이지 않다면 대부분의 자본주의 기업들과 마찬가지로 애플의 위상도 흔들리게 될지 모른다.

높은 가격을 부과할 수 있는 획기적 브랜드를 만들어라

가격 책정과 관련된 실수로 인한 위험을 줄이기 위해서는 별도의 소득 흐름을 만들고, 가격 탄력성을 테스트하고, 새로운 모델이나 가격을 창조함으로써 기존의 모델을 보호해야 한다. 더 수준 높고 더 많은 돈을 지불할 고객들을 끌어모아라.

새로운 시장으로 진출하라

변화를 시도하고 싶다면 시장을 바꾸는 방안을 고려하면 될지도 모른다. 다만 더 장사하기 힘들고, 더 경쟁적이고, 더 성숙한 다른 시장들이 있을 수 있으므로 현명하게 시장을 골라라. 하지만 선택권은 당신에게 있고, 당신이 선택을 통제할 수 있다는 사실을 명심하라.

◆ 당신이 정한 가격, 시장이 정한 가격 ◆

항공 여행 경비와 보험료처럼 보다 범용화 또는 표준화될 수 있는 시장 가격이 있는 반면에 당신이 정하는 가격도 있다. 애플처럼 심지어 범용화된 시장에서도 혁신을 일으키고, 가격 상한선을 깨는 게 가능한 이상 당신이 정한 가격에는 전혀 상한선이 없다. 지구상 어디에서 한 사람의 가치나 그가 부과할 수 있는 최대한의 시간급이나 최대한의 순자산 한도나 최대한의 가치 같은 건 없다. 말 그대로 당신 자신이 부과한 믿음, 자부심, 가치에 대한 한도 외에는 어떤 한도도 존재하지 않는다. 당신의 시간, 경험, 독창성에 대한 레버리지된 가치를 성취하기 위해 반드시 시장 가격에 당신이 정한 최대한의 공정 교환 가격을 덧붙여라.

당신의 가치를 고려해서 가격을 올려라. 가격은 계속해서 오를 것이고, 전체 시장을 혁신시킬 것이다. 또 앞서 존재하지 않았던 새로운 가격 책정 기준과 인식을 만들 것이다. 브랜드 가치에 대한 인지도를 높일 수 있는 다른 사람들과 합작 회사를 세우는 방안도 검토해볼 수 있겠다.

◆ 마음속 재정 한도 ◆

은행에 입금된 10억 원을 보고 트럼프나 부랑자는 각기 어떻게 다르게 느낄까? 부랑자는 복권이라도 당첨된 것 같은 느낌을 받을지 모르지만, 트럼프는 몇 시간 뒤면 (그 돈을 다 써버리게 되므로) 통장이 마이너스가 되는 게 아닌지 몰라 겁에 질려할지 모른다. 당신이 생각하는 '거금'이 당신의 재정적 한도가 된다.

전 세계적으로 수십만 차례에 걸쳐서 엄청난 속도로 수십조 파운드가 흘러 다니고 있다. 전 세계 인구 20퍼센트가 그 돈이 돌아가는 속도 80퍼센트를 통제하고 있다. 가난한 사람의 사고방식에서 벗어나서 부자의 사고방식으로 무장한 채 재정적 한도를 없애라. 세상에는 충분한 수준 이상으로 돈이 많다. 당신의 가치도 충분한 수준 이상이다. '당신의' 가치나 '당신의' 개인 경제를 정의할 수 있는 시장 또는 범용 시장이나 경제 주기 또는 저임금 고객 같은 건 없다. 당신이 혼잣말로 "그건 거금이다"라고 말하는 소리를 들을 때마다 개입해서 시정하라. 미래의 당신(혹은 억만장자)은 지금 '거금'이라고 생각하는 돈을 '푼돈'으로 간주할 것이다. 체육관에서 역기 무게를 늘리고 싶어 하듯이 심리적 재정 한도를 계속해서 적극적으로 높여나가라.

공정한 교환을 하다 보면 시간과 노력에 대한 충분한 보상을 받는다고 느끼게 되므로 자부심이 올라간다. 이는 다시 가격과 가치를 높이는 데 도움이 된다. 감사하다는 느낌이 당신의 서비스에 반영될 것이며, 고객이 느끼는 감사함은 더 많은 구매와 추천을 통해 드러난다.

더 수준 높은 사람들이 더 많은 돈을 낼수록 당신은 더 많이 주고 봉사할 수 있기 때문에 성장과 기여의 선순환이 만들어지고, 돈이 도는 속도는 올라가고, 당신은 계속해서 가격과 가치를 끌어올릴 수 있게 된다.

지속적으로 부를 키우는 사업 모델

이번 장에서는 진정한 사업 모델을 배우거나 사업 기회를 찾는 법에 대해서 설명하겠다. 장기적 안목으로 그런 모델을 따르고 기회를 잡아야 추진력이 붙으면서 지속적으로 많은 돈을 벌 수 있다.

자신에게 맞는 사업 모델을 찾아라

자신에게 맞는 사업 모델을 찾아보기 위해선 다음에 나오는 질문들에 대한 답을 찾아라.

1. 내가 어떤 일에서 최고가 될 수 있을까?

최고가 되면 엄청난 돈을 벌 수 있다. 당신은 돈을 벌 수 있지만 그만큼 쉽게 그것을 잃을 수도 있다. 하지만 가치 있는 뭔가를 배웠다면 배운 것을 일부러 잊어버릴 수는 없다. 어떤 시장에서나 가장 많은 지식을 갖고 있는, 가장 뛰어난 사람들이 보통 가장 많은 보상을 받는다.

2. 내가 일이라고 부르지 않는 열정은 무엇인가?

당신은 어떤 일을 하기를 좋아하는가? 언제나 좋아했던 일을 찾아보라. 부유하고 가장 행복한 사람들의 공통점은 대부분의 시간 동안 좋아하는 일을 다른 사람들보다 더 많이 한다는 것이다. 사람들은 당신의 열정을 사고, 그것에 돈을 지불할 것이다. 사람들은 당신이 추구하는 대의와 목적을 지지할 것이다. 당신이 인류를 위해 그런 대의와 목적을 추구하는 삶을 살고 있기 때문이다.

3. 돈이 목적이 아니라면 무엇을 하면 될까?

돈이 목적이 아니라면 무엇을 하겠는가? 무엇이 일처럼 느껴지지 않는가? 시간이 멈춰선 것처럼 보일 때 무슨 일을 하겠는가? 무엇이 당신의 능력을 최대로 끌어내는가? 다른 사람들이 영감을 받는 어떤 일을 하고 있는가? 당신은 어떤 사람으로 알려져있나? 새로운 모델을 개발하거나 차기 모델로 발전시키거나 사업 규모를 확대할 때 질문들에 대한 답을 생각해보라.

4. 가장 힘든 도전을 받아들인다면 어떤 일이 일어날까?

당신이 도전을 감수하고, 심지어 즐길 수 있는 분야가 존재한다. 난제 해결을 좋아하는 코더나 과학자를 상상해보자. 그들은 장애물을 만났을 때, 포기하는 법이 없다. 그들은 인내심을 갖고서 도전에 맞선다. 도전은 항상 있는 법이다. 그리고 그 도전은 종종 당신이 자신에게 맞는 일을 하고 있는지를 알아보는 리트머스 테스트이다. 더위를 참을 수 있는가? 더운 게 좋은가? 세계 최대 난제들을 상대하고, 맞설 수 있는 사람들이 세계에서 은행에 가장 많은 돈을 갖고 있다.

5. 내가 타인들의 문제를 해결해주는 영역이 있을까?

어떤 영역에서 타인들을 위해 봉사하길 좋아하는 자신의 모습을 볼 수 있을까? 원래는 좋아하지만 타인들을 돕는 게 즐겁지 않은 분야가 존재할 수 있고, 그 반대의 경우도 마찬가지이다. 위 질문에 대한 답과 함께 다음 사업 수준에 맞는 확실한 모델을 생각해보면 분명 부와 돈을 만들 것이다.

---

⑤　　확실한 사업 모델

....

- 통제 가능한, 최소한의 저항과 무한한 장점을 가진 일을 선택하라. 이것이 바로 '안정'의 진정한 정의이다. 현재의 직업이나

하고 있는 일이 능력을 제한하고 있다면, 잘못된 장소에 있는 것이다. '어떤 위험도 없이 다시 출발할 수 있다'는 시나리오에 따라 수입 잠재력이 무한대고, 역할과 포지션과 경력도 무한대고, 고객 수도 무한대고, 돈을 벌고 혁신할 수 있는 능력도 무한대고, 영향력 범위도 무한대고, 자유와 창의성과 사업성도 무한대고, 성장 능력도 무한대인 곳에서 직업을 선택할 수 있다. 지금 무엇이 이런 선택을 하지 못하게 가로막고 있는가? 덧붙여, 열정적으로 할 수 있는 일을 골라라.

• 존경하는 가장 성공한 사람들이 무엇을 하는지를 연구하고 모방하라. 그들은 원하는 삶을 창조해내고, 열정과 직업을 통합시켰다. 그들은 큰 액수의 돈도 벌 것이다. 그들이 할 수 있다면 당신도 할 수 있다. 그들 대부분은 자수성가한 사람들이며, 그들도 누군가를 우상시했다. 가장 쉽고, 안전하고, 빠르게 이상적인 삶을 창조하는 방법 중 하나는 그들을 연구하고, 그들이 걸어온 길을 지렛대로 활용하고, 그들이 해온 일을 모델로 삼는 것이다. 현실적으로 우리 대부분은 상당히 동등한 위치에서 출발하며, 성공한 사람들은 그들이 원하는 위치에 서게 만들어준 시스템과 전략을 찾아냈을 뿐이다.

◆ 입증된 사업 모델 ◆

다음은 지난 2세기 동안 네트워크를 활용해 한 가장 중요한 몇 가지 사업 사례들이다. 엄청난 부자들을 연구해보면 각자 활동 무대가 서로 달라도 그들의 사업 모델 사이에는 많은 유사점이 있다는 사실을 알게 된다. 주된 유사점은 '네트워크' 구축이다. 네트워크는 빠른 속도로 광범위한 영향력을 제공하는 데 효과적이다. 네트워크가 새롭거나 혁신적인 것일 수도 있고 기존에 존재하던 것일 수도 있다. 어쨌든 당신은 그런 네트워크를 활용하거나 보강할 수 있다. 다음은 지난 2세기 동안 네트워크를 활용해 한 가장 중요한 몇 가지 사업 사례들이다.

- 철도 (화물)
- 철강 (철도 네트워크 구축에 필요)
- 전기
- 석유
- 자동차 (화물)
- 항공 여행 (우편, 승객)
- 전기통신 (라디오, TV, 전화)
- 광섬유 (실리콘)
- 도로

- 컴퓨팅 (반도체, 마이크로칩)

- 인터넷 (컴퓨팅, 동료 간 상거래, 검색 엔진, 소셜 미디어, 앱, 빅데이터, 암호화폐, 가상 현실, 인공 지능)

우리는 과거를 살펴봄으로써 사업의 미래에 대해서 많은 것을 배울 수 있다. 새로운 형태의 네트워크 개념 현상이 등장할 것이다. 녹색과 재생 에너지, 먼 행성으로 떠다는 다른 여행, 심지어는 양자 중첩성 Quantum entanglement(서로 멀리 떨어진 두 입자가 존재적으로 연결돼 있어 한 입자의 상태가 확정되는 즉시 다른 입자의 상태도 변한다는 것을 뜻하는 물리학 용어-옮긴이)을 통한 정보 교환과 같은 기본적인 인간의 욕구를 충족시키는 새롭고도 혁신적이며 지속 가능한 방법들이 등장할 것이다.

⑤ 다양한 사업 모델

- 부동산 투자

- 지적 재산권 (아이디어, 특허, 라이선스, 프랜차이즈, 정보, 음악 등)

- 투자 (주식, 채권, 어음 등)

- 대출

- 현물 자산 투자 (귀중품, 예술품, 시계, 와인, 클래식 자동차 등)

⑤　인간 중심적 사업 모델

- 생리적 욕구 (음식, 물, 온기, 휴식 등)
- 안전과 안정의 욕구
- 사랑과 소속감의 욕구 (친밀한 관계와 친구)
- 자아존중의 욕구 (권한과 성취감)
- 자아실현의 욕구 (100퍼센트 잠재력 발휘와 창의성)

인류의 욕구를 충족시킴으로써 인류의 삶에 중요하고 실질적인 도움을 줄 수 있는 사업 모델들도 발굴할 수 있다. 이런 욕구들을 충족시킬 수 있는 어떤 사업 모델도 규모를 확장하면서 번창하며 지속할 수 있다. 또한 더욱 성장하고 경쟁력이 커지면 높은 진입 장벽이 만들어질 것이다. 예를 들어 식품 판매 사업을 시작한 월마트는 현재 세계에서 세 번째로 많은 210만 명의 직원을 둔 회사로 발돋움했다. 또한 다수의 물, 전기, 가스, 정유 회사들은 규모가 크고, 사업 확장이 가능하며, 수십 년에서 심지어 수 세기 동안 생존해왔다.

사람들은 또한 더 건강하고, 더 오래 살고, 더 행복해지고, 평화로워지고, 더 많은 자유를 갖고, 시간을 아끼고 절약하고, 균형을 이루고, 자신감을 키우고 싶은 욕구를 갖고 있다. 이런 욕구들을 충족시킬 수 있는 사업 모델을 적극적으로 발굴해야 한다. 당신이 훌륭한 가치와 서비스를 제공하고, 사람들이 당신이 가진 것을 원하는 한 당신의 사업 모델은 당신이 더 많은 것을 알게 해주고, 당신에게 더 많은 것을 줄 수 있다.

어떤 비용을 감당할지 정하라

수천만 원에 회사 지분 절반을 넘겨주기 전에 신중하게 생각해보라. 돈에는 항상 당신이 지불하는 이자를 넘어서는 비용이 든다. 아이디어가 소득을 창출하므로 자본 조달을 위해서 최대한 아이디어를 활용하는 방안을 모색해보라. 자본 조달의 목적을 명백히 정하라.

- 자력으로 성장할 수 있는 수준 이상으로 빠르게 성장하기 위해
- 자력으로 개발할 수 없는 제품을 개발하기 위해
- 노련한 투자자들을 회사 이사로 확보하기 위해
- 자력으로 투자할 수 없는 부동산 등의 자산에 투자하기 위해
- 어려운 상황에서 벗어나기 위해

자본이 위의 목적 중 하나 이상을 달성하는 데 도움이 된다고 느끼는가? 그러면 이제부터는 자본 조달 방법을 알려주겠다. 모든 자본 조달 방법에는 장점만큼이나 단점이 있기 때문에 당신이 어떤 비용을 감당할 준비가 되어 있는지를 분명히 정해야 한다. 열린 마음을 가질 경우 더 많은 자본을 조달할 수 있다.

- 가족으로부터 물려받은 유산
- 친구나 가족으로부터 받는 대출
- 은행으로부터 받는 개인 대출
- 주택 담보 대출
- 회사 지분 매도
- 민간 투자자나 엔젤 투자자로부터 받는 대출
- 브리지론 bridge loan (장기 융자가 결정되기 전 받는 단기 융자 – 옮긴이)
- 크라우드펀딩
- 킥스타터 등의 플랫폼 활용
- 합작 벤처
- 신용카드 대출
- 이베이에서 중고 물품 판매

◆ 자금 확보 통로를 만들기 ◆

다음은 마찰과 비용을 최소한으로 줄이면서 자금을 조달할 수 있는 똑똑하고 전략적인 방법들이다.

- 미리 돈을 융통할 수 있는 인맥을 구축해놓아라. 누구나 미래에 당신에게 돈을 빌려줄 수 있거나 당신의 합작 벤처 파트너가 될 수 있다.

- 온라인과 오프라인에서 봉사 활동에 매진하라. 그런 당신의 모습을 본 사람들은 당신에게 돈이 필요할 때 굳이 부탁하지 않아도 알아서 돈을 빌려줄 것이다.

- 만나는 사람들에 대한 개인 신상 정보를 적어놓는 식으로 그들의 일거수일투족을 파악해두면 좋다.

- 많은 사람이 당신을 7~10회 정도 만나면 당신과의 동업에 대해 고민할 것이다. 그때 '돈을 꿔달라고 부탁하거나 사업에 대해 이야기할' 시기를 잘 골라서 말하라. 사람들을 설득시켜라.

- 외향적이고 내성적인 성격 사이에서 균형을 잡아라. 사람들 눈에 띄고, 그들을 돕고, 그들과 나누고, 그들로부터 계속해서 배우고, 겸손함을 유지하면서 좋은 인상을 남겨라.

- 잠재적 파트너가 중시하는 가치에 대해 배워라.

- 일단 관계를 맺었다면 융통한 돈을 어떻게 쓸 것인지 구체적으로 밝혀야 한다. 계약 조건도 만들어라. 각자의 역할, 지분, 책임 등도 분명히 밝혀라.

돈을 더 많이 벌고 관리하는 방법

언론에는 돈을 절약하는 방법을 다룬 프로그램과 아이디어가 가득하지만 돈을 더 많이 버는 법이나 관리하는 방법에 대한 것들은 많지 않다. 사람들은 얼마를 아꼈는지를 자랑하며 행복해하지만, 사람들의 돈벌이 능력에 대해 말하는 것은 금기시된다.

당신은 기존에 갖고 있는 것을 관리하는 방법을 배울 때까지 더 많은 돈을 벌지 못할 것이다. 당신이 가치를 인정하는 것의 가치가 높아진다. 그러면 당신은 마땅히 받아야 할 것이 아니라 기대하는 것을 얻는다. 따라서 돈 관리와 돈의 가치 인정, 돈을 지배하는 법칙 존중, 그리고 돈 관리 시스템을 따르고 그것을 유지하는 데 집중하면 더 많은 부를 이룰 수 있다.

◆ 평가하지 못하는 것을 통달할 수 없다 ◆

돈 관리는 최근에 더 힘들어졌다. 우리가 예전만큼 많이 돈을 만지고 느끼지 않기 때문이다. 예전에 우리는 임금을 받으면 그것을 갖고 다니곤 했다. 그것은 당신이 한 일의 금전적 가치를 보여주는 물리적이고 유형적인 척도였다. 오늘날 대부분의 임금은 세금과 보험료 등이 공제된 채 통장으로 자동이체되기 때문에 손으로 직접 느껴보지 못한다. 그리고 공과금이나 카드값, 각종 청구서 금액이 전부 빠져나가면 통장에 남는 것도 별로 없다. 쉽게 들어오고 쉽게 나간다. 사람들은 돈을 벌기 힘들고 돈이 유형적일수록 그것의 가치를 더 높게 평가한다. 과거의 습관을 없애기는 힘들다. 하지만 이런 시각은 수정돼야 한다. 또한 돈에 대한 새로운 시각과 관리 방법이 만들어져 실행돼야 한다.

◆ 5단계 돈 관리 시스템 ◆

1. 돈을 관리해야 한다

당신 외에 누구도 당신 돈을 관리할 책임이 없다. 예전에 거래를 하기 위해 은행에 간 적이 있다. 당시 아직 백만장자는 아니었지만, 그래도 내 계좌에는 꽤 큰 액수의 돈이 있었다. 20대 초반으로 보이는 은행원은 내 계좌 번호를 입력한 후 접속했다. 계좌의 금액을 확인한 그는 흥분해서 돈을 더 잘 사용하는 방법과 돈을 투자하는 더 좋은 방법에 대해 조언해줄 수 있다고 말했다. 나는 거절했다.

은행 밖으로 나간 나는 방금 일어난 일을 되새겨봤다. 그 젊은 은행원은 아무 잘못도 하지 않았다. 이제 막 직장 생활을 시작한 상태에서 그가 은행 서비스에 대해 광고한 건 당연했다. 하지만 돈 관리 경험이나 보유한 돈이 없는 누군가가 내 돈을 관리해주겠다고 홍보하게 만드는 은행 시스템은 전적으로 잘못됐고, 매우 위험하다고 생각한다. 나는 그때 그곳에서 돈에 대해 계속해서 배우고 내 돈을 직접 100퍼센트 관리하기 위해 한평생 헌신하겠다고 다짐했다. 그리고 당신도 그렇게 하기를 제안한다.

어떤 소프트웨어나 금융 도구도 당신의 돈에 대해 신경을 쓰지 않는다. 모든 사람들로부터 배워라. 하지만 당신이 직접 돈을 관리하라. 자기 돈을 관리하고 통달해야 시간과 돈에서 훌륭한 수익을 낼 수 있다. 이는 고차원적 핵심 결과 영역이다. 그리고 열정과 일을 통합해놓은 본보기다. 재산 증식 계획을 세우고, 재산을 평가하고 주시하고, 재산을 분배하고 재분배하고, 재산을 추적하고 계산하고, 가진 재산을 즐겨라.

2. 미래의 재정 계획을 세워라

자신의 부에 대해 전적인 책임을 지게 된 이상 이제는 더 많은 돈을 벌고 그것을 베풀 구체적인 계획을 세워야 한다. 장단기 계획 모두를 세워놓는 게 현명하다. 당신은 빚 상환 계획, 일일 예산, 주간과 월간 계획 수립에서 시작해서 이어 6개월, 1년, 3년, 5년과 10년에 이어 50년짜리 계획을 세워야 한다. 이어 사후 유산 계획도 세워라. 더 장기적인 시계를 갖고서 더 먼 미래의 계획을 세울 수 있는 능력을 가진 사람들은 세상을 바꾸고, 지속적인 변화를 주도하고, 엄청난 부와 재산을 만들 수 있다.

빚에서 벗어나라

무엇이 대부분의 사람들을 빚지게 만드는가? 크레딧론에 따르면 미국인들은 평생 동안 평균 6억 원이 넘는 이자를 낸다. 당신만 빚을 진 게 아니지만 그로 인해 얼마의 비용이 들지를 파악해야 한다. 당신의 첫 번째 재정 목표는 빚에서 탈출하는 것이어야 한다.

지금부터는 절대 수입 이상으로 지출하지 말라. 지출 유혹에서 벗어나기 위해서는 매달 자동이체를 설정해놓고 임금을 받는 달에 최대한 갚을 수 있는 돈을 갚아라. 최대한 이자를 적게 내기 위해서 가장 대출 금리가 높은 빚부터 갚아라. 가능하면 저금리 대출로 갈아타라. 재정 위기 상태라면 단기 대출을 장기 대출로 전환해서 상환 부담을 줄이거나 이자 상환 유예를 협상하는 식으로 최대한 할 수 있는 일을 하라. 모든 빚을 털어버릴 수 있는 목표일을 정하고, 빠르게 빚을 청산하기 위해서 최대한의 가처분 소득을 동원하라. 대출업체를 바꾸고, 새로운 대출 협상을 하고, 대출을 합치고, 모든 낭비 요인을 제거하라.

일일 예산을 짜라

빚을 갚을 때 하루 동안 쓸 수 있는 예산을 정하라. 남은 돈은 저축, 투자, 투기에 써라. 소액이라도 관리하는 원칙을 학습하라. 도시락을 싸서 출근하면 평생 1억 원이 넘는 돈을 아낄 수 있다는 연구 결과도 있다. 티끌 모아 태산이다. 이런 습관이 몸에 배지 않는 한 큰돈을 모을 수 없다. 꼭 필요하지 않은 지출을 줄이고 저축을 늘려라. 예산 범위 내에서 지출 목표를 정하라. 그래야 일주일에 하루 정도는 자신에 대한 보상으로 좀 더 많이 쓸 수 있다. 부를 얻더라도 계속해서 지출을 통제할 수 있게 일부 영역에서 소박한 삶을 사는 연습을 하라.

주간과 월간 계획을 짜라

이제 보다 효율적으로 예산을 관리하게 됐다면 시계를 더 확장해서 볼 수 있다. 당신은 주간과 월간 예산과 재정 계획을 수립하기 시작할 수 있다. 월급날 당일에 '저축해놓고 절대 손대지 않기로 결심한' 계좌에 자동이체로 돈이 입금되게 해놓아라. 일부 자동이체와 개인 간접비를 줄여라. 괜찮다고 생각되는 시간제 일자리나 부업을 찾아보라.

1~3년 계획을 짜라

수입 확대 계획을 세워라. 6개월과 12개월 단위로 '저축해놓고 절대 손대지 않기로 결심한' 계좌에 넣어놓는 돈을 늘려라. 향후 불릴 돈의 목표를 정하라. 늘어난 소득 액수에 비해서 아주 적게 유지비와 개인 간접비를 늘리는 걸 목표로 삼아라. 소득 대비 간접비 지출 목표를 정하라. 소득의 우상향 추세를 목격하라. 투자하고 투기할 목표 액수를 정하라. 당신에게 중요한 대의를 위한 기부 활동을 시작하라. 아이들 교육비, 두 번째 집 구입 같은 미래의 일들과 다른 개인적으로 생각해놓은 자산과 목표 달성을 위해 상당한 금액을 저축하기 시작하라.

5~10년 계획을 짜라

이 정도 수준의 비전과 미래 계획을 세울 정도면 당신은 대형 회사를 세우고 엄청난 개인적 및 직업적 부를 쌓을 수 있다. 당신은 기존 규모의 100퍼센트나 200퍼센트씩 부를 불려나가겠다는 목표를 세울 수 있다. 연금 수령 계획과 함께 아이가 태어나지 않았더라도 아이에게 남길 유산 계획, 그리고 재단이나 자선 단체에 기부할 계획을 세워라.

50년짜리와 유산 계획을 짜라

이 정도 규모의 비전을 가진 사람들과 기업들은 세상을 바꾼다. 일본 기업들은 종종 25~50년 후의 미래를 바라보고 계획을 수립한다. 많은 위대한 선지자와 억만장자들은 그들의 사후를 내다보는 계획을 짠다. 많은 사람들은 그들이 짧은 시간 동안 이룰 수 있는 것을 과대평가하지만 평생 동안 이룰 수 있는 것은 과소평가한다. 즉각적인 성취 압박에서 벗어나서 원대하고 고무적인 목표와 비전을 추진할 계획을 세워라.

3. 부자가 되기 위한 4단계 목표

다음 4단계 목표를 하나씩 달성해 나가면서 부자가 되는 길을 걸을 수 있다.

1단계: 안정화 단계

빚에서 탈출하라. 자산 소득으로 기본 생활비를 충당하라. 당신은 생존은 가능하나 번창하지는 못한다. 기본 의식주에 소요되는 비용을 계산해보라. 불필요한 걸 빼면 생존하는 데 정말 적은 돈이 필요하다는 걸 알고 놀랄 수 있다. 안정화 목표는 달성 불가능한 목표가 아니다.

2단계: 안심 단계

이 단계에서는 자산 소득을 갖고 소박한 생활이 가능해진다. 여행도 다니고, 자동차도 사고, 휴가도 즐기고, 인터넷과 TV 등도 이용하고, 약간의 지출도 할 수 있다. 하지만 노동한 대가를 아주 많이 즐길 수 없으므로 여전히 씀씀이를 예의 주시해야 한다. 1단계 안정화 단계 때 쓴 소득을 50퍼센트 정도만 늘려서 써라.

3단계: 자유 단계

이 단계에서는 자산 소득으로 이상적인 생활을 영위할 수 있다. 여행도 다니고, 아이들을 좋은 학교에 보내고, 사치품도 살 수 있으며, 더 이상 돈 걱정을 할 필요가 없다. 2단계 소득의 100~150퍼센트를 더 써라.

4단계: 부유한 단계

이 단계에서는 장소와 시간을 불문하고 누구와 사실상 무슨 일이나 할 수 있다. 게다가 돈을 다 쓸 수도 없다. 매달 돈이 크게 불어나기 때문이다. 당신은 명품을 사서 부유한 생활을 하고, 상당액을 기부하면서도 여전히 전례가 없이 많은 돈을 갖고 있다. 4단계에서는 3단계 수입의 500퍼센트 이상을 더 써라.

이 4단계는 부자가 되는 '디딤돌' 단계들이다. 이 단계에서 채무자에서 기본적인 비용을 충당할 능력이 됐다가 부자가 되는 과정에서 자신의 상태가 어디에 있는지를 점검해볼 수 있게 해주기 때문이다. 당신은 각 단계에 가까이 가고, 도달하고, 넘어설 때마다 상당한 성취감을 느끼는 '자기 충족적' 예언에 빠지게 된다. 이 4단계 목표를 6개월 목표와 순자산 성명에 포함시켜 정해놓을 것을 강력히 권유한다. 정기적으로 자신이 처한 단계를 검토해보라. 그리고 한 단계에서 다음 단계로 올라갈 때 자축하고 자신에게 보상하라.

4. 7단계 지출 계층

7단계 지출 '계층layer'이 존재한다. 이 계층들이 제대로 올바른 순서에 따라 질서정연하게 활용될 경우 부의 위계질서를 만들 수 있다.

계층 1: 지출

기본적 생존을 위해서 제일 먼저 생활필수품에 지출해야 한다. 대부분의 사람들은 사실상 그들이 생각하는 것보다 더 적게 쓰면서 살 수 있다. 그들은 '필요해서 어쩔 수 없이' 쓰는 돈을 '쓰고 싶어서 쓰는' 돈과 혼동한다. 당신에겐 필요하다고 생각하는 것보다 적은 돈이 필요하다. 당신과 가족의 기본적인 생활필수품을 살 예산을 정하라. 그리고 그것을 당신의 1단계 재정 안정의 디딤돌로 삼아라.

'쓰고 싶어서 쓰는' 지출로 인해 많은 사람들이 가난해지거나 파산

한다. 스코티시 윈도즈 보험사의 조사에 따르면 전체 인구의 약 15퍼센트에 달하는 영국 국민 900만 명이 전혀 저축을 하지 않고 있다. 모어가 실시한 또 다른 조사 결과를 보면 영국 국민 중 33퍼센트는 자기 명의로 저축해놓은 돈이 75만 원이 안 된다. 불과 12퍼센트만이 7천5백만 원(부부가 불과 2년 정도 소박한 생활을 할 수 있는 정도의 액수) 이상을 저축 또는 투자해놓고 있다. 미국 국민 중 21퍼센트도 한 푼도 저축해놓지 않고 있고, 62퍼센트의 저축액도 100만 원 미만이다.

싸게 사라 향후 가치가 떨어지는 어떤 것이라도 자본에 타격을 가한다. 무슨 일이 있더라도 자본은 보존돼야 한다. 생활필수품이 아닌 것들 중에 다수는 세일을 할 때나 블랙 프라이데이 때에 살 수 있다. 또한 이베이와 친구를 통해 사거나 오래된 모델을 사는 것도 좋은 방법이다. 이런 식으로 1년만 아끼면 엄청난 돈을 아낄 수 있다. 저축은 조금만 하고 지출은 많이 하는 식으로 소비하지 않도록 주의하라.

⑤ 투자자의 시각으로 소비하는 방법

무언가를 구매할 때마다 투자자의 시각에서 접근해 다음과 같이 생각해보라.

1단계   이 물건이 없어도 살 수 있을까?

2단계   중고로 사서 감가상각 부담을 최소한도로 줄일 수 있을까?

3단계   이 물건을 자산으로 전환시킬 수 있을까?

4단계   가치가 추가로 떨어지기 전에 팔거나 다른 물건으로 교환 가능할까?

5단계   가장 부담을 낮추며 살 수 있는 방법은 뭘까?

자동차, 시계, 핸드백, 보석, 의류, 가구, 오디오 장비를 사거나 심지어 휴가나 여행을 떠날 때도 위의 5단계 질문들에 대한 답을 고민해보라.

기회 비용   쓰거나 투자한 모든 자본의 '기회 비용'을 따져봐야 한다. 많은 사람들이 소비할 때가 아닌 투자할 때만 그런 비용을 따져본다. 당신은 저축한 자본이 얼마나 극적으로 크게 불어날 수 있는지 바로 확인할 수 있으므로 지출할 때 그것의 기회 비용을 따져보라. 한 걸음 더 나아가서 15년 동안의 지출이 주는 의미를 살펴보면 그 수치가 워낙 커지게 되므로 그중 약간만 저축해도 가치가 있어 보일 것이다.

계층 2: 저축

돈 관리에 통달하는 1단계가 저축이다. 저축은 부를 쌓는 기초다. 그것은 자본의 기반이자 과일을 맺을 뿌리를 만든다. 저축은 또한 즉흥적 소비 지연, 규율, 더 많은 돈을 끌어들이기 위해 소유한 돈을 잘 관리하기 위한 장기적 사고와 학습 방법 등 부를 쌓기 위한 기초 요건들을 가르쳐준다. 저축만으로는 엄청난 부를 쌓아 인생의 비전을 성취하지는 못하기 때문에 저축은 7단계 층 중에 2단계에 해당한다.

다음은 저축액과 저축하는 힘을 늘릴 수 있는 몇 가지 간단한 방법과 전략들이다. 수백만에서 심지어 수십억 원을 가진 똑똑한 멘토들이 지난 10년 동안 내게 가르쳐준 것들이다.

당신이 쓸 돈부터 챙겨라 이것이 아마도 저축, 소득, 돈에서 가장 중요한 개념일지도 모른다. 대부분의 사람은 자기한테 쓸 돈을 제일 '나중에' 쓴다. 사람들은 세금, 보험료 등을 빼고 월급을 받는다. 그 돈이 은행으로 입금되는 순간 대출금, 난방비, 수도와 인터넷과 위성방송과 기타 TV 시청료, 자동차 할부금과 의료비, 통신료, 기부금, 헬스클럽 회비 등이 자동 출금되고, 당신이 만져보기도 전에 돈은 모두 빠져나간다. 당신은 맨 마지막에 남은 돈을 쓰게 된다. 이런 관행을 바꿔야 한다. 사람들은 감당 능력 부족을 이유로 받은 돈을 자기가 먼저 쓸 수 없다고 착각한다. 이제 월급날 저축 계좌와 지출 계좌 두 곳으로 월급이 들어가게 설정해놓자. 얼마를 갖고 시작할지가 중요한 게 아니니 일단 돈을 먼저 자신을 위해 써보라. 나머지는 알아서 잘될 것이다. 자신이 쓸 돈을 먼저 챙기다가 위에서 언급한 꼭 써야 할 돈이 약간 부족해진다면 부업을 하는 등 돈을 벌 수 있는 방법을 찾으면 된다. 많이 저축하고, 창의적으로 행동할 수 있는 당신의 선천적 능력을 잘 활용하라.

비상금을 챙겨둬라 투자를 하거나 '예상치 못한 충격적인 사건'에 대응하기 위해서 어느 정도 저축해놓을 필요가 있다. 연방준비제도 조사에 따르면 미국 국민 중 52퍼센트가 비상 시 40만 원을 낼 여력이 없어서 돈을 빌리거나 뭔가를 팔아야 한다. 반드시 비상시 쓸 돈을 준비해둬라. 목표 금액을 정한 다음에 그 돈이 모이면 일단 없다고 쳐라. 투자할 돈도 모아라. 절대 비상시에 쓰려고 모아놓은 돈을 손대지는 말아라. 그 돈이 점점 더 늘어나게 내버려둬라.

---

⑤　　**지출 버킷 리스트**

....

버킷 1 소득의 5퍼센트는 저축하고 절대 손대지 말라.

버킷 2 비상 시에 대비해 소득의 5퍼센트를 저축하라.

버킷 3 미래와 인생 목표 성취를 위해 소득의 10퍼센트를 저축하라.

버킷 4 소득의 10퍼센트는 교육과 멘토십에 투자하라.

버킷 5 소득의 10퍼센트를 투자하라.

버킷 6 소득의 5퍼센트를 기부하라.

버킷 7 소득의 55퍼센트를 생활비와 세금 등으로 써라.

7번 비율이 55퍼센트가 넘을 경우 55퍼센트로 조정하라. 당신은 다음과 같이 버킷 리스트를 구조조정할 수 있다.

버킷 1 소득의 3퍼센트는 저축하고 절대 손대지 말라.

버킷 2 비상 시에 대비해 소득의 5퍼센트를 저축하라.

버킷 3 미래와 인생 목표 성취를 위해 소득의 2퍼센트를 저축하라.

버킷 4 소득의 5퍼센트는 교육과 멘토십에 투자하라.

버킷 5 소득의 3퍼센트를 투자하라.

버킷 6 소득의 2퍼센트를 기부하라.

버킷 7 소득의 80퍼센트를 생활비와 세금 등으로 써라.

부를 불리게 되면 다음과 같은 버킷 리스트 목표를 정할 수 있다.

버킷 1 소득의 5퍼센트는 저축하고 절대 손대지 말라.

버킷 2 비상 시에 대비해 저축할 필요가 없다(이미 충분히 저축해놓음).

버킷 3 미래와 인생 목표 성취를 위해 소득의 10퍼센트를 저축하라.

버킷 4 소득의 15퍼센트는 교육과 멘토십에 투자하라.

버킷 5 소득의 35퍼센트를 투자하라.

버킷 6 소득의 10퍼센트를 기부하라.

버킷 7 소득의 25퍼센트를 생활비와 세금, 자유롭고 풍족한 생활을 위해 써라.

은행 계좌 관리 휴대폰에 앱을 깔아놓고 온라인으로 모든 돈을 관리하기가 어느 때보다 쉬워졌다. 모든 은행 계좌를 온라인과 앱을 통해 관리하라. 그래야 언제 어디서라도 은행 계좌에서 본인의 자금 흐름을 확인할 수 있다. 또한 주계좌를 만들어서 관리하라.

동전을 몽땅 모아라 낱개의 동전을 모아보면 동전이 얼마나 빠르게 불어나는지를 보고 놀랄 것이다. 나는 아이들이 어른이 돼서 투자할 때 쓸 수 있게 동전을 종류별로 분류해 모으고 있다.

계층 3: 차입

일단 저축하고 지출 버킷 리스트를 만드는 방법에 통달했다면 이제 투자를 위해서 우량 채무를 활용할 때가 됐다. 당신은 투자 부동산을 담보로 모기지 대출을 받거나 사업을 담보로 대출을 받을 수 있다. 투자할 때는 우량 담보와 안전한 기어링gearing(타인 자본을 이용해서 자금 조달 효과를 내는 것-옮긴이)을 활용하는 게 현명하다. 돈을 빌리지 않을 경우 거대한 부를 쌓는 데까지 훨씬 더 오랜 시간이 걸리게 된다. 따라서 안전한 대출을 낮은 금리로 현명하게 빌리고, 은행과 장기적으로 우호적인 관계를 쌓고, 이를 바탕으로 계층 4와 계층 5로 움직여라.

계층 4: 투자

일단 불규칙한 충격에 대비해서 6~12개월분의 생활비를 저축해놓았다면 그 돈의 일부를 투자 용도로 쓸 수 있다. 투자에 나섰을 때는 진입하는 데 필요한 지식 장벽이 비교적 낮고, 위험성도 비교적 높지 않은 투자처를 살펴봐야 한다. 지식이나 경험이 있는 주식이나 부동산이나 벤처 사업에 투자하라. 이런 곳들은 비교적 투자가 위험하지 않고, 첫 투자처로 부담이 가장 적을 수 있다. 어느 정도 양호한 수익을 냈거나 투자할 수 있는 돈을 더 많이 저축해놓았을 때 투자 포트폴리오를 늘리고, 신중하게 더 위험한 곳에 덜 위험하게 투자하는 방법을 강구하라.

계층 5: 투기

자신이 투자한다고 생각하면서 투기하는 사람이 많다. 투기는 보상이 상당히 클 수 있는 고위험 투자다. 잃어도 감당이 되는 만큼만 투기해야 한다. 무리하면 투자금과 저축한 돈을 모두 잃을 위험이 있다. 투자 지식과 기술을 확보하고, 다양한 위험 수준을 가진 다중 계층 투자를 해놓음으로써 위험을 줄이고 손실을 방지해놓고 나서 투기로 옮겨가야 한다. 투기는 거의 관련 지식은 없지만 기꺼이 해보고 싶은 투자일지 모른다.

워런 버핏은 바로 이런 이유로 나스닥에서 거래되는 기술 기업들에 투자하지 않았고, 결국 현명한 결정으로 입증됐다. 시계나 와인이나 예술품과 같이 좋은 수익을 내는 데 필요한 특정한 기술 지식을 갖춘 틈새 모델과 자산군도 역시 당신이 성과를 입증할 때까지 투기일 수 있다. 시간에 맞추기 어려운 시장에 시간을 맞추려고 노력하다가 투자가 투기로 바뀔 수가 있다.

때때로 당신은 직관을 사용하고, 어느 정도는 계산된 도박을 한다. 어떤 사람들은 투기를 투자라고 확신한다. 아니다. 일단 아래의 모든 계층들이 마련되면 투기할 시간과 장소가 따로 있다. 투기를 하려면 자신에게 최대한 솔직하고, 자신의 감정을 잘 통제해야 한다.

계층 6: 보험

일단 부를 쌓으면 세상은 당신에게서 그것의 일부를 빼앗아가고, 당신에게 성장하는 법을 가르치려고 애쓴다. 어느 정도 부를 쌓았다면 손실이나 공격에 대비해 보험을 들어놓아야 한다. 더 많은 돈을 벌어야 하는 만큼 다각화와 세금 감면과 경감, 인플레이션에 대비한 조정, 자가 보험(가옥, 차량 또는 선박 등을 다수 보유하는 기업이 그 가옥, 차량 또는 선박의 손해 사고에 대하여 보험에 들지 않고 우발손해보상 목적의 준비금을 설정하는 것-옮긴이)과 보호 전략들을 통해 재산에 보험을 들어놓는 방법을 알아봐야 한다.

부가 늘어날수록 세금도 늘어난다. 더 많은 물건들을 얻을수록 유지와 보험료도 올라가고, 절도나 파손의 위험도 덩달아 커진다. 세금, 수수료, 위임료, 요금, 그리고 구매하고 투자한 것 때문에 드는 감춰진 비용이 있으므로 항상 그들을 예의 주시해야 한다.

투자처를 다각화하고, 위험과 절도와 손실에 대비해 보험을 들어놓아라. 지키는 게 버는 것보다 더 중요할 수 있다.

계층 7: 주기

일단 이전 6개 계층을 모두 거친 사람은 사회에 받은 걸 더 자주 나눌 수 있다. 소득의 일정액을 기부하거나 당신에게 중요한 의미가 있는 뭔가에 시간과 경험을 기부할 수 있다. 6개 계층을 거치며 형성된 부는 이런 일을 더욱더 많이 할 수 있는 시간을 만들어준다. 당신은 그 시간을 자유롭게 최대한 활용할 수 있다.

계층이 위로 올라갈수록 더 많은 돈을 벌기 위해서 돈보다는 갖고 있는 지식과 경험이 더욱 중요해진다. 당신은 사람들이 투자하게 만드는 통찰력과 경험을 얻게 된다. 당신은 레버리지 하고, 합작 벤처 파트너십을 맺고, 배수의 법칙과 브랜드와 평판을 이용하고, 다양한 소득원을 확보하게 된다. 그래서 더 많은 걸 가질수록 더 많은 걸 살 수 있는 여력이 생기고, 더 많이 나누고 싶어진다. 그러면 세상은 당신을 기부자로 더 많이 여길 것이다. 세상은 항상 기부자에게 더 많은 걸 준다.

5. 자산과 부채

자산은 개인이나 법인이 소유하고 있는 경제적 가치가 있는 유무형의 재산이고, 부채는 남에게 진 빚을 말한다. 간단히 말해서 자산은 돈을 주고 부채는 돈을 쓰게 만든다. 아주 간단하지 않은가? 사실 둘 사이의 구분이 그렇게 명확하지는 않다. 어떤 사람들은 그들이 소유한 집을 자산으로 볼 수도 있는데, 그 이유는 집값 상승으로 인해 이익을 보고 금융 비용은 적게 들 때 사는 데 드는 돈 이상의 돈을 벌게 되기 때문이다. 반대로 어떤 사람들은 집을 부채로 본다. 그 이유는 집이 소득 흐름을 생산해주지 못하기 때문이다. 사실상 대부분의 자산군은 잘 관리되면 자산이 될 수 있고, 잘 이해하지 못하면 부채가 될 수 있다.

자산의 강도와 지속도는 투자자의 수준, 지식 및 경험, 시장 동향 및 타이밍과 주기, 금리, 통화 상태 등에 따라 달라진다. 부동산이나 주식처럼 보편적으로 인정받는 자산이 있지만, 그렇다고 해서 그들이 확실하게 돈을 벌 수 있게 해주지는 않는다.

투자 전략과 자산군을 확실히 정하라

당신이 거주 목적이 아니라 투자 목적의 부동산을 매입하고 있다면 그것이 소득을 내줘야 한다. 통화 헤지 hedge나 가치 저장수단으로 금을 사고 있다면 당신은 자본을 보존하고 있는 중이다. 기업을 세우고 있다면 그곳에서 향후 몇 년 동안 열정적이고 의미 있게 일할지 모른다. 당신이 뮤추얼 펀드에 투자한다면 돈의 관리 및 할당에 개입하지 않아도 된다. 이렇듯이 당신이 무엇을 목적으로 투자하는 것인지를 분명히 정해야 한다. 앞서 설명한 계층들을 거치고, 부의 규모를 키워나가면 다양한 자산군과 다양한 소득 흐름을 얻게 될 것이다. 감정적으로 행동하는 대신 계획을 세워서 실행하라.

'좋은' 투자가 좋고, '나쁜' 투자가 나쁘다고 생각하지 말라

좋은 투자도 나쁜 실행 때문에 나쁘게 된다. 미지의, 유혹적이지 않은 투자도 경험을 통해 좋은 성과를 낼 수 있다. 언론 광고나 일간지의 정보를 걸러내라. 꾸준히 가치가 상승하는 최고의 시계들 중 일부는 별 특징이 없어 보이는 시계들이다. 최고의 수익률을 자랑하는 부동산 중 일부는 일반적인 저급 기본 숙박 시설이다. 아주 비싼 예술품이 반드시 기술적으로 가장 숙련된 작품은 아니다. 시간과 경험과 최고의 인재들 로부터의 학습은 당신에게 최고의 수익률을 올려주고 다른 사람들이 간과할 가능성이 있는 최고의 투자처를 선사해줄 것이다.

투자 자산군에 대해 깊이 알려고 애써라

전술했듯이 대부분의 수익과 돈은 가장 많이 알고 있는 극소수의 투자자와 사업가들을 따라다닌다. 주요 전문 지식 분야를 가지는 게 현명하다. 그곳에 당신이 가진 시간의 70~80퍼센트를 투자하라. 또한 열정이 있지만 장기적으로 투자하지는 않을 1~2개 정도의 부차적인 투자 영역에도 시간을 투자하라.

동업자가 있다면 그를 지렛대로 활용할 수 있고, 그도 당신을 지렛대로 활용할 수 있다. 나는 내 동업자로부터 조언을 받고, 그도 나로부터 조언을 받는다. 그는 우리의 부동산 자산 대부분을 매입하고, 나는 사업 관련 자산 전략을 담당한다. 우리의 주요 투자 자산은 부동산이고, 교육과 임대업은 부차적 투자 자산이자 관심 분야다. 마음에 드는 수십 가지 모델과 자산군이 존재하지만, 그들이 우리의 시간과 경험의 범위를 넘어선다는 걸 알고 있다. 잘 알고 있는 분야에 집중하고 당신이 가진 시간 중 80퍼센트의 시간 동안 계속해서 개선해 나가고, 나머지 20퍼센트의 시간 동안만 투자 자산을 테스트하고, 갖고 놀고, 다각화하는 데 써라. 원한다면 이 비율을 수정해도 된다.

다른 자산군과 기회 대비 수익과 혜택을 비교하라

그 어떤 자산군도 언제나 다른 자산군에 비해서 절대적으로 더 낫거나 나쁜 법이 없다. 어떤 자산군이 가장 긴 역사와 지속 가능성을 갖고 있다고 해도, 모든 자산군이 주기를 거친다. 어떤 주기는 등장했다가 사라진다. 모든 주기는 고점과 저점 및 반복을 경험한다. 대출 기준, 금리, 통화 변동성, 규제 등이 모두 다양한 시기에 다양한 정도로 자산군에 영향을 미친다.

어떤 사람은 브렉시트 결정과 더불어 파운드를 팔았다. 어떤 사람은 미국 대통령 후보들을 대상으로 당선 내기를 걸기도 했다. 또 어떤 사람은 은행주와 고급 슈퍼마켓 관련주들을 매입했고, 파운드 약세 때 차익 거래를 했다. 하지만 이런 모든 전략은 단기 투자 전략들이었다. 항상 다른 기회와 기회 비용 대비로 자산이나 투자 자산을 살펴보라. 금리, 수수료, 은행 마진, 시간 같은 변수들을 감안하라.

내 판단에, 2016년에는 시계 가격이 터무니없을 정도로 높아졌다. 내 평생 동안 가지고 있는 물건을 파는 계획을 세워본 적은 없었지만 이익이 엄청났기 때문에 일부 시계를 판매했다. 향후 10년 이상 이런 기회가 다시 오지 않을 것이라 판단했기 때문이다.

2016년에 달러 대비 파운드 가치가 사상 최저 수준으로 떨어지자 나는 처음으로 외환 시장 투자에 관심을 가졌다. 이와 반대로 2016년에 상업용 부동산을 매수할 준비를 했지만, 매수할 수 있는 물건이 많지가 않았다. 1년 동안 현금을 은행에 예금해놓으면 엄청난 손해를 볼 수 있기 때문에 우리는 일부 투자 자금을 다른 투자처로 옮겨놓았다.

전략적으로 자산을 할당하고 재할당하라

당신의 자산을 현명하게 할당해서 관리하라. 금리가 낮을 때 지나치게 유동성이 많은 자산을 들고 있으면 인플레이션과 기회 비용으로 인해 손해를 볼 수 있다. 물가가 낮을 때는 현금을 그냥 가지고 있으면 안 된다. 당신은 위대한 매수 기회를 놓칠 수 있다.

위험에 노출될 가능성이 있으니 모든 자본이나 자산을 한곳에만 몰아서 투자해서는 안 된다. 자산 할당을 너무 옅게 해서도 안 된다. 레버리지와 배수 효과를 모두 놓칠 수 있다. 당신의 자산과 사업 포트폴리오 규모가 충분히 클 경우 재할당이나 통합이 상당한 효과를 낼 수 있다. 당신이 연리 4퍼센트로 10억 원을 대출 받았다면 연간 이자로 4천만 원을 내야 한다. 대출 금리를 1퍼센트 포인트만 낮춰도 연간 이자만으로 1천만 원을 줄일 수 있다. 1천만 원의 추가 소득이나 자본을 확보하는 것보다 이자를 깎는 게 시간을 더 잘 활용해서 더 높은 수익을 걷는 방법일지도 모른다. 적어도 1년에 한 번 정도는 당신의 자산이 당신의 전략, 비전, 현재 기회들에 맞게 적절히 가중치를 매겨 할당된 상태인지를 확인하라.

열정과 직업, 취미와 투자를 통합하라

취미로 생각하고 즐기고 싶은 투자 영역이 있는가? 내게는 레고를 좋아하는 좋은 친구가 있는데, 그렇기 때문에 그는 레고 투자에 적합해 보인다. 나는 시계에 관심이 많다. 내 약혼자는 핸드백에 관심이 많다. 이 세 가지 중에 두 가지가 열정과 직업을 통합하기에 좋은 투자처임이 증명됐다! 내가 시계에 대해 조사하고, 구입하고, 교환하는 걸 즐길수록 시계에 대한 내 지식은 자연스럽게 늘어날 것이다. 나는 딜러나 열정적인 수집가들과 소통하는 일, 과거 가격을 추적해보는 일을 즐긴다. 시계 브랜드의 역사와 시계의 움직임과 기술에 대해 배우는 걸 즐긴다. 나는 즐거운 마음으로 내 팟캐스트에 세계 최고의 시계 제조회사 CEO들을 출연시켜서 인터뷰한다. 내가 이런 일을 그냥 취미로만 했다면 나는 몇 가지 공통적 기회들을 감지해내지 못한 바보로 남을 것이다.

당신이 어떤 취미를 즐기든 중요치 않다. 당신은 대가가 없더라도 최고의 지식과 마진을 쌓고 얻을 수 있는 길을 찾아낼 것이기 때문이다.

규모를 키우기 전에 새로운 투자처와 소득 흐름을 테스트하라

어느 정도 경험을 쌓고 데이터를 얻고, 도전을 극복하기 전까지 한 가지 전략에 '올인'하는 건 잘못이다. 빚을 졌다가 크게 성공한 엘론 머스크와 리처드 다이슨의 이야기에 현혹돼서는 안 된다. 이것은 언론 보도용으로 단순화와 미화시킨 이야기일지도 모른다. 슈퍼스타가 모든 위험을 감수하고 이룬 엄청난 성공담마다 모든 걸 잃은 수백 명의 사람들이 있을 수 있다. 당신의 투자와 사업 전략을 100만 분의 1의 확률에 맡겨서는 안 된다. 어느 정도 결과를 얻고 경험을 쌓기 전까지 새롭고 더 위험한 투기로 투자 규모를 늘려서는 안 된다. 도박에 집을 걸지 말라. 테스트하고, 수정하고, 검토하고, 다시 해보고, 반복하라. 손해를 감당할 수 있는 돈 때문에 파산한 사람은 없었다.

당신은 정확히 당신 가치만큼 번다

당신이 가진 돈에 대한 궁극적이고, 가장 중요하면서 절대적인 평가 방법은 순자산을 따져보는 것이다. 당신은 정확히 당신 가치만큼 번다. 집중하는 곳에서 에너지가 흐르고 결과가 나타나지만, 대부분의 사람들은 보유한 잠재적 순자산을 평가해보지 않는다. 하지만 부자들은 그렇게 한다는 사실은 부에 대해 중요한 뭔가를 말해준다. 당신은 평가할 돈을 가질 때까지 기다리거나 지금 돈에 대한 평가를 시작할 수 있다. 그런데 후자가 전자보다 선행돼야 한다.

나는 가난했을 때 계속해서 돈과 돈이 부족한 데 대해서 부단히 걱정하면서 돈에 대해 많은 걸 생각해봤다. 내가 빚과 재정적 결핍에 대해서 더 많이 걱정하면 할수록 내 고민은 깊어져만 갔다. 나는 고민에 사로잡혔고, 내 고민은 당시의 인간 관계에도 영향을 미쳤다. 내가 돈이 없었기 때문에 전 여자 친구에게 데이트 비용을 전부 내게 해야 했다. 나는 무능력한 내가 너무나 부끄럽고 당황스러웠기 때문에 내가 돈을 벌게 되자 헤어진 그녀에게 수표를 보내서 내가 못 냈던 데이트 비용을 모두 갚았다. 나는 20대 중반까지 부모님에게 의존해서 일자리와 주거 문제를 해결했다. 당시 내가 돈에 대해서 걱정하지 않은 날은 정말 단 하루도 없었다. 내가 그 부채에 찌든 생각을 계획 수립과 내 가치를 평가하는 데 투자했다면 600시간 이상을 좋은 목적에 쓸 수 있었을 것이다.

돈과 빚에 대한 걱정에서 벗어나서 순자산을 평가하고, 목표를 잡고, 규모를 늘리는 데 집중하기 시작하면 그것은 사고방식과 물질, 감정과 결과에 두루 엄청나게 긍정적인 영향을 미칠 것이다. 다음 공식에 따라 당신의 순자산을 평가해보라.

총자산 − 총비용

총자산은 모든 물질, 현금, 지적 재산권, 지분을 가진 모든 매도 가능한 기업을 말한다. 그리고 총비용은 감가상각비를 제외한 모든 부채를 말한다.

당신 기업이나 부동산의 순자산은 다음과 같이 계산할 수 있을지 모른다.

총시장 가치 자본 − (총부채 − 청산 비용)

총시장 가치 자본은 은행에 입금해놓은 현금, 주식, 다른 자산 또는 부동산 가치를 포함한 기업의 총가치다. 총부채는 모든 모기지 대출, 일반 대출, 감가상각비, 자산 청산비다. 다음은 당신이 순자산을 불리는 방법이다. 6개월마다 자신의 현재 상태를 평가해보라.

1. 총자산

현재 순자산이 적거나 심지어 마이너스더라도 현재 당신이 있는 위치에서 시작해보라. 6개월마다 구체적인 순자산 확대 목표를 세워라. 나는 개인적으로 매년 다음 해를 한 달 앞둔 11월에 한 번씩 목표를 정하고, 최소 일주일에 한 번 순자산을 확인하고 6개월마다 평가한다.

모든 자산과 보유 가치(감가상각비)를 가진 자본재를 더한 다음에 총계를 낸 뒤 거기서 모든 부채를 제하라.

2. 자산 대 자본 비율 (자산 가치 비율)

자산 대 자본 비율 또는 자산 가치 비율은 당신의 전체 자산에서 자본이 차지하는 비율을 말한다. 은행들도 자본 준비금이 낮아질 때를 대비해서 자기 자본 비율Capital Adequacy Ratio나 위험 자산 대비 자본 비율Capital to Risk Assets Ratio 등으로 알려진 유사한 기준의 규제를 받는다. 당신의 자산 대 자본 비율은 레버리지, 부채 노출 정도와 부채 비율을 평가하는 기준이다. 당신은 자산 대 자본 비율이 25퍼센트에서 시작할지 모른다. 그것을 35퍼센트로 높이겠다는 목표를 세워라. 이어 목표치를 50퍼센트로 올려라. 일단 50퍼센트에 도달했다면 자산을 성장시키고 재투자할 계획을 마련하고 이제 목표를 낮춰도 될지 모른다.

3. 월별 지출 대 소득 비율

매달 소득에서 차지하는 지출 비율이 낮을수록 재정적으로 더 자유로워진다. 당신에겐 성장하거나, 재투자하거나, 풍요로운 생활을 즐기거나, 불규칙한 충격으로부터의 보호 받을 수 있는 여유가 더 많이 생긴다. 현재 위치에서 시작하라. 당분간 소득의 100퍼센트 이상을 지출할지 모른다. 목표를 90퍼센트, 80퍼센트, 그리고 다시 50퍼센트, 그리고 그 이하로 낮춰서 잡아라.

4. 생활비 충당이 가능한 시간 (월)

생활비 충당이 가능한 시간(월)은 추가로 돈을 벌지 않고도 지금 벌어놓은 돈을 갖고서 버틸 수 있는 개월 수다. 한 달 생활비가 500만 원인데 당신이 500만 원을 저축해놓았다면 월 생활비 충당이 가능한 시간은 1개월이다. 6개월마다 생활비 충당이 가능한 시간을 늘리는 걸 목표로 삼아라. 이 기간을 충분히 늘려야 재정적으로 힘든 일이 터져도 당신과 당신 가족 모두 안락한 삶을 영위할 것이다.

누구나 페라리의 주인이 될 수 있다

2005년도의 롭은 저녁 늦게 외출해야 했다. 그는 독일 데스 메탈 death metal (폭력·악마의 이미지를 상징하는 빠른 템포의 록음악–옮긴이)을 끄고, 후드티를 입고 74만 5천 원(인플레이션 감안)어치 빵을 사기 위해서 자전거를 타고 주유소로 향했다. 그는 진정 우울한 삶을 살고 있었다. 주유소에 도착해서 자전거를 세우면서 붉은색 페라리 458 스파이더가 주유를 하러 들어오는 모습을 보았다. 미래의 롭(그를 로버트라고 부르겠다)이 차에서 내려 고급 휘발유를 택한 뒤 페라리에 기름을 넣었다. 주유 시간은 약 15분 정도 걸렸고, 주유비는 711만 원이 나왔다. 이 장면에 2005년도의 롭은 가슴이 찢어졌다. 그는 어렸을 때부터 슈퍼카들을 좋아했다. 로버트가 몰고 온 페라리는 롭이 가장 좋아한 모델이고 색깔이었다. 하지만 롭은 '로버트는 등신이 분명하다. 아마 페라리를 훔쳤거나 하루 빌렸거나 아니면 마약을 판 돈으로 그것을 산 게 분명하다'고 생각했다.

로버트에게 말을 걸까, 좀 더 많은 그림을 그려서 그에게 팔까? 이런 생각이 롭의 머릿속을 스쳐 지나가는 동안 로버트가 롭을 훑어보면서 미소 지은 채 "괜찮아요?"라고 물었다. 롭은 "네, 고맙습니다"라고 겸손하게 대답했다. 두 사람은 대화를 나누기 시작했다. 그들은 어릴 적부터 자동차에 관심이 많았고, 신형 페라리를 사는 꿈을 꿔왔지만, 두 사람 중 한 사람만이 그 꿈을 이루었다. 롭은 살 집을 찾고 있었지만 로버트는 방금 리노베이션한 새집으로 이사를 갔고, 자기 취향에 맞는 예술품을 주문해서 받기를 기다리고 있었다. 주유가 끝나자 로버트는 롭에게 명함을 달라고 요청했다. 롭은 '저 사람이 내가 생각했던 것처럼 엄청난 등신은 아니네. 그가 내 작품을 사준다면 나는 그를 분명 좋아할 수 있을 거야. 그에게는 부자 친구들도 많지 않을까?'라고 생각했다. 로버트는 주유비를 계산하고, 페라리를 몰고 뉴스 인터내셔널 빌딩을 향해 떠났다.

이 두 사람의 만남이 어떤 결과로 이어질지 누가 알겠는가? 아마도 로버트는 롭에게 그림 몇 장을 주문했을지 모른다. 로버트는 롭을 부동산 투자 사업으로 인도한 후 멘토가 되어 그의 인생을 바꿔줄지도 모른다. 롭이 부자가 돼서, 예술품 수집을 취미로 삼고, 다른 젊고 열정적인 예술가와 기업가들을 돕기 위한 학교와 재단을 세울지도 모른다. 아마도 롭은 심지어 미래의 로버트가 될지도 모른다.

당신은 부자를 어떻게 정의하는가? 부자를 판단하거나 정형화시킬 수 있을까? 그러기 위한 기준은 무엇인가? 그들이 모는 자동차인가? 그들이 100만 달러를 갖고 있는지 여부인가? 아니면 순자산이 많은 백만장자인가? 내가 알고 있는 부자들 모두가 각자 갖고 있는 특별한 능력을 존중한다. 그들 모두가 두려움과 도전과 맞서 이겨내면서 성공했다. 또한 그들 모두 생산자다. 그들 모두 엄청난 숫자의 사람들에게 봉사한다. 그들 모두 돈에 대해 건전한 존경심을 갖고 있다. 그들 모두 자선 활동의 대의를 지지한다.

하지만 성별, 거주 지역, 자란 환경, 활동 무대, 사업 모델, 윤리, 가치, 성격 등 그 외에 그들의 거의 모든 게 다르다. 똑같은 부자는 한 사람도 없다. 이는 우리 모두에게 부자가 될 공간이 열려 있다는 뜻이다. 한 사람이 부자가 될 수 있다면 누구도 부자가 될 수 있고, 당신도 부자가 될 수 있다.

그렇다면 페라리를 모는 사람들은 어떤 사람들일까? 그들은 각자 개성이 있는 사람들이다. 화려한 사람도 있고 세련된 사람도 있고, 시끄러운 사람도 있고 겸손한 사람도 있고, 부자도 있고, 페라리를 누구에게 빌려서 하루만 타는 사람도 있고, 열정적인 사람도 있고, 어렸을 때부터 페라리를 원했던 사람도 있고, 성공해서 적당히 골라서 산 사람도 있고, 페라리 운전법에 아주 서툰 사람도 있다. 당신은 페라리 운전사들을 정의할 수 없다. 당신은 부자도 정의할 수 없다. 하지만 당신은 당신 자신을 정의할 수 있다.

부는 이 세상의 모든 선한 행동을 위한 힘이자 보편적 교환 수단이다. 부는 모든 성장과 진화에 연료를 공급하고 자금을 댄다. 돈은 능력의 척도이자 가치의 메커니즘이자 척도이다. 돈은 창조성과 개인적 표현을 생산으로 바꾼다. 돈은 커뮤니티와 사회를 연결하는 관심이자 서비스다. 부는 모든 혁신에 자금을 대고 그것을 가속화하며 세계에서 가장 중대한 문제들을 해결해준다. 돈은 이기적이고 이타적인 관심들 사이의 균형을 맞추고, 인간의 가장 위대한 발명품 중 하나가 될 수 있다.

부는 당신의 영원한 유산으로 남을 것이다. 피카소가 그랬듯이 당신이 살면서 하는 일을 소중하게 여겨라. 미국 팝아트의 선구자 앤디 워홀과 영국의 유명 미술가 데미언 허스트가 그랬듯이 당신의 예술과 사업을 합쳐라. 이제 당신은 돈과 부에 얽힌 모든 심리학을 알게 됐다. 이제 세계 부자들처럼 더 많이 돈을 벌고 더 많이 나누는 건 당신 몫이다.

당신의 실행력이
당신의 부를 만든다

내가 마지막까지 아껴뒀던 가장 중요한 두 가지를 말해주겠다.

1. 서둘러라.
2. 지금 시작해라.

가서 그냥 엄청난 돈을 벌어라. 가서 훨씬 더 큰 수준으로 다른 사람들을 위해서 봉사하라. 가서 당신만의 이상적 비전을 만들고, 돈을 레버리지로 활용해서 당신의 가치에 맞는 삶을 살아라. 가서 지구에서 큰 족적을 남겨라. 가서 돈을 모든 선한 일을 위한 행동이자 뿌리로 활용해라. 가서 당신이 죽은 뒤에 남아 있을 의미 있는 뭔가를 만들어라.

이 책을 통해 당신은 아주 흥미로운 길을 걷기 시작했다. 나머지는 당신

몫이다. 당신이 부자가 되는 길에 내가 약간의 역할이나마 할 수 있게 해준데 대해 감사를 전하고 싶다.

나는 내 친구인 당신을 믿는다. 우리가 미래에 언젠가 대화를 나누고, 당신이 내게 행동과 레버리지와 부에 대한 사담을 털어놓기를 바란다.

당신이 행동하는 사람들 중 한 명이라고 믿는다. 나중에 완벽해져라. 단지 앞으로 나아가고, 목표를 향해 매진하라. 그러면 잠시 물러나는 일이 있더라도 결국 인생에서 위대한 성공을 거둘 것이다. 크게 생각하고, 작게 시작하라. 그리고 지금 시작하라.

이 책이 당신이 소중하게 생각하는 사람들에게 도움이 된다고 생각한다면 추천을 부탁한다. 그들이 돈에 대해 더 많이 알고, 더 많은 돈을 벌고 나눌 수 있게 이 책을 선물로 줘라. 2005년 누군가가 내게 충분한 관심을 가지면서 내 인생을 180도 바꿔놓은 책을 한 권 추천해주었다. 2005년의 나는 그다지 책을 많이 읽지 않았다. 그런데 내 작품을 전시해두었던 화랑 사장인 마이크 와일드먼이 계속해서 내게 나폴레온 힐이 쓴 『생각하라! 그러면 부자가 되리라』를 읽어보라고 권유했다.

그 책은 내게 충격적이면서도 영감을 주었다. 나는 항상 그때 느꼈던 충격과 영감의 순간을 기억할 것이다. 우리가 다 함께 변화를 만들 수 있게 다른 사람들과 공유하길 바란다.

자본주의를 지배하는 새로운 부의 법칙

부의 속성

초판 1쇄 발행 2018년 5월 24일
초판 8쇄 발행 2019년 5월 3일
양장특별판 4쇄 발행 2022년 2월 8일
리커버특별판 1쇄 발행 2024년 2월 1일

지은이 롭 무어
옮긴이 이진원
펴낸이 김선식

부사장 김은영
콘텐츠사업2본부장 박현미
콘텐츠사업9팀장 차혜린 **콘텐츠사업9팀** 강지유, 최유진, 노현지
마케팅본부장 권장규 **마케팅1팀** 최혜령, 오서영, 문서희 **채널1팀** 박태준
미디어홍보본부장 정명찬 **브랜드관리팀** 안지혜, 오수미, 김은지, 이소영
뉴미디어팀 김민정, 이지은, 홍수경, 서가을, 문윤정, 이예주
크리에이티브팀 임유나, 박지수, 변승주, 김화정, 장세진, 박장미, 박주현
지식교양팀 이수인, 염아라, 석찬미, 김혜원, 백지은
편집관리팀 조세현, 백설희 **저작권팀** 한승빈, 이슬, 윤제희
재무관리팀 하미선, 윤이경, 김재경, 이보람, 임혜정
인사총무팀 강미숙, 지석배, 김혜진, 황종원
제작관리팀 이소현, 김소영, 김진경, 최완규, 이지우, 박예찬
물류관리팀 김형기, 김선민, 주정훈, 김선진, 한유현, 전태연, 양문현, 이민운
외부스태프 디자인 데일리루틴

펴낸곳 다산북스 **출판등록** 2005년 12월 23일 제313-2005-00277호
주소 경기도 파주시 회동길 490 다산북스 파주사옥
전화 02-704-1724 **팩스** 02-703-2219 **이메일** dasanbooks@dasanbooks.com
홈페이지 www.dasan.group **블로그** blog.naver.com/dasan_books
종이 ㈜스마일몬스터피앤엠 **출력·인쇄·제본** ㈜상지사피앤비 **후가공** 평창피앤지

ISBN 979-11-306-2174-6(13320)